SAINT BERNARD

ET LE

CHATEAU DE FONTAINES-LES-DIJON

SAINT BERNARD

ET LE

CHATEAU DE FONTAINES-LES-DIJON

ÉTUDE HISTORIQUE ET ARCHÉOLOGIQUE

PAR

L'Abbé CHOMTON

Chanoine honoraire de Dijon
AUMONIER DE L'HOSPICE SAINTE-ANNE

OUVRAGE ORNÉ DE NOMBREUSES PLANCHES ET FIGURES

TOME DEUXIÈME

DIJON

UNION TYPOGRAPHIQUE, IMPRIMERIE DE L'ÉVÊCHÉ

40, Rue Saint-Philibert, 40

1894

TABLE DES MATIÈRES

	Pages
Préface.	1
Supplément au tome I.	12
Le nom de la B. Alette	32
Le nom de Tescelin	38

IV

Les Arrière Neveux de saint Bernard	41
Notes préliminaires.	41
Tableau généalogique des Montbard	86
§ 1. Les Sombernon-Fontaines.	89
Tableau généalogique des Sombernon-Fontaines	114
§ 2. Les Vergy-Blaisy.	117
Tableau généalogique des Vergy-Blaisy	136
§ 3. Les Chaudenay-Blaisy.	139
Appendice. Les tombes de Blaisy-Haut	160
Premier tableau généalogique des Chaudenay-Blaisy	166
Second tableau généalogique des Chaudenay-Blaisy.	170
§ 4. Les Saulx-Fontaines.	173
Appendice A. Les tombes de Bonvaux	199
Appendice B. Quelques tombes des Cordeliers	211
Appendice C. Les armoiries de Fontaines	217
Tableau généalogique des Saulx-Fontaines.	224
§ 5. Les Ruffey et les Chissey	227
Tableau généalogique des Ruffey, XVᵉ-XVIᵉ siècles	238
§ 6. Les Marey-Fontaines et leurs descendants	241
Descendance de Jeanne de Seigny.	257
Descendance de Pierre de Seigny.	261
Tableau généalogique des Marey-Fontaines.	270

V

Les Seigneurs de Fontaines étrangers a saint Bernard	273
Détails sur la chapelle Saint-Bernard.	286
Tableau des partages et transmissions de la terre de Fontaines, XVᵉ-XVIIIᵉ siècles.	301

TABLE DES PLANCHES & DES FIGURES

PLANCHES

	Pages
Pl. 11. — Tombe de Calon de Saulx.	32
Pl. 11bis. — Tombe d'Eudes de Domois et d'Aalis de Saulx	48
Pl. 11ter. — Tombe de Jean de Fontaines, premier dessin.	64
Pl. 11quater. — Tombe de Marie de Remilly.	80
Pl. 12. — Tombe de Guillaume de Fontaines.	96
Pl. 12bis. — Tombe d'Agnès de Dampierre.	112
Pl. 13. — Tombe de Jean de Fontaines, second dessin.	128
Pl. 13bis. — Tombe de Hugues de Fontaines, premier dessin.	144
Pl. 14. — Tombe de Hugues de Fontaines, second dessin	168
Pl. 14 A. — Tombe de Ponce de Saulx.	192
Pl. 14 B. — Tombe de Renaud d'Etaules.	208
Pl. 14 C. — Tombe de Marie de Byois.	240
Pl. 14 D. — Tombe de Robert d'Aubigny.	272

FIGURES

Fig. 1. — Sceau d'Hervé de Sombernon	218
Fig. 2. — Sceau d'Hervé de Saffres.	219
Fig. 3. — Sceau de Richard de Fontaines.	220
Fig. 4. — Sceau de Jean de Saffres	221
Fig. 5. — Sceau de Thomas d'Eguilly	221
Fig. 6. — Armoiries de Pierrette de Marey.	242
Fig. 7. — Sceau de Guillaume de Marey	243
Fig. 8. — Sceau de Jean de Marey	243

SAINT BERNARD

ET

LE CHATEAU DE FONTAINES-LES-DIJON

NOTES HISTORIQUES ET ARCHÉOLOGIQUES

A la veille du centenaire de saint Bernard il a paru, sous ce titre général SAINT BERNARD ET LE CHATEAU DE FONTAINES-LES-DIJON, des notes historiques et archéologiques distribuées en trois articles, portant ces titres particuliers : I. *Le lieu de naissance de saint Bernard* — II. *La chambre natale de saint Bernard* — III. *L'enfance et la jeunesse de saint Bernard*. Edités d'abord dans le *Bulletin d'histoire et d'archéologie religieuses du diocèse de Dijon* (1), et ensuite, avec quelques additions, en un volume de xiv — 200 pages (2), ces trois articles forment le tome I d'un recueil dont il s'agit d'achever la publication. Quatre articles font suite aux trois premiers. En voici les titres : IV. *Les arrière-neveux de saint Bernard* — V. *Les seigneurs de Fontaines étrangers à saint Bernard* — VI. *Le monastère royal de Saint-Bernard* — VII. *Les missionnaires de Saint-Bernard*. L'in-

---

1. Livraisons de septembre-octobre 1890, janvier-février et mars-avril 1891.
2. Dijon, Union typographique, 1891.

sertion de tout le travail dans le *Bulletin* eût imposé un morcellement regrettable et satisfait trop tardivement les vœux de plus d'un lecteur. On a donc préféré faire paraître immédiatement deux volumes, les tomes II et III, contenant chacun deux articles.

Le tome I a obtenu l'attention de plusieurs publications savantes. Quelques extraits de divers comptes rendus ne se liront pas sans intérêt. Ces citations, en effet, ont moins pour but de souligner des appréciations trop bienveillantes que de placer sous les yeux du lecteur soit des critiques accueillies avec reconnaissance, auxquelles il convient de faire droit, soit des assentiments dont l'autorité corrobore nos conclusions.

M. Henri Chabeuf a sommairement analysé l'ensemble du travail dans la *Revue Bourguignonne de l'Enseignement supérieur* (1). Arrivé au troisième article, « C'est, dit-il, toute la famille de Tescelin le Roux et d'Aleth de Montbard que l'auteur fait revivre avec la connaissance la plus parfaite et l'emploi le plus heureux des moindres textes. Il nous rend ainsi tout ce que la science peut reconstituer de la jeunesse et de l'éducation du futur Père de l'Église. Peut-être, mais c'est à peine un doute et non une critique, M. l'abbé Chomton a-t-il un peu adouci les contours ; saint Bernard, qui tout jeune exerce un tel ascendant sur des frères et des parents plus âgés, devait révéler déjà dans toute sa hauteur cette nature d'âme *impérieuse et tendre* qui fut la sienne et fait certains hommes irrésistibles. »

D'un trait plus ferme, M. Chabeuf relève le portrait que nous avons tracé de Bernard adolescent. Nous souscrivons du meilleur gré du monde à cette fine et si courtoise remarque. Redisons-le, d'ailleurs, afin de ne laisser place à aucune équivoque, saint Bernard est un de ces hommes providentiels à qui convient éminemment ce passage de l'Écriture : *Cui etiam Dominus contulit splendorem.* C'est aux dons surnaturels dont il fut comblé, non moins qu'à sa trempe d'âme et à son génie, qu'il doit son merveilleux pres-

---

1. Année 1871, 2ᵉ livraison.

tige. Rien de plus exact que ce jugement d'un de ses contemporains, dans lequel on entend les autres. « J'ai vu, dit Isaac de l'Etoile, j'ai vu un homme en qui il y avait quelque chose de surhumain. Les mesures qu'il avait prises, les réprimandes qu'il avait adressées, occasionnaient parfois des murmures en son absence. Mais dès qu'il paraissait, tout était changé. Sa personne inspirait tant d'amour et de crainte à la fois, son visage, d'un éclat presque divin, reflétait une majesté si douce et une bonté si noble, ses lèvres parlaient avec tant de grâce qu'à sa vue les détracteurs étaient vite apaisés : on se reprochait de l'avoir blâmé, on aimait, on louait, on vantait tout ce qui venait de lui. » (1)

Au tome X des *Analecta Bollandiana*, p. 475, on lit, au sujet du Ier article : « M. le chanoine Chomton a démontré, avec surabondance de preuves, que c'est bien à Fontaine-les-Dijon, et non pas à Châtillon-sur-Seine, qu'est né saint Bernard. La thèse n'est pas neuve, et depuis deux siècles au moins elle est presque universellement admise ; mais elle n'avait pas encore été démontrée aussi largement, par le témoignage des premiers biographes du saint et par les monuments de la tradition locale. »

Au tome XI des mêmes *Analecta*, p. 479, on lit, concernant les articles II et III : « Dans ces deux articles, l'auteur

---

1. Isaac, moine cistercien, mort vers 1155, fut d'abord abbé dans l'île de Ré et ensuite de l'Etoile, au diocèse de Poitiers. On peut lire ses homélies dans Migne, P. L. tome CXCIV Voici tout le passage dont nous avons traduit quelques lignes, et qui est emprunté à l'homélie 52e : « Vidimus tamen hominem habentem utique aliquid super hominem : de cujus operatione aut increpatione cum aliqui perusti contra absentem murmurassent, tanto placore simul et terrore divina ei quædam amanda majestas et reverenda charitas rutilabat in vultu, et in labiis tanta erat gratia diffusa ut in ejus aspectu illico deliniti semetipsos quod eum reprehendissent, reprehenderent; ipsius omnia amarent, laudarent, prædicarent. Cujus sancta anima deliciis vere affluebat, sicut in ejus scripturis facile est dignoscere, et maxime in his quæ in Canticis canticorum scripsit. Sanctum namque Bernardum abbatem Clarævallis loquimur. Ergo quibus, absens, sol et luna et acies erat terribilis, præsens, perfundebat quibus ipse semper affluebat deliciis : ita cunctis et amore terribilis et terrore amabilis, ut nemo in ejus verbo vel disciplina ulla pusillanimitate deficeret, aut impatientia ureretur, aut tabesceret invidia. » — Geoffroi, le secrétaire, s'exprime de même : Diffusa erat gratia in labiis ejus et ignitum eloquium ejus vehementer, ut non posset ne ipsius quidem stylus, licet eximius, totam illam dulcedinem, totum retinere fervorem. Migne, P. L. tome CLXXXV, col. 307, A. — Cf. *Gaufridi serm.* ibid. col. 575, D; 577, D; 580, A.

procède avec science et critique, il met sous les yeux du lecteur les documents dont il fait usage, sans lui donner le change sur la valeur et l'importance qu'on doit attribuer à ces documents. Il a, me parait-il, nettement marqué l'emplacement de ce qu'on nommait au XV⁰ siècle : *la chambre de Monsieur saint Bernard*. Il aura peut-être à répondre aux critiques des épigraphistes, qui lui reprocheront d'adopter trop facilement des leçons douteuses et des restitutions hasardées de mots effacés. »

La réserve faite par les éminents critiques, au sujet de la partie épigraphique, ne peut tomber que sur l'essai de restitution des deux inscriptions parallèles numérotées 3 et 4 (Tome I p. 72). Pour toutes les autres le texte est certain, à l'unique exception de l'avant-dernier mot de l'inscription 6, mot qu'on peut lire *fulgit* ou *fulget*. Il ne reste, en effet, de la lettre I ou E qu'un trait vertical, mais les traits horizontaux qui donneraient la lettre E, peuvent avoir disparu. Ces inscriptions, lues, relues par nous et par d'autres, ne nous laissent aucun doute, et nous garantissons, sans la moindre témérité, l'exactitude des textes publiés. (1) — Quant aux inscriptions 3 et 4, le supplément présenté pour remplir les vides, n'eut jamais d'autre prétention que d'être un *essai*. Il avait semblé le moins défectueux parmi plusieurs autres. Devant les doutes soulevés par la *Revue Bollandienne*, nous reprenons volontiers la question.

Nous sommes heureux d'insérer d'abord l'interprétation, assurément meilleure, que le P. Satabin, S. J., a donnée dans les *Études religieuses* (2) :

n° 3

AD.S.MARIĀ.CITHARISTÆ.
SVI.Bᵖ LARES.MVNIFICE.HO
NESTANTĒ.PRO.REGINÆ.
SALVTE.ORATO.[DEV̄]

---

1. A la page 76, l'inscription n° 3 est reproduite avec une faute d'impression, *suis* au lieu de *sui*, que le lecteur a corrigée aisément en relisant les textes donnés pp. 70 et 72.

2. Livrais. de novembre 1893.

n° 4

S.D.BERNARD[I].AD.SOLV̄.
[DO]MESTICV̄.[AVCTORIS.
MIR]ABILIV̄.PRO.RE[GIS].
SALVTE . ORAT[O.DEV̄]

L'impératif *orato* doit être la vraie lecture.

Mais est-il nécessaire d'y ajouter un supplément? N'aurions-nous point le texte intégral de l'inscription n° 3? La tablette de marbre, que nous venons d'étudier encore, offre une place suffisante au mot DEV̄ précédé du point de sépation. C'est à la condition, toutefois, de rapprocher un peu plus les lettres du mot DEV̄ que celles des deux mots précédents, ou bien de déverser l'V̄ sur la taille en biseau de la tablette, comme on l'a fait pour l'O de la deuxième ligne. Il est remarquable que la gravure, compacte dans les trois premières lignes, devient très espacée dans la dernière. Si l'on ajoute un point après ORATO, la ligne est remplie jusque sous le G du mot « Reginæ » (1). Le petit espace libre n'était-il pas occupé par un fleuron, gravé et doré comme les lettres du texte? C'est usité dans certaines inscriptions, et ce n'est pas sans exemple analogue, à Fontaines.

En effet, il subsiste encore quelques-unes des inscriptions appartenant à la grande église, celle entre autres de la province de Bourgogne. Or voici, fidèlement, le texte gravé sur la pierre :

PROVINCIÆ . BVR
GVNDIÆ . IN . SVV̄.
TOTIVS. DECORIS.
ET . SANCTITATIS.
SOLEM . DIVVM
BERNARDVM
FAMILIARIS . AC.
INDEFESSA
DEVOTIO (2)

1. La reproduction lithographique donnée p. 70 rend mal cette disposition.
2. Les textes publiés par Jean de St Malachie diffèrent parfois des textes gravés. Voir Migne, col. 1649, inscript. VII.

L'emploi de ces ligatures pour étendre le texte permet de penser qu'on aura pu, dans les inscriptions qui nous occupent, terminer les dernières lignes par un fleuron.

Dès lors il n'est peut-être pas inutile de présenter un troisième essai de restitution.

L'inscription n° 3 serait ainsi conçue :

n° 3

AD.S. MARIĀ.CITHARISTÆ.
SVI.Bᵗ LARES.MVNIFICE.HO
NESTANTĒ. PRO . REGINÆ.
SALVTE . ORATO [fleuron]

Au sujet du n° 4, nous n'osons décliner le reproche des Bollandistes d'avoir « adopté trop facilement des leçons douteuses. » M. Girault n'était pas scrupuleux dans la reproduction des textes. Il emprunte à l'opuscule de Jean de Saint-Malachie quelques-unes des inscriptions de la grande église. Mais, contrairement à la vérité, il crée des lignes inégales et factices. Il intervertit l'ordre des mots (1). Il transforme en inscription la conclusion du récit.

Ainsi fallait-il critiquer plus à fond le texte qu'il a lu, ou cru lire, sur les fragments conservés de la tablette. Voici de nouveau ce texte :

S. D. BERNARD. AD. SOLV̄.
MESTICV̄.
ABILIV̄. PRO. RE
SALVTE. ORAT

Nous acceptons les trois dernières lignes (2). Mais la première inspire de la défiance. La leçon S. D. (sanctus doctor) est étrange. Dans toute la série des inscriptions composées par Jean de Saint-Malachie, le nom de saint Bernard n'est jamais précédé que d'un seul de ces trois titres : *Sanctus, Divus, Beatus.* Celui de *Doctor* vient toujours en apposition. L'S.

---

1. *Maison natale de S. Bernard,* Dijon, 1824, p. 16-17. Cf. Migne, col. 1647-1649.
2. Du latin *solum domesticum* on peut rapprocher l'espagnol *casa solar,* nom vulgaire du lieu natal de S. Ignace de Loyola.

pourrait donc appartenir au supplément donné par M. Girault. — Pourquoi le mot BERNARD est-il dépouillé de sa désinence? Ce déficit ne tient-il pas à un fragment disparu? AD ne serait-il pas transposé par suite d'un mauvais assemblage des fragments, sinon pour un autre motif?... Bref, la leçon *Ad divi Bernardi solum* paraît plus probable et plus conforme au parallélisme des deux inscriptions.

Ainsi l'inscription n° 4 pouvait avoir ce sens :

A la maison paternelle de saint Bernard, lieu consacré par les miracles, prie pour le roi.

n° 4

AD . D . BERNARDI . SOLV̄.
[DO]MESTICV̄.[ET.ARCĒ.?
MIR]ABILIV̄.PRO.REG[IS.]
SALVTE . ORAT[O *fleuron*]

Dans la *Revue des questions historiques* (1), M. l'abbé Vacandard a donné de notre travail un compte rendu détaillé, où l'on reconnaît bien l'historien le plus érudit et le plus sûr qu'ait encore rencontré parmi nous saint Bernard.

Il conclut ainsi son appréciation du Ier article :

« Chose étonnante, ce sont des écrivains du XIIe siècle qui, par distraction ou par erreur, ont donné lieu au doute sur le véritable lieu de naissance de l'illustre moine. Le chroniqueur d'Ourscamp, qui rédigeait son appendice à Sigebert, entre 1155 et 1200, assigne pour ville natale au fils de Tescelin, Châtillon-sur-Seine : *Bernardus Castellione, castro Burgundiæ, oriundus,* et ce chroniqueur était un cistercien ; chose plus grave, son indication était empruntée au premier biographe officiel de saint Bernard, Guillaume de Saint-Thierry, qui s'exprime ainsi : *Bernardus Castellione, Burgundiæ oppido, oriundus fuit.* A ce point d'arrivée, la question paraît donc s'embrouiller au lieu de s'éclaircir.

« Heureusement, la solution de la difficulté s'offre d'elle-même au critique. Nous savons que Guillaume de Saint-

1. Livraison du 1er avril 1892, p. 576 et suiv.

Thierry travaillait sur des notes rédigées par le secrétaire de saint Bernard (1), et ce sont ces notes qui ont trompé l'historien. Geoffroy avait dit que Tescelin, père de l'abbé de Clairvaux, était *indigena Castellionis*, et Guillaume de Saint-Thierry en avait sans doute conclu que la qualification, juste pour le père, pouvait, avec une égale rigueur, s'appliquer au fils. C'était une induction erronnée. Nous aurons encore l'occasion de prouver qu'en d'autres circonstances Guillaume a dénaturé d'une façon analogue, et au grand dommage de la clarté, sinon de la vérité historique, les notes qui lui avaient été fournies par Geoffroy. Pour le cas qui nous occupe, il est heureux que le secrétaire de saint Bernard ait été appelé à contrôler l'œuvre de Guillaume. Dans la seconde recension de la *Vita prima Bernardi*, qui est due à Geoffroy, l'erreur signalée a disparu, et nous lisons : *Bernardus Burgundiæ partibus, Fontanis; oppido patris sui oriundus fuit*. C'est la leçon adoptée par les historiens postérieurs de saint Bernard, par Alain (*vita 2ª*) et par Jean l'Ermite (*vita 4ª*), qui étaient en mesure d'être bien informés. Le doute à cet égard n'est donc pas possible. »

En second lieu, M. l'abbé Vacandard reconnaît avec nous que la *chambre natale* est la coupole septentrionale de la chapelle des Feuillants, coupole décorée du chiffre et des armes de Louis XIII, et ornée de colonnes de marbre noir. « Cette conclusion, dit-il, s'impose. Elle résulte avec évidence de l'argumentation de M. l'abbé Chomton. »

Enfin, à propos du IIIe article, consacré à l'enfance et la jeunesse de saint Bernard : « Nous ne ferons à l'auteur, dit M. l'abbé Vacandard, qu'une petite chicane au sujet du lieu exact de la fameuse vision de Noël. Et si nous insistons sur ce point, c'est qu'une question générale de critique s'y trouve engagée.

« M. l'abbé Chomton place la vision dans l'église même de Saint-Vorles, voisine de la maison paternelle de saint Bernard à Châtillon. Et, à l'appui de son opinion, il apporte le témoignage de Guillaume de Saint-Thierry et d'Alain, dont l'autorité, s'il faut l'en croire, est supérieure à celle de Geof-

---

1. Voir sur ce point *Revue des Questions historiques*, livr. du 1er avril 1886, p. 353-355, 360-361.

froy, secrétaire de saint Bernard. « Où Bernard s'était-il endormi, se demande-t-il ? Est-ce *in domo patris*, comme on lit dans la *Vita 3ª* ? *Les textes plus autorisés* des *Vitæ 1ª* et *2ª* rattachent le fait à une église, car ils parlent d'un retard du commencement de l'office et représentent Bernard *sedentem expectantemque cum cæteris.* »

« Nous ferons remarquer d'abord que les textes des *Vitæ 1ª et 2ª* ne rattachent pas plus le fait à une église qu'à la maison paternelle. Guillaume, dont Alain ne fait que répéter la leçon, s'exprime ainsi : « Aderat... nox Nativitatis et *ad solemnes vigilias omnes, ut moris est, parabantur*. Cumque celebrandi nocturni officii hora aliquantisper protelaretur, contigit sedentem expectantemque Bernardum cum cæteris inclinato capite paululum soporari. » Les mots : *ad solemnes vigilias omnes parabantur* n'indiquent-ils pas, au contraire, que Bernard et ses parents se préparaient à se rendre à l'église ? C'est ce que dit expressément le secrétaire de saint Bernard : « Vigilia ergo Dominicæ Nativitatis, dum adhuc puerulus dormiret in domo patris, videbatur sibi videre virginem parientem, et verbum infans nascens ex eâ. Protinus autem pulsatum est ad vigilias : et excitans eum mater, induit accurate vestibus canonicalibus (la copie de Bouhier, Biblioth nationale, 17639, latin, porte : *dominicalibus*) et secum pariter ad ecclesiam duxit, ut solebat (1). » En bonne critique, si le texte de Guillaume de Saint-Thierry offrait quelque difficulté d'interprétation, il faudrait la lever par le passage parallèle de Geoffroy. Mais il y a plus ici : à notre sens, le témoignage de la *Vita 1ª* n'a de valeur que celle qu'elle emprunte à la *Vita 3ª* ou *Fragmenta Gaufridi*. Il ne faut pas oublier que presque tous les renseignements qui composent la substance du récit de Guillaume de Saint-Thierry sont dus à Geoffroy. Et nous l'avons déjà fait observer, quand Guillaume utilise les documents qui lui ont été fournis par le secrétaire de saint Bernard, ce n'est pas toujours pour ajouter à leur clarté historique. M. l'abbé Chomton en a eu la preuve et en a fait lui-même l'observation, au sujet des péripéties du siège de Grancey. Là encore, sous couleur d'abréger, Guillaume de Saint-Thierry a embrouillé, au lieu

1. Migne, P. L. CLXXXV, col. 525.

de les éclaircir, les faits dont il tenait les détails de Geoffroy dans les *Fragmenta* (1). En résumé, la scène de la vision de Noël a eu lieu, non dans l'église Saint-Vorles, mais *in domo patris.* »

Nous remercions M. l'abbé Vacandard de cette rectification, à laquelle nous nous rallions sans peine.

Un seul point, dans cette note, manque un peu de précision. Nous n'avons jamais regardé l'autorité de Guillaume de Saint-Thierry comme supérieure à celle de Geoffroi ; mais nous pensons que Geoffroi a laissé son témoignage définitif dans la *Vita* 1ᵃ recension B. D'où ce principe de critique : s'il y avait contradiction entre les *Fragmenta* ou *Vita* 3ᵃ et la *Vita* 1ᵃ recension B, c'est à celle-ci que l'on devrait s'en tenir (2).

Aussi, ayant cru voir — mais à tort — quelque contradiction entre les textes parallèles concernant la vision de Noël, avions-nous préféré le texte plus autorisé de la seconde recension de la *Vita* 1ᵃ.

Une dernière remarque, juste en tout point, trouvera satisfaction tout à l'heure, dans le *Supplément au tome Iᵉʳ*.

La lecture des premiers articles l'a fait comprendre, le travail que nous éditons, n'est point une étude habilement coordonnée, sans digression ni hors-d'œuvre. C'est, au contraire, un assemblage plus ou moins disparate de notes, de documents, de dissertations critiques. Simples contributions à l'histoire de saint Bernard et de son culte, restreinte à un cadre tout à fait local ; — à l'histoire des familles parentes de l'illustre abbé, surtout dans la ligne paternelle ; — enfin à l'histoire du château de Fontaines.

Avant d'aborder l'article IVᵉ, nous donnons : 1° un *Supplément au tome Iᵉʳ*, contenant des notes additionnelles et rectificatives ; — 2° une note philologique sur les noms d'Aleth et de Tescelin, due à l'obligeance de M. l'abbé Bourlier, l'auteur du *Glossaire étymologique*, si justement apprécié, en cours de publication dans le *Bulletin d'histoire et d'archéologie religieuses du diocèse de Dijon*.

1. Bibl. nat., latin, 17639, fol. 3-6.
2. Voir la raison de ce principe : *S. Bernard et le Château de Fontaines-lez-Dijon*, t. I, p. 4-9.

Cette note philologique n'a pas seulement pour but d'élucider une curieuse question d'onomastique ; mais elle familiarisera les lecteurs étrangers à cette science avec les formes variées sous lesquelles se présente souvent le nom d'un même personnage : connaissance utile pour fixer des identifications.

Nous regardons comme un devoir de témoigner de nouveau notre vive gratitude à tous ceux dont nous avons reçu aide ou direction dans nos recherches. Nul ne s'étonnera de lire ici spécialement les noms des conservateurs des Archives de la Côte d'Or et de la bibliothèque de Dijon, MM. Joseph Garnier et Philippe Guignard, guides si bienveillants et si sûrs à travers les dédales où s'engage l'investigateur.

SUPPLÉMENT AU TOME I.

Ce supplément concerne l'article III, publié trop hâtivement, dont certains détails exigent révision.

1. — Il est fait mention, avons-nous dit (tome 1, p. 134), du « pratum *omni Tecelini Sauri* » (1) dans ce qui nous reste de la première grande charte de Fontenay, charte notice résumant les donations antérieures à 1136. D'autres chartes notices — du cartulaire de Clairvaux — rappellent la donation du finage de Fraville par « Raengerius de Castello, laudante *Tescelino Sauro* de quo illud tenebat » (2). S'agit-il en ces deux cas du père de saint Bernard ? Pour l'affirmer, il faut plus qu'une similitude de nom. Car, au moyen âge, dans le Châtillonnais et au delà, beaucoup de personnages de toute condition se sont appelés Tescelin, et plusieurs d'entre eux ont pu être surnommés le Saure. (3)

La question, disons-le, offre un médiocre intérêt : une solution affirmative et péremptoire ajouterait peu à ce que l'on sait des origines du père de saint Bernard. Néanmoins, afin de ne rien négliger, on peut étudier ce problème.

Voici d'abord le texte relatif à la donation du territoire de Fraville : « Finagium Fravillæ dedit monasterio Clareval-

---

1. Voir *Saint Bernard et le Château de Fontaines*, t. I, p. 134; Migne, col. 1463, B.
2. Biblioth. de Troyes, cartul. de Clairvaux, I, p. 123. — Archives départementales de l'Aube, cartul. de Clairvaux, II, p 3. — Le nom du donateur vient sous cette double graphie : Raengerius, Raingerus. — Fraville était une grange de Clairvaux.
3. Sorus : quo nomine, vulgari lingua, subrufos et pene flavos appellare solemus. *Vita* 3ᵉ, Migne, col. 523, D.

lensi Raengerius de Castello laudante *Tescelino Sauro* de quo illud tenebat, et ejusdem Raengerii filio Odone pariter concedente. Testes sunt *ipse Tescelinus*, Ansculfus, Wilencus de Castello. Concessit hoc etiam alter Raengerii filius, Aimo Jovins. Testes sunt *Josbertus Rufus*, Raengerius pater ejus. Sed et alius filius ejus Girardus hoc ipsum laudavit, testibus Ansello clerico, Dodone de Mundivillâ. »

Tout favorise l'identification du Tescelin de ce texte avec le père de saint Bernard. Le lieu, puisque Fraville, voisin de la Ferté-sur-Aube, est parmi les fiefs en partie possédés par la famille châtillonnaise à laquelle se rattachait le seigneur de Fontaines-les-Dijon. Le temps, car la donation remonte aux premières années de Clairvaux, et, d'ailleurs, ce Tescelin ne reparait plus. Les personnes : on a remarqué, en effet, l'intervention de Jobert le Roux, certainement parent de saint Bernard ; maintes chartes encore accusent d'étroites relations entre les seigneurs dits « de Castello » — peut-être Le Chatelet sur Boudreville (Côte d'Or) — et les Châtillon ou les La Ferté (1) ; on les présume donc, à bon droit, liés au moins par quelque affinité.

Les mêmes convenances existent pour Tescelin de la charte de Fontenay. (Voir dans Migne, P. L. tome CLXXXV, col. 1463, B, le texte à interpréter.)

Inutile de s'attarder aux convenances de temps et de personnes, assez manifestes pour qui étudiera les extraits ou analyses des deux premières grandes chartes de Fontenay édités par Chifflet (2). Des raisons frappantes établissent la convenance de lieu. Le pré mentionné était en aval de Grignon, sur la rive gauche de la Brenne, entre Courcelles et Benoisey, près du territoire de Fain-lès-Montbard, village de la rive droite. Cette terre devait dépendre de Grignon. Or, les alliances matrimoniales ayant souvent tenu à la proximité des domaines respectifs des familles, il ne serait point étonnant

---

1. Voir Biblioth. de Troyes, cartul. de Clairvaux. I, p. 41, 124. — Archives de l'Aube, cartulaire de Clairvaux, II, p. 1. — Archives de la Haute-Marne, cartul. de Longuay, fol. 89-93, 106, 109, 111, 112. — Archives de la Côte-d'Or, cartul. de Molesme, I, 86; cartul. de Fontenay, ms. 201, fol. 5. — Gall. chr. IV, Pr. p. 165. — E. Petit, *Histoire des Ducs de Bourgogne*, I, 393; II, 243.

2. Migne. col. 1462, A; 1463, B; etc.

que l'époux de la B. Alette eût possédé, de son propre chef, quelques biens dans le voisinage de Montbard. On trouve là, d'ailleurs, des « milites castellionenses ». Il y a plus. Des descendants de Tescelin de Fontaines-lès-Dijon hantent particulièrement cette contrée ; ils s'y marient, ils font des donations sur Fain-lès-Montbard, sur Munois-Darcey. Autre détail : les Grignon dits de la Motte auxquels appartient Bernard, onzième abbé de Fontenay, sont des témoins si assidus de ces descendants de Tescelin que l'on soupçonne entre eux quelque parenté (1). Enfin à Poiseul-la-Grange, lieu dépendant de la seigneurie de Grignon, on voit, parmi les tenanciers, Guillaume de Châtillon, seigneur de Duesme, et Gérard de Châtillon, seigneur d'Échalot, parents de saint Bernard (2). Toutes ces circonstances n'insinuent-elles pas fortement que le père de l'abbé de Clairvaux possédait quelques biens sous Grignon ?

Une remarque générale augmentera la valeur des raisons particulières qui précèdent.

Contrairement à ses parents les Châtillon et les La Roche, Tescelin, père de saint Bernard, n'aurait-il eu aucune propriété dans un rayon plus ou moins étendu, autour de son *oppidum* natal ? C'est peu probable. Les biographes parlent de ses nombreuses possessions que l'on peut difficilement réduire au petit château de Fontaines et à ses dépendances. Or, voici, au nord de Châtillon, le finage de Fraville, au sud, le pré sous Grignon, qui appartiennent à un Tescelin le Saure, contemporain du père de saint Bernard. Il est donc présumable qu'il s'agit de Tescelin de Fontaines. La présomption devient plus forte par les observations suivantes. Le seul Tescelin le Saure qui paraisse au cartulaire de Molesme, est certainement le père de saint Bernard. C'est lui encore, et lui seulement, qui, à la même époque, est ainsi nommé dans les chartes des autres églises de Bourgogne. Un second Tescelin le Saure apparaît plus tard, mais il est son arrière petit-fils et, comme lui, seigneur de Fontaines *(3)*.

3. Tous ces détails sont justifiés à l'art. IV.
4. Migne, col. 1465, B, D. — Cartul. de Fontenay, ms. 201, 2ᵉ g.de ch. n° II.
5. Voir plus loin, article IV.

En définitive, est-il téméraire de regarder comme très probable la double identification proposée ? Il ne le semble pas.

Les étroits rapports des arrière neveux de saint Bernard avec la maison de Grignon dite de la Motte inviteraient à rechercher si, par cette maison, la famille de l'abbé de Clairvaux n'aurait pas quelque lien avec les anciens comtes d'Auxois. Mais s'obstiner à vouloir éclaircir tant de points obscurs, malgré l'insuffisance des documents, c'est se condamner à rouler le rocher de Sisyphe.

2. — Nous avons donné quelques fragments des tables généalogiques de la famille dite de Châtillon, parente de saint Bernard(1). En général, les dates inscrites ne marquent point les limites de la jouissance d'une seigneurie, moins encore les limites d'une existence ; ce sont des points de repère, des données justificatives, qui permettent de retrouver les noms et la filiation des divers personnages, dans les chartes portant, authentiquement ou par attribution, les millésimes signalés. Le but à atteindre n'était pas de faire l'histoire chronologique de ces personnages, mais d'établir leur parenté avec saint Bernard.

Les additions et rectifications suivantes seront utiles pour la suite du travail.

Première table (p. 140-141), deuxième colonne, avant dernière génération : Gui de Pontailler, seigneur de Talmay, eut pour première femme, non point Marguerite de Blaisy, mais une *fille de Richard d'Abbans* (2).

Même colonne, génération précédente : Guillaume II de Champlitte, vicomte de Dijon, eut pour seconde femme Catherine de *Saulon* (3). — Ce supplément a déjà paru aux *Addenda*.

Deuxième table (p. 142-143), première colonne : il faut

---

1. *S. Bernard et le Château...*, t. I, p. 140 et suiv.
2. Marguerite de Blaisy épousa Gui II de Pontailler, maréchal de Bourgogne. C'est ce que nous atteste une obligeante lettre de M. le prince de Bauffremont-Courtenay. — Voir, d'ailleurs, Archiv. de la Côte-d'Or, Peincedé, XXVII, 147 ; B, 11,268, fol. 16 bis.
3. Archiv. de la Côte-d'Or, fonds du prieuré de Pontailler, H. 32, liasse 739.

compter une génération de plus. Marguerite de Duesme, femme d'Anselme de Bailleux (1), est plutôt fille que sœur de Guillemette de Duesme. En outre, elle épousa en secondes noces Aimon, seigneur de Pesmes (Franche-Comté), et laissa aussi des enfants de ce mariage. Voici cette partie du tableau dûment rectifiée et complétée :

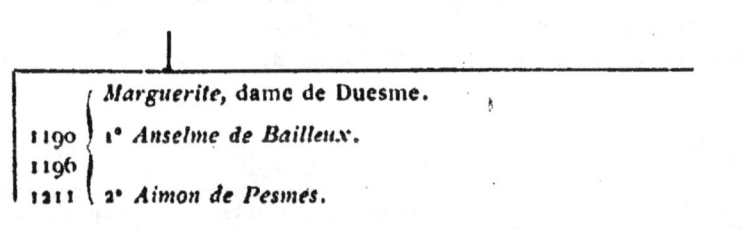

{ *Guillemette de Châtillon* dame de Duesme.
{ *Ponce Chanlard*, familier du duc de Bourgogne.

1190 ⎰ *Marguerite*, dame de Duesme.
1196 ⎱ 1° *Anselme de Bailleux*.
1211 ⎰ 2° *Aimon de Pesmes*.

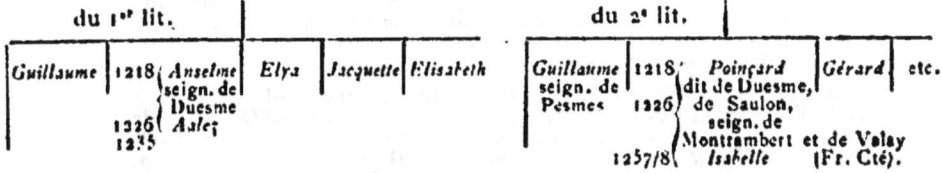

du 1er lit.

| Guillaume | 1218 Anselme seign. de Duesme 1226 1235 | Elys | Jacquette | Elisabeth |

du 2e lit.

| Guillaume seign. de Pesmes | 1218 1226 1257/8 Isabelle | Poinçard dit de Duesme, de Saulon, seign. de Montrambert et de Velay (Fr. Cté). | Gérard | etc. |

Cette rectification s'appuie sur les raisons suivantes. Renier de Châtillon laissa la part qu'il possédait de la seigneurie de Duesme, à son fils Guillaume, et celui-ci la trans-

---

1. Anselme de Bailleux fut l'un des barons qui assistèrent le duc Hugues III, quand celui-ci octroya la charte de commune aux habitants de Dijon (1187). Son nom a été généralement mal lu par les copistes qui ont traduit *Ansermus*, doublet d'Anselmus, par *Ansericus*. Mais la charte originale porte : *Anselm' de Ballox*. (Archives municipales de Dijon, B, 1.) Immédiatement avant Anselme figure, dans la même charte, Robert de Bailleux. Celui-ci était seigneur de Pouilly-en-Auxois, en même temps que seigneur de Bailleux. En 1236, son fils, héritier des deux seigneuries, vendit au duc tout ce qu'il avait à Pouilly, dans la châtellenie de Pouilly et même en Bourgogne. La terre de Bailleux ne paraît pas comprise dans l'objet de cette vente. Elle était donc située hors du duché, où, du reste, on la cherche en vain. V. Archiv. de la Côte-d'Or, abb. de La Bussière. H.535, layette Pouilly-en-Auxois; et Ch. des Comptes, B, 1287, cotes 2 et 3; B, 1256, cote 1. Sur les pièces du dépôt de la Ch. des Comptes sont apposés deux sceaux des seigneurs de Bailleux. L'un (janvier 1235, n.st. 1236) porte *une fasce avec un lion armé et lampassé brochant sur le tout* et la légende : + *Sigillum Roberti de Bailues*. L'au-

mit à sa fille Guillemette, épouse de Ponce Chanlard (1). Des chartes datées de 1190, 1196, prouvent qu'à cette époque la même seigneurie appartenait à Anselme de Bailleux, à qui sa femme Marguerite l'avait apportée en dot (2). Marguerite se déclare descendante de Renier et de Guillaume de Châtillon, mais sans appeler Guillaume son père. Elle avait de son chef, à Saulon, des fiefs qui paraissent venir de Ponce Chanlard (3). Il y a donc lieu de croire Marguerite, fille de Ponce Chanlard et de Guillemette de Châtillon.

Son double mariage est attesté, d'une manière explicite ou implicite, par les cartulaires de Fontenay, de Longuay, du Val-des-Choux, de Bèze, de Citeaux, de Saint-Étienne, et

---

tre (1298) porte seulement une fasce avec la legende : *Sigillum Roberti domini de Bailues*. On trouve également le sceau de la femme du premier de ces deux Robert (1236). Ce sceau, de forme amande, représente une dame portant un diadème au front, un manteau sur les épaules, une fleur de lis dans la main droite, avec cette légende : + *S. Ade domine de Bailues*. La graphie du nom patronymique de ces seigneurs offre de nombreuses variantes : Bailues, Belluex, Beleux, Belleux, Bealeus, Balues, Baluel, Baleux, Balleus, Ballox, Bailloz, Baillois, Bailleus, en latin de Balleolis, de Baleeis.

1. Archiv. de la Haute-Marne, cartul. de Longuay, fol. 125, 131 ; cartul. d'Auberive, lib. I. n. 17. — Archiv. de la Côte-d'Or, abb. de Fontenay, II, 574, Fontaines-en-Duesmois Emorots. — E. Petit, *Hist. des Ducs de Bourgogne*, Dijon, 1888, tome II, p. 236, 313, 315, 345, 405. L'abbé Jobin, *Saint Bernard et sa famille*, Poitiers, 1891, p. 581. Dans ce dernier ouvrage, la charte à laquelle nous renvoyons a été mal datée : elle a été donnée par l'év. d'Autun, Etienne II, 1171-1188.

2. Archiv. de la Haute-Marne, cartul. de Longuay, p. 131 verso, 137. — Archiv. de la Côte-d'Or, abb. de Quincy, II, 620, layette Semond ; N.-D. de Châtillon, cartul. d'Hocmelle, p. 111 ; abb. de Fontenay, cartul. n. 201, fol. 54 recto. — E. Petit, op. cit. II, 405 ; III, 310, où il faut lire : Anselmus miles de Baluel.

3. Archiv. de la Côte-d'Or, Citeaux, cartul. n. 167, fol. 7-8, 16-17 ; II, 447, layette Fénay. — Ibid., Saint-Étienne de Dijon. G. 4. n. 28, ancien cartul. III, fol. 66, 93, 99, 101. — Fyot, *Hist. de Saint-Étienne*, p. 133. — Les titres indiqués dans ce renvoi établissent que Marguerite de Duesme a laissé, de son chef, en héritage à ses enfants, des biens à Saulon, à Fénay. Or, ces biens devaient provenir, non de Guillaume de Duesme, mais de Ponce Chanlard. Il est beaucoup plus vraisemblable de les attribuer à celui-ci, qui avait son centre à Dijon et appartenait originairement à la même famille que les Marigny-sur-Ouche, famille dont les domaines s'étendaient autour de Dijon, le long de la côte et dans la partie avoisinante de la plaine. Voir Archives de la Côte-d'Or, Saint-Bénigne, II. 70, Mesmont, ch. de 1160 ; Migne, col. 1411, A ; E. Petit, II, 250. A Saulon, spécialement, on trouve des seigneurs dits de Saulon, qui sont parents des Marigny, participent à leur terre de Daix, et portent leurs armes, semble-t-il, *vairé de... et de...*, brisées d'un franc quartier. V. Archiv. de la Côte-d'Or, B, 1350, cotes 21 et 22 ; B, 522, cote 3, B, 352, cote 1. — *Hist. de la maison de Chastellux*, Auxerre, 1869, p. 43, note.

par d'autres titres conservés dans nos établissements nationaux (1).

Les fragments généalogiques donnés p. 144 peuvent être développés et rattachés à la même souche que les précédents.

A cette fin il faut rapporter une charte du cartulaire de Molesme (I, 70-71).

Notum sit quod Beatrix, soror Roberti lingonensis episcopi, Deo et sanctæ Mariæ Molismensi dedit altare de sancta Columba (2) et presbyteratum ; et hoc factum est laudante prænominato episcopo. Ipse vero Robertus donavit totam terram quam in eodem loco habebat, et campum qui vocatur Osseus.

Similiter autem *Rainerius et Gosbertus et Hugo Godefridus de Castellione et sorores eorum*, filiis earum concedentibus videlicet Abbone et Gosberto, dederunt quidquid in insula apud Cavennaiacum (3) habebant. Simili modo *Haimo Rufus*, concedentibus filiis suis, dedit totam terram quam in eadem insula habebat, retento hoc quod caruca uno die arare consuevit. Nepta vero ejusdem Haimonis, Hermentrudis videlicet, pratum quoddam in eadem insula donavit. Supradictus vero Haimo dedit duos mansos, unum apud Cavennaiacum, alterum apud sanctam Columbam. Hugo vero Godefridus medietatem terræ sanctæ Columbæ et medietatem trium mansorum apud sanctam Columbam et unum mansum apud Cavennaiacum concessit. Dedit etiam prænominatus Hugo monachis universam decimationem laborum suorum, laudante domno Raynerio de cujus casamento erat...

Donationi Beatricis affuit Wido de Wangionum rivo, maritus ejus, laudator et testis. Concessioni vero Roberti episcopi Amalricus decanus lingonensis et Radulfus præpositus ipsius episcopi.

Donationi vero *Rainerii et Gosberti et Hugonis et sororum eorum* alios testes non admisimus nisi se invicem et Widonem de Mercennaco et Giraldum Balbum. Donationis vero *Haimonis Rufi* testes sunt Milo ejus filius et Rainaldus miles ejus (an. 1100).

1. Les renvois précédents ont indiqué les titres à consulter dans les cartul. de Fontenay, de Longuay, de Cîteaux et de Saint-Étienne. Voir de plus, Archiv. de la Côte-d'Or, analyse du cart. du Val-des-Choux, Peincedé, XXVIII, 1175; cartul. de Bèze, n. 130, p. 24-25. — Archiv. nat. KK, 1064, fol. 285. — Bibl. nat., cartul. de Champagne, 5oo Colbert, n. 58, fol. 146, 147, 148. — Voir aussi pour la lignée issue du deuxième lit, Archiv. de la Côte-d'Or, B. 11607, cote 33; Peincedé, XXV, 515. C'est à l'obligeance de M. de Beauséjour, domicilié à Besançon, que nous devons communication de plusieurs de ces pièces.

2. Sainte-Colombe-sur-Seine, près Châtillon.

3. Chavonnier, écart de Sainte-Colombe.

D'après cette charte-notice, Renier et Jobert de Châtillon qui figurent avec leur descendance dans les tableaux dressés pp. 140-143, eurent un frère, *Hugues-Godefroi*, et deux sœurs, dont les maris sont inconnus.

Suivant une autre charte, la mère de Renier et de Jobert fut une « domina Adelaidis », cohéritière de fiefs situés sur Riel et Autricourt (1). Hugues était fils de Godefroi : tel est le sens de son surnom, sens expressément marqué en d'autres titres où il est appelé « Hugo Godefridi, Hugo filius Godefridi. » Adelaidis, mère de Renier et de Jobert; Godefroi, père d'Hugues, sont les seuls ascendants de cette famille que l'on connaisse.

Selon toute probabilité, Hugues eut deux fils : *Godefroi* qui porta le nom de son aïeul, et *Nivard*. La conférence de plusieurs chartes de Molesme autorise à le présumer (2). Or, Godefroi, fils d'Hugues, est le même que Godefroi, époux de Gertrude, dont la descendance est donnée p. 144. — *Mathieu de Châtillon*, témoin assidu de tous ces chevaliers et qualifié de cousin de Godefroi (3), appartient à la même maison.

Aimon le Roux n'y est point étranger. Voici le tableau de sa postérité, où trouve encore sa place un des fragments généalogiques qui nous occupent.

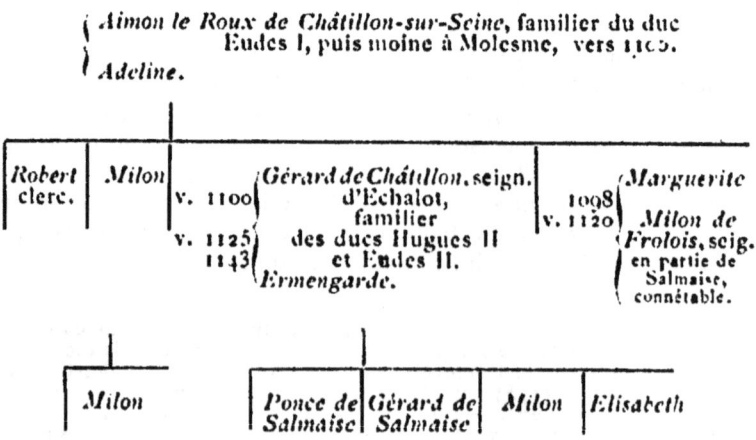

1. Archiv. de la Côte-d'Or, Cartul. de Molesme, I, 72-73.
2. Ibid. 82, 86.
3. Ibid.

Domaines d'Aimon le Roux et de Gérard son fils : sur Montier-en-l'Isle, Bagneux-la-Fosse, (Aube). — Champigny, Sainte-Colombe-sur-Seine, Etrochey, Poiseul-la-Grange (Côte-d'Or).

Ces données sont certaines. Elles résultent 1° des titres de Saint-Bénigne, de Fontenay, de Molesme publiés par Pérard, Chifflet et E. Petit (1); 2° de deux chartes inédites de Molesme et de Clairvaux, dont voici des extraits :

CARTUL. DE MOLESME I, P. 89..., *Haimo Rufus de Castellione*, relinquens sæculum, venit Molismum ut habitum religionis acciperet.., deditque Deo et ecclesiæ Molismensi presbyteratum de Baniolo (2) vel tres mansos alodii ; quidquid vero *uxor illius Adelina* in ipsa villa habebat, totum post mortem suam concessit. Præterea dedit nobis uxorem Ulrici Mulnerii cum infantibus suis de Insula subter Barrum super Albam (3)..., et unum pratum ad Villam Martini (4) pertinens. Hoc donum gratanti animo laudavit *uxor ejus Adelina, filiique ejus Robertus clericus, Milo et Girardus* (vers 1100).

CARTUL. DE CLAIRVAUX, I, P. 241. Notificetur posteritati nostræ quod *Girardus de Castellione filius Aymonis Rufi*, laudante *Ermengarde uxore sua* et *Milone filio suo*, dedit monasterio Clarevallensi et fratribus ibidem Deo servientibus villam quæ Campaniacum (5) dicitur cum omnibus appendiciis suis,... et quidquid omnino ad supradictam villam pertinet. Testes sunt Wido, Radulfus, Siguinus canonici ; Rainerius de Pultariis, Raherius, Radulfus de Maiseio.

Pontius de Salmasia (6), *nepos ipsius supradicti Girardi*, laudante *Margarita matre sua*, dedit quidquid ibidem habebat vel alius de illo tenebat. Testes sunt *Bartholomeus de Sombernon*, Hugo de monte sancti-Joannis, Walo de Saliva, Odilo de Chuseio, Lebaldus de Sancto-Gervasio. Hoc vero laudaverunt Wido, Walterius, Herveius de Merligni de quibus ipse Pontius tenebat. Testes sunt comes Theobaldus, Walterius de Bernon, Petrus Bursalz, Andreas de Firmitate Walcherii.

1. Voir Pérard, 83, 180, 204, 220, 221, 227, — Chifflet, 428, 429, 548, 549; — E. Petit, I, 411-412, 436, 441, 463, 467, 468, 507; II, 211, 221, 222, 246, 330.
2. Bagneux-la-Fosse, canton des Riceys (Aube).
3. Montier-en-l'Isle, canton de Bar-sur-Aube.
4. Villemartin, lieu disparu sur le finage d'Etrochey, canton de Châtillon-sur-Seine. Voir Archives de la Côte-d'Or, H. 303, abbaye de Molesme.
5. Champigny, commune d'Autricourt, canton de Montigny-sur-Aube.
6. Salmaise, canton de Flavigny.

Bartholomeus, laudante matre sua Hersende et Aimone vitico suo, dedit quidquid habebat in supradicto finagio. Testes sunt Anno Rufus, Guiardus frater ejus, Milo Pinguis, Guiardus de Villa, Rainerius frater Annonis. — Simon de Brierio (1), laudante Gertrude uxore sua, dedit quidquid ibi habebat, presente Godefrido et Girardo monachis. Testes sunt Hugo de Thoria, Narjoldus de Castellione. — Laudavit hæc Jona Bartholomei et Simonis *Willelmus de Castellione* de quo in feudo tenebant. Testes sunt *Bartholomeus de Sombernon, Girardus de Castellione*, Guido filius Ebrardi.

Ego Godefridus Dei gratia lingonensis episcopus totam presentis paginæ cartam laudo et proprio sigillo munio et Claravallensi monasterio in perpetuum confirmo. Anno ab Incarnatione Domini M. C. quadragesimo septimo (1147).

Aimon le Roux et Gérard son fils ont des biens sur les mêmes territoires que Renier de Châtillon et ses frères. Gérard est témoin des fils de Renier (2). Ces indices de parenté font présumer qu'ils se rattachent tous à la même souche.

Ainsi faut-il voir, vers l'an 1100, dans Renier, Jobert le Roux, Hugues-Godefroi, Mathieu, Aimon le Roux les principaux représentants de cette famille, dite de Châtillon, parente des La Roche et de Tescelin le Saure. Les La Roche et Tescelin étaient cousins. Même lien les unissait à Renier, Jobert, etc. Un ascendant des La Laroche avait dû prendre femme dans cette maison châtillonnaise, et Tescelin devait en être membre. Des chevaliers dits de Brémur, d'Aisey, de Bouix, de Pothières, de Belan, d'Autricourt, de Ville-sous-la-Ferté, de Veuxhaulles, de Maisey, etc., tenaient à la même famille, et plusieurs en ligne directe. On trouve là le foyer principal de la ligne paternelle de saint Bernard.

La maison de Châtillon dont nous parlons, a fourni à la cour ducale la plupart de ses grands officiers, pendant les XIe et XIIe siècles. Elle s'est alliée à presque toutes les autres maisons qui hantaient la même cour. Dans la branche des La Ferté, elle hérita de la vicomté de Dijon, et mêla son sang

1. Briel, canton de Bar-sur-Seine.
2. Voir la charte de Clairvaux ici rapportée, et E. Petit, *Histoire des Ducs de Bourgogne*, II, 246.

à celui des Vergy ; — à celui des comtes de Champagne, par le mariage de Sibylle de La Ferté avec Eudes de Champagne, tige de l'illustre maison de Champlitte ; — à celui des ducs de Bourgogne, par le mariage de Eudes III avec Alix de Vergy. Avant le XII° siècle, les Châtillon avaient des domaines jusque dans le Dijonnais, à Saint-Julien, à Chaignay, à Fontaines.

3. — Le lieu de Gratoux (p. 146) dont les taxes furent contestées puis abandonnées aux chanoines de St-Nazaire par le duc Hugues II, n'est point Gratoux dans l'Autunois, mais une localité de même nom, aujourd'hui disparue, située jadis entre Chenôve et Longvic, à peu de distance de Dijon.

4. — Au sujet du véritable lieu de la vision de Noël (p. 154-155), voir dans ce tome II. p. 8.

5. — La remarque de Dom Thomas Leroy, touchant la translation des restes de la B. Alette à Clairvaux (p. 165, note 3), pourrait induire en erreur sur la date de ce fait, si l'on n'y ajoutait un commentaire rectificatif.

Ce fut le 14° jour, non du mois d'avril, mais avant les Calendes d'avril, c'est-à-dire le 19 mars, qu'eut lieu la translation. Voir Migne, col. 1767, ou col. 1555, au Livre des sépultures de Clairvaux. De plus, cette translation du 19 mars fut seulement la déposition du corps de la B. Alette dans la chapelle du Saint-Sauveur. L'entrée du corps à Clairvaux est fixée par Henriquez (1) au 18 octobre, jour auquel le calendrier cistercien porte en effet, comme au 19 mars : « Translatio B. Aleydis matris S. P. N. Bernardi (2). »

Ainsi l'abbaye de Saint-Bénigne perdit les précieux restes de la mère de saint Bernard au mois d'octobre, l'an 1249 ou 1250, selon qu'on interprétera par le nouveau ou l'ancien

1. *Menol. cisterc.*, 18 octobre.
2. *Kalendarium cisterc. seu Martyrol.*, Parisiis, Mariette, an. 1726.

style la date assignée à la déposition par le Livre des sépultures : « anno Domini 1250, XIV kal. Aprilis. »

Jean l'Ermite assure que, de son temps, l'on voyait à Saint-Bénigne, sur le tombeau de la B. Alette, la représentation de ses six enfants (1). On ignore quel fut le sort de ce monument. Tel ne devait plus être le cénotaphe dont parlent Dom Leroy, au XVIIe siècle et Violet au XVIIIe, et que la tradition de l'abbaye désignait comme la sépulture de la mère de saint Bernard (2).

6. — Nous avons essayé de préciser la date du voyage de saint Bernard à Grancey et celle de son entrée à Cîteaux (p. 178, 197). La question a besoin d'être reprise.

Deux points se fixent aisément : le voyage de Grancey eut lieu en octobre, et l'entrée à Cîteaux vers le commencement du printemps de l'année suivante. En effet, lorsque saint Bernard revint à Grancey pour solliciter, mais en vain, la mise en liberté de Gérard, il lui dit, avant de s'éloigner : « Nous allons bientôt partir au monastère ; toi, mon frère, sois moine dans ta prison ». D'après ces paroles la phalange des convertis était alors sur le point de quitter Châtillon. Or, Gérard fut délivré peu de jours après, *pendant le carême*, et il put accompagner ses frères à Cîteaux. Ce fut donc vers le commencement du printemps, un peu avant Pâques, plutôt qu'après (3), que s'effectua le départ. Et comme

1. Migne, col. 539, B. — *Malabaila*, p. 17.
2. Violet, chantre de la Sainte-Chapelle, a laissé cette note dans ses mémoires manuscrits datés de 1780 : « Avant de descendre dans la Rotonde (inférieure, par l'escalier de la tour du nord), on lit au-dessus de la porte de l'escalier. Solve calceamenta de pedibus tuis, locus enim in quo stas, terra sancta est.

« On voit en entrant un cercueil de pierre, qu'on dit être celui de la mère de saint Bernard. » — Biblioth. de Dijon, fonds Baudot, ms. 142, p. 23.

Aujourd'hui, un des cercueils, replacés dans la Rotonde par intérêt archéologique, occupe, côté du nord, à peu près le même emplacement.

3. Les anciens auteurs cisterciens n'ont pas uniformément daté les faits selon l'ancien style. Dans l'*Exordium magnum* (Migne, col. 1009), la date officielle de la fondation de Cîteaux, le « dies natalis » de l'ordre est marqué « en l'année 1098, au XII des calendes d'avril (21 mars), jour de la fête de saint Benoît, qui coïncidait cette année-là avec le dimanche des Rameaux ». Cette coïncidence désigne l'année 1098 nouveau style. On lit le même millésime dans l'*Exordium parvum*. L'auteur de la *Chronique de Clairvaux* commence l'année à Noël (Migne, col. 1247). — Dès lors, un fait que les biographes de saint Bernard datent du printemps de 1113, par exemple, peut s'être accompli avant Pâques.

il s'était écoulé près de six mois depuis le voyage décisif de Grancey, ce voyage remonte ainsi aux premiers jours de l'automne.

L'année de ces événements est plus difficile à fixer.

Suivant la chronologie adoptée, saint Bernard est entré à Cîteaux âgé d'environ 22 ans, l'année 1113 de J.-C., et la 15ᵉ du monastère. La première recension de la *Vita* donne à saint Bernard 23 ans, la seconde 22 : l'on s'en tient avec raison à celle-ci, qui est plus exacte. Nous ne connaissons point de variante et ne croyons pas qu'il y ait lieu d'hésiter à propos de « la 15ᵉ année de Cîteaux » ; mais il n'en est pas de même pour le millésime de 1113, comme on va le voir.

Ce millésime, disons-le de suite, soulève plusieurs difficultés. D'abord peut-il se concilier avec l'entrée à Cîteaux en la 15ᵉ année du monastère, et six mois environ après le voyage de Grancey ? Une circonstance notée par les biographes a ici son importance. Lorsque saint Bernard eut groupé autour de lui les convertis de la première heure, un matin, entrant avec eux à l'église, il entendit lire ce passage de l'épître de saint Paul aux Philippiens : « Dieu est fidèle, et assurément celui qui a commencé en vous la bonne œuvre, la mènera à sa perfection jusqu'au jour de Jésus-Christ. » Ce sont les premiers mots de l'épître liturgique d'un des derniers dimanches après la Pentecôte, du 22ᵉ dans nos livres actuels, du 23ᵉ dans le bréviaire manuscrit de Cîteaux (1). Cet incident, dont l'à propos providentiel accrut le prosélytisme de Bernard, ne peut avoir été bien éloigné du voyage de Grancey (2). En 1112, le 23ᵉ dimanche après la Pentecôte était le 17 novembre ; ce qui donnerait, pour date approximative du voyage de Grancey, le milieu d'octobre. Or, puisque saint Bernard est entré à Cîteaux la 15ᵉ année du monastère, c'est-

---

1. Biblioth. de Dijon.
2. Voici comment débute le récit de cet incident, dans la *Vita 1a*, recension B, ms. de Cîteaux (XIIᵉ siècle), Biblioth. de Dijon, n° 398 4/4, fol. 6 recto : « Cum autem ceteri, ut diximus, *fratres* prima die in eodem essent cum Bernardo spiritu congregati, mane intrantibus eis ecclesiam, illud apostolicum legebatur : Fidelis est Deus... » — Si le mot « fratres » manque dans les éditions imprimées, si Alain, dans sa retouche purement littéraire, devient moins précis (Migne, col. 476, B), il n'en reste pas moins évident, croyons-nous, qu'on est presque au lendemain du voyage de Grancey.

à-dire avant le 21 mars 1113, premier jour de la 16ᵉ, on voit la difficulté de trouver les six mois passés à Châtillon.

En second lieu, il sera toujours quelque peu étonnant que les biographes aient donné 22 ans à saint Bernard au printemps de 1113, et 63, quarante années plus tard, dans l'été de 1153. Aussi Mabillon, frappé sans doute de cette anomalie, avait-il préféré la leçon qui donne à saint Bernard 23 ans. Mais cette leçon appartient à la recension A, non à la recension B, comme il vient d'être dit.

Troisièmement, puisque Cîteaux dépérissait faute de moines avant d'avoir reçu les trente novices, comment fut-il obligé d'essaimer dès l'arrivée de ceux-ci ? L'installation des religieux à La Ferté eut lieu le 18 mai 1113.

Si l'entrée de saint Bernard à Cîteaux date de 1112, toute difficulté s'évanouit, tout concorde. Alors, en effet, le carême de 1112 commençant le 6 mars et la 15ᵉ année du monastère le 21, saint Bernard n'aura quitté la maison paternelle qu'au mois suivant. D'un autre côté, le 23ᵉ dimanche après la Pentecôte de l'année précédente était le 29 octobre. On trouve donc facilement les six mois de séjour à Châtillon. De même il n'y a plus d'anomalie entre l'âge de saint Bernard quand il entre au cloître (22 ans, en 1112), et celui qu'on lui donne à sa mort (63 ans, en 1153). Enfin, un an s'écoule avant la fondation de La Ferté, ce qui permet aux recrues d'affluer, au point de rendre nécessaire la création d'établissements nouveaux.

L'année 1112 n'a pas semblé inacceptable au P. Janauschek (1). Aussi bien, l'examen des plus importants manuscrits de la recension B et l'étude de quelques autres textes concernant la question inclinent fort à préférer ce millésime.

La ville de Troyes possède les *Vitae* manuscrites qui proviennent de Clairvaux : quatre exemplaires de la 1ʳᵉ, recension B ; un de la 2ᵈ. Les cinq manuscrits portent 1113 pour la date de l'entrée à Cîteaux. Mais les deux plus anciens, qui sont de la deuxième recension, dont la leçon authentique

---

1. *Origin. cisterc.* p. IV.

serait si intéressante à constater, portaient primitivement — la chose est manifeste — :

« $\stackrel{\circ}{M}.\ \stackrel{\circ}{C}.\ \stackrel{\circ}{X}I.$ »

Les deux derniers chiffres qui ont fait de cette date $\stackrel{\circ}{M}.\ \stackrel{\circ}{C}.\ \stackrel{\circ}{X}III$, sont de seconde main (1). — L'année de Cîteaux ($\stackrel{\circ}{x}v$) et l'âge de saint Bernard (annos natus circiter xx duos) sont de première main.

La seule *Vita* manuscrite qui nous reste de Cîteaux *(Vita 1ᵃ*, recension B), est à la bibliothèque de Dijon. Dans le passage relatif à l'arrivée de saint Bernard, on lit cette date :

« $\stackrel{\circ}{M}.\ \stackrel{\circ}{C}.\ \stackrel{\circ}{X}II.$ »

Mais une seconde main, voire même une troisième y ont touché. Le velin offre les traces bien visibles d'un grattage, et il semble, d'après certains indices, que l'on ait d'abord écrit $\stackrel{\circ}{M}.\ \stackrel{\circ}{C}.\ \stackrel{\circ}{X}I.$, puis $\stackrel{\circ}{M}.\ \stackrel{\circ}{C}.\ \stackrel{\circ}{X}II\stackrel{\circ}{I}.$, et enfin la leçon actuelle (2). — L'année de Cîteaux ($\stackrel{\circ}{x}v$) et le nombre des années de saint Bernard (xxII^{os}) sont de première main.

Gagnerait-on à étendre cet examen aux autres manuscrits? Ce n'est pas probable. Comment fixer avec pleine certitude, quant au millésime, la leçon primordiale et authentique de la recension B? Malgré cela, une conclusion s'impose : 1111 (a. st.) c'est-à-dire 1112 (n. st.) semble avoir été la leçon originale ; l'examen des plus importants manuscrits donne un résultat qui non seulement n'est pas contraire, mais qui est même très favorable à l'adoption de cette date.

Quelques textes des deux *Exordium* et de la *Vita 4ᵃ*, joints à la charte de fondation de La Ferté, jettent encore un peu

---

1. Biblioth. de Troyes, ms. n. 6 (XIIe siècle), fol. 7 ; — n. 1183 (XIIe–XIIIe), fol. 22. D'excellentes photographies des textes nous ont été obligeamment envoyées par le R. P. Pernin, oblat de S. François de Sales, résidant à Troyes. — Les compilateurs ont rencontré de ces ms. portant 1111. Témoin Vincent de Beauvais, qui écrit *Specul. histor.* lib. XXVI, cap. 24, en parlant de saint Bernard et de Hugues de Pontigny : « Intraverant enim pariter domum Cistercii anno domini 1111, sicut scribit Guillelmus abbas a S. Theodorico. »

2. Biblioth. de Dijon, ms. n. 398 4/4, fol. 9.

de lumière sur la question. « *Cum per continuos quatuordecim annos* — lit-on dans l'*Exordium magnum* — paucitatis suæ tædio tam ipse (Stephanus abbas) quam fratres ejus vehementer afflicti fuissent, *quinto decimo* demum (a constitutione domûs cisterciensis) anno, beatissimum Bernardum cum turba fratrum et sociorum ejus... suscipere meruit. » (1) Incontestablement, cette manière de dire n'insinue pas que, dans la pensée de l'auteur, saint Bernard soit arrivé à Citeaux quelques jours seulement avant le 21 mars 1113. Car alors, de bon compte, l'épreuve du Nouveau-Monastère eût duré 15 ans et non 14. L'auteur ajoute qu'au bout de quelques années, *post aliquantos annos*, saint Bernard et ses frères furent envoyés pour fonder Clairvaux. Ce peut donc être au bout de trois ans. — D'après l'un et l'autre *Exordium* la fondation de La Ferté ne semble pas avoir eu pour cause la seule présence des trente novices, mais une plus grande affluence due à des recrues successives et nombreuses, qu'entraîna leur exemple (2). Ainsi cette fondation n'aurait pas immédiatement suivi l'arrivée du futur abbé de Clairvaux. Là dessus, d'ailleurs, Jean l'Ermite est assez formel. Après avoir rappelé l'entrée de saint Bernard à Citeaux et quelques traits édifiants de son noviciat, il ajoute : « *Post non multum vero temporis* abbas Stephanus... de fructu quem sibi Deus dederat *cum multiplici augmento* oblationem Deo facere decernens, transmisso conventu, incohavit abbatiam Firmitatem dictam, duas quoque alias in brevi, Pontiniacum scilicet et Vallem-Absinthialem, quæ nunc Claravallis dicitur (3). » Jean l'Ermite paraît donc mettre un intervalle d'une certaine importance entre l'arrivée de saint Bernard et la fondation de La Ferté, et donner aussi pour cause à cette fondation l'accroissement considérable du nombre des moines. Plus formelle encore est la charte de fondation de La Ferté. Quelque large part que l'on accorde à l'emphase, on verra toujours dans le début de cette pièce : *Tantus erat numerus fratrum apud Cistercium...* autre chose qu'une allusion à la présence de trente novices (4).

1. Migne, col. 449, C. — Cf. col. 1014, B.
2. Les monuments primitifs de la Règle cistercienne, Dijon, 1878, p. 74. — Migne, col. 1014-1017.
3. Migne, col. 540, C.
4. L'abbé Jobin, *Saint Bernard et sa famille*, p. 564.

Cet ensemble de raisons permet donc de conclure que saint Bernard est entré à Cîteaux dès l'année 1112, plus probablement, et dans la première quinzaine d'avril.

Il y a un corollaire à déduire.

Sur cette donnée que saint Bernard serait entré à Cîteaux en 1113, âgé de 22 ans, on a conclu qu'il était né en 1091. Mais, d'après ce qui précède, il est plus sûr de placer sa naissance en 1090 (1).

7. — A la liste des convertis de la première heure (p. 184), il faut ajouter Geoffroi d'Aignay. Le nom de ce religieux a été mal interprété par les chroniqueurs et les hagiographes (2). Mais on lit dans la *Vita 3ª* : « Nec multo post etiam

---

1. La date de 1090 n'est pas en opposition avec l'âge de saint Bernard à sa mort. Le saint abbé mourut le 20 août 1153. Geoffroi, dans le récit adressé à Eskil, et devenu le livre V° de la *Vita*, semble avoir écrit d'abord : « Consummatis ergo feliciter vitæ suæ diebus et annis circiter LX.III. expletis... » Le ms. latin 7561 de la Biblioth. nat., qui passe pour l'autographe de Geoffroi, contient, p. 81 : « Annis circiter LX.IIIJ » ; mais M. Léopold Delisle est « porté à croire que le J final a été ajouté après coup ». (Lettre du 28 nov. 1893.) Cette retouche vient-elle de Geoffroi? Pourquoi l'a-t-il faite? Peu importe, car dans la recension B, qui fait loi, il maintient la leçon : 63 ans, *annis circiter LXIIIbus expletis* (ms. de Dijon, 398, fol. 70 verso). Doit-on entendre que saint Bernard n'aurait eu 63 ans révolus qu'en 1154? On recourait à semblable interprétation afin de concilier deux données communément admises : saint Bernard entré à Cîteaux l'an 1113, âgé d'environ 22 ans, et mort 1153, âgé d'environ 63 ans. Mais si la seconde de ces données est ferme, la première ne l'est pas, on l'a vu. Il est donc plus simple et plus naturel de mettre le 63ᵉ anniversaire natal de saint Bernard en 1153, et sa naissance en 1090.

Dans ce conflit des variantes, il est facile d'entrevoir comment plusieurs se sont produites. La leçon : « Anno ab incarnatione Domini 1111, a constitutione domûs cisterciensis 15,... Bernardus annos natus circiter 22... » remonte au XIIᵉ siècle, à l'époque même où s'achevait la composition des *Vitæ*. Le texte, mal compris, aura fait porter de 63 à 64 le nombre des années de saint Bernard à sa mort. De même, quand on voulut substituer à 1111 un millésime plus clair, on prit 1113, soit qu'on l'ait simplement emprunté à la recension A, soit qu'on ait regardé l'année 1113 comme la 15ᵉ de Cîteaux, parce qu'en cette année tombe le 15ᵉ anniversaire de la fondation de l'ordre. C'était dépasser le but. Toutefois, mais rarement, une révision plus attentive finit par donner la vraie date, 1112 (Ms. de Dijon).

2. Henriquez, *Ménologe*, 21 janvier : La notice brève mentionne « Gaufredus de Amoyo », et le passage de la *Vita 3ª*, dont nous avons cité quelques lignes, est reproduit intégralement dans les notes, d'après le ms. d'Orval. — *Journal des Saints de l'Ordre de Cîteaux*, 20 janvier, p. 40 : Mention de « S. Geoffroy d'Amaye ». — Janauschek, *Orig. cist.*, p. 37 : En 1132, le monastère de Fontaines en Angleterre fut fondé par des religieux sortis de Sainte-Marie d'York, « impetrato a S. Bernardo Claravallensi, cujus disciplinæ se submittebant, Galfrido de Amayo monacho, qui eos formam ordinis edoceret ».

magnus ille *Gaufridus de Ainai* desideratam longo tempore in Claravalle meruit dormitionem... Fuit enim vir ille de primis monachis Clarevallensibus, et multas tam in Francia quam in Anglia Flandriaque ædificavit abbatias (1). » *Ainai* ou *Ainay* est l'ancienne graphie la plus commune du nom d'Aignay-le-Duc, bourg du Châtillonnais (2). On la rencontre dans beaucoup de chartes des XIIe et XIIIe siècles. Que Geoffroi d'Aignay soit l'un des trente novices conduits par saint Bernard à Cîteaux, c'est ce qui résulte du passage du livre IV de la *Vita* : « Apparuerunt aliquando viro Dei (Bernardo) in Trecensium urbe posito venerabiles ejus filii, jam quidem carne soluti, Galdricus et Gerardus, quorum etiam secundum carnem alter germanus, alter avunculus ejus exstiterat. Cumque velut accelerantes ocius pertransirent, revocanti et retinere volenti respondebant eundum sibi pro fratre Gaufrido monacho, qui *eorumdem a prima conversione socius*, strenue satis in multis cœnobiis exstruendis militaverat Deo (3) ».

Nous avons rangé dans la même liste Milon, oncle maternel, et Robert, cousin de saint Bernard. Non pas cependant sur la foi de quelque document nouveau et formel. On peut toujours se demander s'ils étaient des trente ou s'ils n'entrèrent qu'après eux à Cîteaux.

La première grande charte de Fontenay fait de Milon un moine de Clairvaux. En effet Renard de Montbard donne une terre « in prima fundatione novæ abbatiæ Fontaneti... propter amorem domni Bernardi abbatis Clarevallis, nepotis sui, et fratrum suorum Waldrici monachi et Milonis conversi, qui ejusdem abbatiæ cum domno Martino heremita *primi ædificatores* fuerunt (4) ». D'après ce texte Gaudri et Milon vinrent donc de Clairvaux dans l'ancien domaine du seigneur de Touillon, afin d'aménager l'ermitage du frère Martin

---

1. Biblioth. nat. latin 17639, fol. 12 verso. = Cf. Hüffer, *Der heilige Bernard von Clairvaux*, 1886, p. 35, note.
2. On voit combien il a été facile de défigurer l'une des formes latines de ce nom, *Ainayum*, et d'en faire, par une mauvaise lecture, Amayum, Amoyum.
3. Migne, col. 327, C.
4. Migne, col. 1461, D. — L'abbé Jobin, *Saint Bernard et sa famille*, p. 641.

pour la fondation nouvelle. D'autre part, suivant la chronique de Clarius (1), Milon était déjà moine à la fin de 1113 (a. st.) De là cette glose fort vraisemblable insérée par Chifflet dans le texte de Clarius, que Milon dut entrer à Cîteaux avec saint Bernard, « ..Milone.. jam monacho (hoc scilicet anno 1113 inter S. Bernardi socios Cistercium ingresso).. » On hésite, il est vrai, en voyant Clarius dater de la même année 1113/4 la vente faite par Milon à son départ. Mais ici le chroniqueur est-il exact ? On voudrait aussi ne pas chercher en vain, dans les anciennes biographies, le nom de Milon à côté de celui de Gaudri son frère. Mais le silence des auteurs à son sujet peut s'expliquer par le rôle moins accentué qu'il aura eu dans sa conversion même. N'est-il pas l'un de ces « proches parents » gagnés par le prosélytisme de Bernard après la journée de Grancey ?

Rien de plus explicite pour Robert. On peut s'en tenir aux conjectures de Mabillon dans ses notes à la Lettre 1re de saint Bernard, lors même que l'on fait dater de 1112 l'arrivée des trente gentilshommes à Cîteaux, sauf à mettre la première demande de Robert en 1112, son admission en 1114 et sa profession en 1115. Cet arrangement n'est pas inconciliable avec le récit de l'*Exordium magnum* (2). Sans doute, il faudrait conclure autrement, si la lettre adressée au moine fugitif insinuait avec netteté qu'il eût fait son noviciat sous saint Bernard. Mais le passage le plus favorable à ce sentiment : « et verbo et exemplo meo in religionem ego te genui (3) », est interprété par Mabillon d'une autre manière. Saint Bernard rappellerait ici à son cousin que celui-ci lui doit sa vocation. C'est ainsi, en effet, que le fervent apôtre de la vie religieuse est maintes fois appelé père spirituel de ses frères, à raison de la conquête qu'il en a faite. On voit, par le numéro 8 de la lettre, que saint Bernard assista aux premières phases de la conversion de Robert. Il est à Cîteaux quand le jeune néophyte s'y présente ; il y est, deux ans après, au jour de l'admission. N'est-il pas encore témoin de sa persévérance pendant l'année de probation, témoin de ses vœux et de sa

---

1. Migne, col. 1399, B, C. — *Bibliothèque de l'Yonne*, II, p. 528.
2. Migne, col. 1060, B.
3. *Epist.* I", n. 10.

vêture ? On peut le croire ; mais rien n'indique qu'il lui ait donné lui-même, à Clairvaux, l'habit religieux.

En un mot Robert a pu venir d'abord à Citeaux avec saint Bernard, puis, après sa profession dans ce monastère, suivre ou rejoindre un peu plus tard son cousin à Clairvaux.

8. — Le tableau synoptique (p. 90) demande les additions et les rectifications suivantes :

Première colonne. Gui, frère ainé de saint Bernard, mourut à Pontigny, le 1ᵉʳ novembre 1141 ou 1142. Geoffroi dit, en effet, dans les *Fragmenta*, que la mort de Gui arriva *ipsa nocte qua sanctorum omnium festivitas agebatur*, et peu de temps avant que la discorde n'éclatât entre Louis le Jeune et le comte de Champagne. Or, l'incendie de Vitry, qui signala le commencement des hostilités entre les deux princes, eut lieu au plus tard dans les premiers mois de l'année 1143. D'autre part, Gui apparaît encore dans une charte datée de 1141. C'est donc en cette année même ou la suivante qu'il faut placer sa mort. (1)

Troisième colonne. Saint Bernard, plus probablement, naquit en 1090, et entra à Citeaux en 1112.

... A l'assemblée d'Étampes (1130) il fait reconnaître l'autorité du pape légitime Innocent II, à qui la tiare était disputée par l'intrus Pierre de Léon. Après avoir porté un nouveau coup au schisme, en réconciliant Guillaume d'Aquitaine avec l'évêque de Poitiers, il assiste peu après au concile de Pise (30 mai 1135), où Pierre de Léon fut excommunié... (2)

Cinquième colonne. André mourut peu de temps après Gui, à l'époque où saint Bernard, absent de Clairvaux, s'efforçait de réconcilier Louis VII et Thibaut de Champagne (1143-1144). Le saint abbé connut immédiatement la mort de son frère par une vision, où celui-ci lui apparut accompagné de Gérard, et lui donna le baiser de paix. (3)

1. *Revue des Q. H.*, avril 1891, page 388, note 3 ; avril 1892, p. 587.
2. *Revue des Q. H.*, janvier 1889, pp. 27, note 1, et 32, note 3.
3. *Revue des Q. H.*, avril 1892, p. 587.

LE NOM DE LA BIENHEUREUSE ALETH

MÈRE DE SAINT BERNARD

Par la quantité extraordinaire de ses variantes, le nom de la B. Aleth donne lieu à un problème d'onomastique dont l'élucidation peut présenter quelque intérêt.

L'auteur de la *Vita* 3ᵃ, — seul, il est vrai, — appelle la mère de saint Bernard Elisabeth, que la copie Bouhier, Bibl. nat., cod. lat., n° 17639, écrit *Elisabeth* et *Helisabeth*. — Dans le texte publié par Waitz, d'après des ms. de la *Vita* 1ᵃ, recension A, on lit : « mater *Aaleʒ* ». (*Mon. SS.*, XXVI, p. 96). Les ms. suivants, appartenant à la recension B de la même *Vita*, donnent à la Bienheureuse le nom d'*Aeleth* : Biblioth. nat., n° 17638, du XIIᵉ siècle, autrefois de Saint-Martin-des-Champs; n° 5369, du XIIIᵉ s.; n° 1864, du XIVᵉ s. selon Waitz, du XIIIᵉ d'après Hüffer; n° 3809 A, du XIVᵉ s. (Waitz. l. c., note). La bibliothèque de Dijon possède un ms., n° 398, du XII-XIIIᵉ siècle, appartenant également à la recension B de la *Vita* 1ᵃ : ce manuscrit porte fol. 3 au v° : « mater *Aaleʒ* ex castro cui nomen Mons Barrus. » — Mabillon, édit., 1667, t. I, p. VII, a donné la *Vita* 2ᵃ « ex ms. codice San-Victoriano ». On lit dans le texte imprimé : « mater ejus *Aalaidis* ex castro cui nomen Mons Barrus ». Telle est aussi la leçon du ms. de Fontaines : ce ms. de la *Vita* 2ᵃ vient de Châtillon ; M. Guignard le croit du XIIIᵉ s. et M. Garnier peut-être du XIVᵉ. — Les textes imprimés de la *Vita* 4ᵃ portent *Aalays*, *Aelaiʒ* (Migne, P. L., t. CLXXXV, col. 535, D ; 537 C ; 1391, D). Surius, *De probatis SS. Vitis*, Coloniae, 1618, donne au 20 août : *Vita S. Bernhardi authore Wilhelmo*, etc. ; c'est, au jugement des critiques, la *Vita* 1ᵃ *mixte* : le texte porte : « mater *Aleth* ». Voilà pour les *Vitae* latines.

Guillaume Flameng (XVIᵉ s.), dans sa Vie de Saint Bernard,

Tombe de CALON DE SAULX Seigneur de FONTAINES

écrite en français, et dans sa complainte ou *Epitafe de Dame Aelis ou Aelet*, emploie simultanément *Aelis, Aelet, Aalet, Aeleth* (Migne, l. c., col 1403-1408), mots qu'il fait de deux syllabes. — Il faut signaler aussi les nécrologes de Saint-Bénigne que cite Chifflet en les appelant *vetera* (dans son *Genus illustre*, Migne, l. c., col. 1394, B ; col. 1451, A) et où on lit : « Kalendis septembris obiit *Alasya* laica ». Dans un nécrologe plus récent, *Alaysa*, dit encore Chifflet. — On trouve, d'autre part, dans les listes des *Sepulcra* de la crypte de Saint-Bénigne, dont on a des copies du xvii° s.,-mais la confection des listes peut remonter plus haut : « Sepulcrum *Alaysae* seu *Alydis* ». — Enfin au xvii° s. apparaît, sous différentes orthographes, un nom qui se distingue des précédents par une physionomie à la fois plus française et plus nettement féminine : dans l'Inventaire des titres des maisons de Saffre et de Fontaines (1632), Migne, l. c., col. 1485 et suiv., *Allette* ; dans l'Histoire de Châtillon, du P. Le Grand (1651), *Alette* ; dans un Sommaire de la Vie de Saint Bernard (Dijon, 1653), *Alethe*. C'est ce nom que la *Vie* italienne de Malabaila (1634) traduit par *Aletta*, Chifflet par *Aletha*, une inscription de la crypte de Saint-Bénigne par *Aleta* (*Saint Bernard et le château de Fontaines*, t. I, p. 167, note). Baillet (20 août) dit : « la B. *Alette* ou *Alix* » ; Courtépée (II, 98) : « *Alette* de Montbard. »

Ce n'est pas tout : la mère de saint Bernard n'a pas eu le monopole du nom qu'elle a porté. Ce nom est très commun au moyen âge. C'est celui de toutes les femmes nobles qui s'appellent *Aalais, Alais, Alis, Alix* (*Saint Bernard et le château de Fontaines*, t. I, p. 140-145.) C'est celui de la mère de Hugues, comte de Troyes, appelée en 1093 *Alaydis*, en 1097 *Adhelaidis* (Migne, l. c., col. 1460, D ; 1447, D) : cf. dans le Cartulaire de Molesmes, t. I, p. 72-73, une « domina *Adelaidis*, mater Rainerii et Gosberti de Castellione ». C'est celui de la duchesse de Bourgogne *Alix* de Vergy (xii-xiii° s.), nommée, en outre, dans les chartes, *Alais, Haalez, Alaiseth, Alaydis, Aleydis, Aleidis*, et de son aïeule *Alix* de Beaumont, qu'on trouve nommée *Alais, Aalez* (E. Petit, *Histoire des Ducs de Bourgogne*). C'est celui des dames nommées *Alasia, Aalasia, Alesia*, dans des titres des xii°, xiii° et xiv° siècles (*Cartul. de l'Yonne*, Tome II, p. 400 ; Bibl. nat. *Collection*

Joursanvault, tome XX, fol. 55 ; Archiv. de la Côte-d'Or, B. 11255), *Alayseta, Alaysona, Alayson, Alaisenot, Alaisoz,* dans des titres du xiii° siècle (Archiv. de la C.-d'Or, Cartul, de Bonvaux, H, 27, n° 228, fol. 21, 27, 28, 63 ; de S. Etienne, n° 22, fol. 49. C'est celui d'une *Atheleidis* (Chifflet, *Opuscula quatuor*, Paris, 1679, p. 205) qui est désignée dans une autre charte sous le nom de *Aylide* (ablatif), (ibidem, p. 212), etc.

Cette collection de variantes, — dont je dois déclarer que tout l'honneur revient aux recherches de M. Chomton, — peut elle être ramenée à un même type ? Quelles lumières peut-on y puiser sur l'origine et l'histoire, depuis le xii° s. jusqu'à nos jours, du nom de la B. Aleth?

Ecartons d'abord *Elisabeth*, comme une erreur de Geoffroy, l'auteur de la *Vita 3ª*, trompé sans doute par une vague et superficielle ressemblance de mots. Le vrai nom de la Bienheureuse n'a rien de commun ni avec *Elisabeth*, ni avec *Elisa, Elise,* que mettent en avant quelques hagiographes modernes, soit qu'ils considèrent ce dernier vocable comme une réduction du mot hébreu *Elisabeth*, soit qu'ils y voient le nom païen gréco-romain *Elisa*. L'origine du nom de la B. Aleth n'est ni hébraïque ni grecque, mais germanique, comme celle de tant de noms contemporains, Bernard, Nivard, Mathilde, etc. Il remonte, comme Waitz (l. c.) le remarque expressément, au primitif

Adelheid

qui existe encore actuellement en allemand, et dont nous avons fait *Adélaïde*. L'élément principal de ce mot est *Adel*, noblesse, qui se retrouve dans les noms propres allemands *Adelbert, Adela, Adelgunde, Adelhard*, dont nous avons tiré Albert, Adèle, Adeline (nom de la première petite-fille d'Aleth, équivalent à celui de son aïeule, comme *Hombeline* équivalait à *Humberge*), Aline, Aldegonde, Adélard, etc.

Avec *Adelheid* pour pôle, rien de plus facile que de s'orienter parmi toutes les formes ci-dessus, à la condition : 1° de distinguer soigneusement les formes latines des formes françaises, et les formes françaises modernes des anciennes ; 2° de tenir compte des règles de la phonétique romane et de la demi-déclinaison des noms au moyen âge; 3° de faire la part des caprices de l'orthographe.

Formes romanes. — En devenant roman, *Adelheid* dépouille le costume germanique, et subit toutes les exigences de la nouvelle phonétique qui le régit : *h* disparaît, *d* tombe entre *a* et *e*, *e* se change en *a* sous l'influence de la première syllabe, et *aa* se contracte en *a*, d'où successivement *ade*, *ae*, *aa*, *a*; la diphthongue germanique *ei* passe tantôt à *ai*, *è*, tantôt à *i*; *d* posttonique, à *t*. Enfin, suivant la grammaire du moyen âge, le nouveau nom roman a double cas, cas-sujet caractérisé par l'addition de *s*, et cas-régime. Or, *d* ou *t* + *s* = ʒ ou *s*. De là les formes suivantes, toutes très régulières, sauf les incorrections orthographiques par emploi abusif des lettres *h*, *y*, ʒ :

Cas-sujet : *Aelaiʒ*, *Aalais* et fausse graphie *Aalays*, — *Aaleʒ* et f. gr. *Haaleʒ*, — *Aalis*, *Aleʒ* ; — *Aelis*, *Aliʒ*, *Alis* et fausse graphie *Alix* (l'*x* a influé dans la suite sur la prononciation de ce mot).

Cas-régime : *Aelet* et fausse graphie *Aelet*, *Aalet*, *Alet* et f. gr. *Aleth*; — *Haalit* et *Aalith* f. gr. de *Aalit*.

J'explique *Alaiseth* par une fausse graphie de *Alaiset*, diminutif de *Alais*. *Alayson* et *Alaysoʒ*, fausses graphies de *Alaison* et *Alaisoʒ* ou *Alaisot*, sont également des diminutifs de *Alais*; *Alaisenot* est un diminutif de *Alaison*.

Transcriptions latines. — Les formes romanes que nous venons de rappeler sont parfois entrées telles quelles dans le texte des auteurs qui écrivaient en latin. Il est à remarquer que, dans ce cas, l'écrivain a perdu la notion de la qualité romane du mot qu'il adopte et à plus forte raison de sa valeur casuelle : il écrit, par exemple, *mater ejus Aleth* sans paraître se douter ni que *Aleth* est un mot français, ni que ce mot est une forme de régime. Il s'empare du mot usité, et l'insère sans y toucher, comme un mot barbare qu'il juge inhabile à porter le costume latin. D'autres fois, au contraire, le nom propre n'obtient droit de cité dans le texte que costumé en latin, et les formes varient suivant la tournure d'esprit de l'écrivain ou de l'époque, suivant les connaissances ou les préjugés touchant l'origine ou l'orthographe des mots. C'est ainsi que l'on trouve pour le nom qui nous occupe :

Adelaidis, *Adelhaidis* et *Atheleidis* (nominatifs et génitifs), qui attestent chez l'auteur la connaissance de la véritable origine du mot.

Aylide (ablatif), traduction de *Aelis*.

Aalaidis et *Aaladis* (nominatifs), correspondant à *Aalais*.

Alaidis (nom.), *Alaide* (ablatif), *Alaydis*, *Aleydis*, *Aleidis* (nominatifs et génitifs), traduction de *Alais*.

Aalasia, *Alasia* ou *Alasya*, *Alesia*, *Alaysa*, traduction de *Aalais* ou *Alais* féminisé.

Alydis (génitif), *Allide* (ablatif), traduction de *Aliz*, *Alis*, sur le modèle des noms grecs féminins en *is*.

Alayseta et *Alaysona*, traductions de *Alaiset* et *Alaison* féminisés.

Époque moderne. — Parmi les variantes *parlées* du nom appliqué à la mère de saint Bernard, celle qui paraît avoir supplanté toutes les autres à la fin du moyen âge, c'est celle qui se prononçait *a-lè*, dernière étape de l'évolution romane de *Adelheid* par la finale *è*. Parallèlement, de toutes les formes *écrites* du nom donné à la Bienheureuse, celle qui prévaut à la fin du moyen âge, c'est *Aleth*, qui se lit *a-lè*. L'*h* de *Aleth* est parasite et témoigne du goût que les amateurs d'érudition ont de tout temps montré pour le groupe *th*. Le cas-régime par *i*, ainsi que tout cas-sujet, est mis en oubli, du moins comme nom de la mère de saint Bernard. C'est à ce moment, d'ailleurs, que le cas-sujet disparait de la langue générale : là où l'on disait, selon la fonction du mot, *li vaslez* ou *le vaslet* on ne dira plus que *le vaslet* ou *valet*. — Mais *Alet*, *Aleth*, subit, au xviie siècle, une dernière transformation, attestée et par notre prononciation actuelle, et par les traductions modernes *Aleta*, *Aletha*. La physionomie du mot était trop masculine pour un nom de femme, dont l'usage, du reste, s'était perdu, et tout naturellement on est arrivé à le féminiser en le prononçant *a-lè-t'*, soit simplement par l'addition au moins fictive de l'*e* muet, caractéristique du féminin en français moderne (ainsi a-t-on fait de *Alis* Alice), soit plutôt, vu la brièveté de la syllabe finale, par le changement de *Alet* en *Alette*, d'après la règle du féminin des noms en *et*, et sous l'influence de nos diminutifs de noms de femmes en *ette*.

Une question pratique pour finir : Que penser de notre usage actuel relativement au nom de la mère de saint Bernard que nous prononçons *a-lè-t'*, tout en continuant à l'écrire *Aleth* ? Il y a là une anomalie évidente, destinée, selon toute apparence, à disparaître tôt ou tard, ce qui ne peut arriver que d'une des deux façons suivantes : Ou bien, par amour de la tradition et de l'archéologie, nous garderons l'orthographe du moyen âge *Aleth*, — puisque c'est cette forme incorrecte qui a prévalu parmi nous ; — mais alors il faudra revenir à la prononciation du moyen âge *a-lè* ; car avec ou sans *h* paragogique, il est inadmissible qu'un nom français en-*et* se prononce autrement que *è*. Si nous écrivons *Aleth*, prononçons ce mot comme *valet*. Ou bien nous conserverons la prononciation actuelle *a-lè-t'*, mais avec l'orthographe moderne, à la fois logique et analogique, *Alette*. Des deux partis, c'est, à mon humble avis, le second qui a tous les droits et, par ce temps de réformes orthographiques, toutes les chances de triompher. La prononciation actuelle, en effet, a pour elle une tradition de trois siècles : c'est un fait d'importance, sur lequel il est impossible de revenir, et qui prime celui de la tradition graphique. Or, une prononciation nouvelle, et reposant sur une raison d'être nouvelle, ne peut s'accommoder longtemps d'une orthographe ancienne en contradiction avec cette prononciation. Une articulation différente appelle une orthographe différente. Ecrire et prononcer *la B. Alette*, est le meilleur moyen, pour ne pas dire le seul, d'accorder ensemble la tradition, le fait accompli et la logique.

J. BOURLIER.

LE NOM DE TÉCELIN

Ce nom est certainement d'origine germanique. Il a pour thème ou radical le mot gothique *thiud*, nation, *gens*, qui fait la base des noms de personnes germaniques commençant par *Theod-*, moderne Diet- :

Theo-bald (brave pour le peuple, dit le Dict. de Sachs), Thiébaut, Thibaut.
Theod-orich, Thierry
Diet-erich, *Diet-rich*, même mot que le précédent
Diet-bert, Theodebert
Thod-ulf, (Saint) Thion
Theod-lecheldis, première abbesse de Jouarre,
etc., etc.

et du mot *deutsch* lui-même signifiant allemand, gothique *thiud-isks*, latin barbare *theodiscus* (national).

De plus, le nom du père de saint Bernard se termine par un suffixe très commun et sans grande signification *-ling* ou plus exactement *-el-ing*, précédé d'un autre suffixe *-isch*, non moins commun et exprimant une idée vague d'appartenance.

On peut donc supposer, comme type primitif et complet :

Theod- (i) sch - (e) ling

susceptible de se modifier en :

Teut — —
Deut — —
Diet — —

Il y a là de quoi expliquer toutes les formes relevées dans les chartes :

Theocelina
Teotzelinus

Tetcelinus
Thecelinus, Teicelinus, Tescelinus, Tecelinus, Tesselinus
Tichelinus, Dichelinus
Tuschelinus

et même

Turschilinus,

qui représentera (s'il faut rendre compte de l'*r*) un dérivé de Theodorich, à l'aide du même suffixe *ling*.

Theo (d) - (o) r(i)ch - e ling

Quant à la signification du nom, elle est naturellement fort difficile à préciser : on sait du moins que le mot racine signifie « peuple ».

Note de M. l'abbé Bourlier.

IV

LES ARRIÈRE NEVEUX DE SAINT BERNARD

Notes Préliminaires

Parmi les enfants de Tescelin le Saure, Gui et Hombeline seuls furent mariés. Nul document n'attribue de postérité à Hombeline. Le nom d'arrière-neveux de saint Bernard ne convient donc, strictement, qu'aux descendants de Gui: les Sombernon-Fontaines, les Saulx-Fontaines et leurs alliés immédiats ou médiats de diverses maisons. Avant d'exposer ce qui les concerne, il faut voir en général quelles anciennes familles, avec les Fontaines et les Montbard, sont parentes de l'abbé de Clairvaux. Voici la liste des prétendants les plus connus : les Grancey, les Noyers, les Charny, les d'Avout, les Châtillon, les Champlitte, les Chissey, les Berbisey, les Marey, les Seigny, les Cléron, les Saffres, les Drées, les Fontette, les Karandefex.(1) Pour la plupart de ces familles, il existe des preuves ou du moins

---

1. On pourrait citer d'autres familles, mais elles se rattachent à celles-ci, et plusieurs seront mentionnées dans la suite de ce travail.

de graves indices de la parenté dont elles se glorifient. Mais pouvaient-elles échapper toutes à l'exagération ? Plusieurs ont pris beaucoup trop haut leur point d'attache et fait hommage de leur nom patronymique aux auteurs mêmes de saint Bernard. Quelques-unes aussi se trompent de ligne.

Ainsi les descendants d'une branche des Fontette reliée aux Saulx-Fontaines, ligne paternelle, commencent leur généalogie par l'aïeul maternel de saint Bernard, et le qualifient « Bernard de Fontette, comte de Montbard ». Ailleurs, Tescelin devient « Tescelin de Saux »; Gui, son fils aîné, est nommé « Gui de Ceigny ». On lit, dans *Le Parlement* de Palliot, que Edme de la Croix, abbé de Cîteaux, portait, dans ses armoiries, « sur le tout, de sable à une bande échiquetée d'or et de gueules de deux traits; qui est de Saffres, dont s'armait saint Bernard issu de cette maison de Saffres. (1) »

Il est nécessaire de faire bonne justice d'un document publié par Chifflet, qui n'a cessé d'être une source d'erreurs. Il s'agit de l'Inventaire des titres de la maison de Cléron, par F. de la Place, Beaune, 1632. Chifflet a dressé lui-même un second inventaire des titres de la même maison, en 1660, et mainte pièce qu'il analyse, avait certainement passé sous les yeux du notaire de Beaune. Voici une confrontation qui permettra de juger de la valeur du premier inventaire :

Inventaire F. de la Place (Migne, col. 1485-1488)	Inventaire Chifflet (Ibid. col. 1489-1501)
N° 16. « Traicté de mariage, en latin, par lequel il appert que Arvier de Saffre a espousé *Béatrix de Bourgongne*, au mois de décembre de l'an 1230. » Date inexacte, car Arvier cité n° 16 est le même que Arvier cité n° 19.	N° 14. « Arverius miles, dominus de Saffris, uxor ejus *Beatrix de Buxeria*, die Jovis, vigilia circumcisionis, 1299. » — Cf. n°ˢ 17, 20.

1. Palliot, *Le Parlement*, 1ʳᵉ partie, p. 110-111.

N° 19. « Lettre en parchemin, contenant un partage fait en l'an 1277, entre Arvier et Estienne de Saffre, *enfans d'Othelin de Chastillon et d'Allette de Montbar*, seigneur et dame de Saffre et de Fontaines. »

N° 22. « Lettre en parchemin, en latin, de l'an 1315 (date inexacte), veille de S. Laurent, par laquelle il appert que Jehan de Saffre interpelle *Alix Rolin sa mère*, de luy monstrer en vertu de quoy elle s'immisce en sa terre de Saffre. »

N° 26. « Lettre en latin qui est une dispense de Richard de Fontaines, pour espouser *Allette de Saffre*, en l'an 1384. » — Date inexacte.

N° 27. « Jehan de Saffre, sieur dudit lieu et de Fontaines, et *Edme de Saigny*, chevalier, gendre dudit Jehan de Saffre, 1384. »

N° 29. « Lettre en parchemin par laquelle appert que Jehan duc de Bourgongne, *Nantes*, Nevers, etc., veut que Hue de Saigny et Ysabel de Saffre soient receus légitimes héritiers de Bernard de Fontaines, sieur de Marrey et de Chastillon : 20 juin, 1404. » — Cf. n° 32, où l'héritier de Bernard de Marey est exactement nommé « Pierre de Saigny, sei-

N° 8. « Partitio bonorum inter Herveum et Stephanum fratres, *Guidonis militis domini Saffrarum filios*, 1277, mense novembri. » — Cf. n° 9, — et n° 2, où est nommée la femme de Gui : « *Alvis*, fille de Guillaume de Thianges. »

N° 29. «Joannes filius Herveri quondam domini de Saffris, ex prima uxore Joanna de Caseolo, tractat de suis juribus cum *noverca sua Aalix de Gisseyo*, patris sui relicta, in vigilia S. Laurentii 1349..... Rursus cum noverca sua tractat anno 1349, sabbato post festum S. Dionysii ; et denique sequente anno 1350, die Lunae, quae erat vigilia S. Laurentii. » — Cf. n° 25, 33.

N° 53. « Marie de Fontaines, jadis fille de Richard de Fontaines et de damoiselle *Philippe de Saulx*, seigneur et dame dudit Fontaines. »

N° 38. « Traicté de mariage entre noble homme *Huot de Saigney*, escuyer, et noble damoiselle Isabel de Saffres, fille de Jehan seigneur de Saffres, chevalier, 1381. »

N° 48. « Isabel de Saffres, *veuve* de Hue de Saingney, reprend ses fiefs de Jehan duc de Bourgongne, *comte* de Nevers et baron de Donzi. A Dijon, 20 juin, 1404. » — Cf. n° 63, où l'on voit que Bernard de Marey, seigneur de Fontaines, mourut en 1462/3. Or, Pierre de Seigny, petit-fils de Huot et d'Isabelle, récupéra ce que Bernard de Marey *son oncle* (n° 59) avait eu

gneur de Saffre », mais Bernard faussement appelé « *son frère.* » Cet acte, assez justement daté de 1473, n'a rien de commun avec celui du 20 juin 1404, d'autant mieux que l'alliance des Seigny avec les Marey-Fontaines ne remonte qu'au 25 juin 1418 (n° 51 du 2ᵉ inventaire).

dans la seigneurie de Fontaines, mais ce fut après 1464. En 1474, le fait était accompli.

Plusieurs autres numéros de l'inventaire de 1632 résument des titres connus d'ailleurs, mais c'est partout la même confusion, partout les mêmes travestissements. Blanche de Navarre, comtesse de Champagne, devient « Blanche de France », comme Béatrix « de Buxeria » est devenue « Béatrix de Bourgogne » ; un Enguerrand de Fontaines, homme lige des Templiers, devient « Jehan des Temples », etc. D'un bout à l'autre, les noms patronymiques et les titres féodaux sont distribués avec une fantaisie parfaite. On est parti de ce principe que, dès l'origine, les Saffres, les Marey, les Fontaines devaient appartenir à une même maison : aussi chaque personnage est-il généralement gratifié de ces trois noms, et de temps en temps l'on a varié avec Châtillon et Montbard. Il est donc impossible de rien baser sur ce seul document, il est même difficile d'en tirer quelque profit. Chifflet, malgré ses restrictions (1), lui a donné trop d'importance, et les conjectures qu'il émet d'abord dans son *Advis au lecteur* (2), puis dans sa dissertation finale (3), sont erronées ou hasardeuses.

Vérifions pour chacune des familles énumérées plus haut les titres de leur parenté avec saint Bernard.

GRANCEY. — Il n'est pas plus facile aujourd'hui que du temps de Chifflet d'établir la parenté des anciens Grancey avec saint Bernard, telle du moins qu'on la suppose.

1. Migne, col. 1503, C. D., 1531, A. B.
2. Migne, col. 1488-1489.
3. Migne, col. 1515, C ; 1518, C.

Dès le XIe siècle, cette maison formait plusieurs branches dont les principales étaient les Grancey, seigneurs du lieu, les Grancey de Saulx (1) et les Grancey-Lucenay (2). L'arbre devint ensuite plus touffu. La première branche s'accrut des Grancey-Frolois (3) et des Grancey, seigneurs de Larrey-lès-Châtillon ; la deuxième, des Fontaines, des Vernot, des Courtivron, des Vantoux ; la troisième, des Grancey-Saint-Julien (4). Nous nous bornons à indiquer ces rameaux importants.

Il est certain qu'un rameau de la deuxième branche, dite de Saulx, fut inséré dans la famille de saint Bernard par le mariage de Guillaume le Roux avec Belote de Sombernon-Fontaines. De là les Saulx-Fontaines, dont nous aurons à parler. Plusieurs d'entre eux épousèrent même des femmes de leur maison, appartenant à des branches ou rameaux différents.

Mais, de plus, on prétend que la maison de Grancey en général aurait pour parent saint Bernard, comme lui ayant fourni sa grand'mère paternelle. On invoque à l'appui le témoignage de la chronique de Grancey et une tradition plus ou moins vague à propos d'une tour ou chambre du château de Grancey dite « de saint Bernard », selon Chifflet. On emprunte au faux inventaire des titres de la maison de Cléron une « Eve de Châtillon » que l'on transforme en « Eve de Grancey », pour en faire l'aïeule probable de l'abbé de Clairvaux. Or il n'est pas possible de baser une assertion historique ni sur l'in-

---

1. Saulx-le-Duc, canton d'Is-sur-Tille. *Notice sur le prieuré de Chevigny-Sainte-Foy et les origines de la maison de Saulx*, par M. d'Arbaumont, Mémoires de l'Académie de Dijon, tome V, année 1878-1879. — Pour établir que la maison de Saulx est une branche de celle de Grancey, au moins à partir de la fin du XIe siècle, M. d'Arbaumont rappelle le texte formel du cartul. de St-Étienne plusieurs fois reproduit, notamment par l'abbé Fyot, Preuves, p. 44 : « .. dominum scilicet Widonem de Granciaco et eumdem comitem de Salico.. ». Cela signifie nettement : « Gui de Grancey, comte de Saulx ». Les mots « et eumdem », sont une simple locution conjonctive assez usitée pour lier le nom apposé au nom principal.

2. Lucenay-le-Duc, canton de Montbard.

3. Frolois, canton de Flavigny.

4. St-Julien-lès-Dijon.

ventaire de 1632, nous l'avons démontré, — ni sur l'opuscule intitulé *La roue de fortune* et si improprement décoré du nom de « Chronique ». Ce roman généalogique, écrit au XIV° siècle, est l'assemblage le plus disparate de légendes locales et étrangères, où pullulent les anachronismes, et où l'on rattache aux Grancey toute noblesse et toute illustration civile et religieuse. Vignier et Chifflet, les premiers, semble-t-il, ont étayé de ces mauvais documents non des assertions, mais de simples conjectures, auxquelles d'ailleurs ils ne tenaient pas fermement (1).

Faut-il nier cependant qu'il y ait pu avoir des liens de famille entre les ancêtres de saint Bernard et les Grancey ? Non, car voici, peut-être, quelques indices de pareils liens.

Renaud de Châtillon donne à Saint-Bénigne son héritage de Saint-Julien (1038) : Gui de Grancey est son premier témoin laïque. — Pérard, p. 186.

Gérard de Grancey ayant donné à Saint-Etienne une famille d'Ahuy, sous l'évêque Hardouin (1050-1065), Gui de Grancey, comte de Saulx, ratifie cet acte, sous le duc Eudes I (après 1078) : Jobert le Roux de Châtillon est son témoin. — Ibid. 74.

Les donations de Gui, comte de Saulx, pour la fondation du prieuré de Chevigny-Sainte-Foy (1086), sont confirmées par son épouse Ligiarde et son fils Eble (1110) : témoin Técelin le Saure. — D. Plancher II, pr. 1 et 2.

Le sénéchal Hugues de Grancey — des Grancey-Lucenay — fait une donation à Fontenay, sur Bussy le Grand (vers 1120) : en présence du moine Gui, frère de Bernard, abbé de Clairvaux. — Migne, col. 1463, A.

Le même Hugues de Grancey et Anne, son épouse, abandonnent à N. D. de Châtillon, après difficultés, des terres qu'ils tenaient à Chaumes (avant 1125). L'arrangement est dû à

---

1. Chifflet, *Opuscula Quatuor*, p. 171. Ici Chifflet abandonne sa première conjecture, et applique à Humberge, aïeule maternelle de saint Bernard, ce que dit la chronique de Grancey. — Vignier, Biblioth. nat. fr. 18718, p. 9353.

l'intervention de Bernard abbé de Clairvaux, qui en donne la charte. — Archiv. de la Côte d'Or, H, 18, ms 205, fol. X-XI.

La souche et les alliances d'une famille se reconnaissent d'ordinaire par les noms des enfants. Ces noms en effet sont pris dans la proche parenté. Ainsi, pour les fils de Tescelin, les noms de Bernard et d'André viennent des Montbard ; celui de Nivard, des Châtillon. D'où viennent ceux de Gui et de Gérard, les premiers-nés ?

Ces deux noms sont plus communs. On peut observer néanmoins qu'ils reparaissent à chaque génération dans les deux premières branches de la maison de Grancey, au XIe siècle. Comme preuve, nous joindrons aux analyses précédentes cette charte notice :

Notum volumus esse posteris nostris quod *Rainerius Salvator* dedit Deo et S. Mariæ Molismi presbiteratum de Solongeio (1), cum filio suo Guidone, qui apud Molismum monachus effectus est : annuente Suavo presbitero postea Molismensi monacho, necnon etiam domno Roberto Lingonensi episcopo et *Rainaldo Granceiacensi, Widone quoque comite Salceiacensi* et Hugone Coblensi (2).

Dedit etiam *supradictus Rainaldus* pro anima matris suæ dimidium atrii predicte ville cum omni justicia, et vineam matris sitam in eadem parochia et sex jugera sita prope atrium ; simul etiam quartam partem quam in curveta habebat cum omni consuetudine ad eam pertinentem, nec non etiam quidquid de casamento suo dabitur nobis in eadem villa. Dedit etiam in eodem loco servum unum Ebrardum nomine cum uxore et infantibus suis et omni possessione sua, simul etiam usuarium in nemore ad quicquid necesse fuerit monachis ibidem commorantibus, ita ut etiam porci eorum proprii fructu nemoris absque pasnagio utantur. Donavit et insimul de terra quam villani cum consuetudine non tenent, quantum monachi ibi commorantes ad propriam necessitatem

1. *Solongeium* parait désigner une localité disparue, dans la région de Longuay, Auberive.
2. Coublanc, canton de Prauthoy, Hte-Marne.

excolere potuerint, et quamdam domum juxta ecclesiam positam.

Concessit etiam suam tertiam partem alodii quod in villula habebat que vocatur Burismus (1), cujus loci duas partes habebamus a quodam milite, Hugone scilicet, qui apud nos monachus effectus est.

Apud villam vero nostram que sancti Benigni (2) nuncupatur, dedit servum unum nomine Rainaldum et ancillam quamdam.

Hoc vero quod apud Novam villam (3) prava consuetudine solitus rapere erat, liberum reddidit.

Hec omnia dona laudaverunt *fratres sui Wido, Girardus et uxor sua Letvildis et filius ejus Rainaldus* qui adhuc parvulus erat.

Hujus donationis testes sunt Calo miles de Granceio, Walterius de Minno (4) *Teobaldus de Ulmo* (5) *Girardus de Ruvro* (6), Lecelinus et Heldebertus monachi.

He vero littere sunt facte jussu *ejusdem Rainaldi Granceiacensis*.

Hoc etiam volumus esse notum quod *idem Rainaldus* et *Wido Salceiacensis comes* jam dederant S. Marie Molesmensi ecclesiam de Granceio et omnia ad eam pertinentia annuente domno Roberto Lingonensi episcopo. Hujus rei testes sunt Wido Ravinels, Herlebaldus de Camerriaco (7).

(Cartul. de Molesme 1, fol. 43.)

Ces donations datent de l'épiscopat de Robert de Bourgogne, 1085-1110.

Cette charte fait également ressortir les étroits rapports des Grancey avec les Châtillon, les La Ferté, auxquels Renier Salvator, Thibaut d'Ormoy et Gérard de Rouvres n'étaient pas étrangers. De même, à la fonda-

---

1. Lieu disparu.
2. Saint-Broing, canton de Recey-sur-Ource.
3. Neuvelle, canton de Grancey.
4. Minot, canton d'Aignay-le-Duc.
5. Ormoy-sur-Aube, canton de Châteauvillain, Hte-Marne.
6. Rouvres-sur-Aube, canton d'Auberive, Hte-Marne.
7. Chameroy, même canton.

TOMBE D'EUDES, SIRE DE DOMOIS
ET D'AALYS DE SAULX SON ÉPOUSE

tion d'Auberive (1135), Renier de la Roche est témoin du petit fils de Renaud de Grancey et de Letvide, Eudes (1), qui approuva la donation de son père Renaud II, déjà ratifiée par Agnès sa mère et Renaud III son frère. Ce dernier tenait des fiefs à Lanty, à Villars-en-Azois (2). Aux portes de Châtillon, maint fief appartenait aux Grancey. Ainsi Jobert, fils du sénéchal Hugues, après avoir encouru la peine d'excommunication pour ses méfaits envers la collégiale de Notre-Dame, reconnut sa faute, et passa un traité avec les chanoines : ceux-ci lui cédèrent ce qu'ils possédaient à Vannaires, et Jobert leur donna « la terre de la forêt des Jumeaux qu'on appelait l'alleu de Dame Adeline avec une autre terre qu'on appelait l'alleu de Crépan (3) » (1176).

Conclusion : l'alliance des Grancey avec les La Ferté est, l'on peut dire, certaine ; avec les Châtillon, vraisemblable ; mais on ne trouve rien d'assez catégorique sur leur lien particulier avec les ancêtres de saint Bernard.

Il existe encore aujourd'hui — nous aurons à les signaler plus loin — des représentants de la branche des Grancey dite de Saulx.

Noyers. — Cette maison s'est dite parente de l'abbé de Clairvaux du côté maternel. Le témoignage formel le plus ancien qui nous reste de ses traditions est tiré d'un document de même âge et de même valeur que *La*

---

1. Eudes épousa Marguerite de Frolois, des Frolois seigneurs du lieu (E. Petit, *Hist. des ducs de Bourgogne*, II, 259 ; Archiv. de la Hte-Marne, Cartul. d'Auberive, Liber II, p. 2). Il faut compter parmi ses fils : Renaud IV, seigneur de Grancey ; Pierre, abbé de Saint-Bénigne (1188-1203) ; Ponce dit de Frolois, qui fut connétable (E. Petit, III, 321-323). Eudes se fit templier à Bures (Ibid.).
2. Lanty et Villars-en-Azois, canton de Châteauvillain, Hte-Marne. — Biblioth. de Troyes, ms. 703, cartul de Clairvaux, I p. 211 et 243.
3. Archiv. de la Côte-d'Or, H. 18, ms. 205, cartul. de N.-D. de Châtillon, fol. XV. — Crépan eut jadis sa maison forte, remplacée aujourd'hui par un château moderne, habitation de M. le comte de Cossé-Brissac et de son épouse Madame Marie-Caroline-Joséphine du Boutet. Les du Boutet se relient à la famille de saint Bernard par les Karandefex.

roue de fortune. Ces documents ont vu le jour l'un et l'autre à l'époque à peu près où Eudes, seigneur de Grancey, épousait Mahaut de Noyers. Le monument généalogique des Noyers est mis sous le nom d'Evrard, abbé de Fontenay, qui prononça l'oraison funèbre du père de Mahaut, Milon, maréchal de France, inhumé à l'abbaye de Marcilly (1). Ici du moins le nœud est plus facile à démêler.

A la manière dont l'auteur de la généalogie rappelle la parenté des Noyers avec saint Bernard, on soupçonne de sa part une confusion. C'est seulement à propos de « Milon VII », aïeul du maréchal, qu'il en dit un mot. « Milon VII, dit-il, épousa Alixant d'Etampes, et amortit à l'Abbaye de Marcilly, fondée par Burot de Preys (2) et Marie d'Anglure sa femme, la seigneurie dudit Marcilly ; et y gist avec sa femme... descendu du lignage du glorieux saint Bernard de Fontaines, abbé de Clervaux, descendu de la noble maison de Noyers par ligne directe. » La généalogie de la famille d'Avout renferme une donnée analogue, mais d'allure plus franche, quoique, probablement, un peu trop précise (3). D'après ce document « Bure de Prey — fondateur de Marcilly — était fils de Hugues et petit-fils de Landeric de Prey, cousin germain de saint Bernard, » et Landeric est dit cousin de saint Bernard, « comme né (d'une sœur) d'Alix de Montbard » et de Ithier de Noyers, seigneur de Prey.

— Deux chartes ont un certain rapport avec ces traditions de famille. L'une — de l'abbaye de Reigny (4) —

1. Voir cette généalogie dans les ms. de Vignier, Biblioth. nat. fr. 5005, p. 241. Voir *Les sires de Noyers* par E. Petit, *Bulletin de la Société des sciences historiques et naturelles de l'Yonne*, 1874. — L'abbaye de Marcilly était située sur la commune actuelle de Provency, canton de l'Isle, Yonne.

2. La tour de Prey, même commune.

3. Cette généalogie porte la date de 1599. Elle fut dressée par ordre de Pierre d'Avout, époux de Marguerite de Chappes, seigneur de Tormassin, Villers-Dompierre et Domecy sur le Vaux. M. le baron Auguste d'Avout, résidant à Dijon, en possède une copie dans ses archives. Voir aussi Biblioth. de Dijon, Courtépée, notes préparatoires ms.

4. L'abbaye de Reigny, fondée d'abord à Fontemoy, commune de Joux-la-Ville, Yonne, fut transférée en 1134 à Reigny, près Vermenton.

est relative à Landri de Prey. Celui-ci, du consentement de sa femme Élisabeth et de ses fils Hugues, Artaud, Guillaume dit Grosbras, fait une concession dont est témoin Bernard, abbé de Clairvaux. Gui, autre fils, n'ayant pas été présent à cet acte, donne ensuite son approbation « in manu domini Bernardi, abbatis Clarevallis, et Girardi monachi fratris ejus, apud Divionem, presente Ducissa » (1). Dans l'autre charte — de l'abbaye de Molesme — Renard de Montbard et Aenor, son épouse, prennent pour caution d'un engagement de famille Milon comte de Bar-sur-Seine, leur suzerain, puis Tescelin le Saure et Milon de Noyers, avec tous leurs hommes liges et vassaux. (2).

Or, de ces prémisses voici la conclusion probable. Une tradition désignait Bure de Prey comme parent de saint Bernard. Evrard de Fontenay (1350) ajuste maladroitement cette tradition à la généalogie qu'il compose. Le généalogiste de Pierre d'Avout (1599) s'en tire mieux. Il connaît d'ailleurs la charte de Reigny. Aussi est-il exact en donnant Hugues de Prey pour fils à Landri. Il l'est encore en faisant descendre de Hugues, Bure, héritier des mêmes seigneuries. C'est à bon droit qu'il considère la charte de Reigny comme une preuve ou du moins un indice de la parenté attestée entre saint Bernard et Bure de Prey : cette double intervention de l'abbé de Clairvaux corrobore en effet la tradition. Mais Landri est-il réellement né d'une sœur de la B. Alette? Ithier de Noyers, seigneur de Prey, n'est-il pas emprunté uniquement à la généalogie d'Evrard où il figure comme auteur de Landri ? Tout contrôle est impossible, faute de documents. Néanmoins, bien que le premier anneau de la chaîne reste dans l'ombre, on en découvre

---

1. E. Petit, *Hist. des Ducs de Bourgogne*, II, 223.
2. L'abbé Jobin, *Saint Bernard et sa famille*, p. 563. — La ratification promise ne fut donnée qu'en 1129/30, après la mort de Renard et l'entrée d'Aenor, deux fois veuve, à Jully. Saint Bernard intervint avec ses frères Gérard et Nivard. Ibid, p. 574, 575; et *Hist. du prieuré de Jully*, p. 208, charte datée du jeudi 28 mars 1128, c'est-à-dire 1129 n. st.

assez pour ne pas rejeter les traditions de parenté entre les seigneurs de Prey et saint Bernard.

L'honneur de cette parenté revient bien aux Noyers. Les seigneurs de Prey ont toujours passé pour être issus de cette maison. Au reste, Milon de Noyers, caution de Bernard de Montbard, était probablement parent ou allié de celui-ci, comme l'était Tescelin le Saure.

En résumé, il est plus que vraisemblable que la maison de Noyers tenait de quelque façon à la ligne maternelle de l'abbé de Clairvaux.

CHARNY. — Chez les Charny, les traditions de parenté avec saint Bernard sont un héritage des maisons alliées, principalement de celle de Noyers. En effet, Ponce de Mont-Saint-Jean (1), tige des Charny, (2) épousa Sibylle de Noyers, vers l'an 1200. Les Charny sont continués par les Bauffremont.

D'AVOUT. — La famille d'Avout (3) se croit deux fois parente de saint Bernard, du côté paternel et du côté maternel. La parenté du côté maternel est seulement probable, d'après ce qu'on vient de lire au sujet des Noyers. Elle a en effet pour origine le mariage, vers 1394, de Jacques d'Avout, avec Jeanne d'Etaules (4), qui, par une de ses aïeules, Catherine de Prey, descendait du fondateur de Marcilly (5). Du côté paternel, la parenté est certaine : les d'Avout font suite aux arrière-neveux de saint Bernard, les Saulx-Fontaines, ancêtres,

---

1. Mont-St-Jean, canton de Pouilly-en-Auxois. Voir Généalogie des sires de Mont-St-Jean. E. Petit, *Hist. des ducs de Bourgogne*, II, 448. — Voir aussi l'intéressante *Monographie du château de Mont-St-Jean*, par Emile Bobin, architecte.
2. Charny, canton de Vitteaux
3. Le fief patronymique est Avot, canton de Grancey-le-Château.
4. Etaules, près d'Avallon, anciennement Estables, *Stabulæ*.
5. L'abbé Jobin, *Saint Bernard et sa famille*, p. 670-672.

par les Marey et les Seigny, de Marguerite de Chappes, épouse de Pierre d'Avout, 1573 (1). Cette famille, qui compte parmi ses illustrations le maréchal prince d'Eckmühl, a encore aujourd'hui de très nombreux représentants (2).

CHATILLON. — Les Châtillon, certainement parents de saint Bernard, figurent avec leur descendance dans les tableaux généalogiques du tome I (p. 140-145) et dans le *Supplément* (tome II, p. 15-21). Ils étaient collatéraux de Tescelin. Leurs principaux continuateurs sont les Champlitte dont il sera question tout à l'heure, les Vergy (3), les Duesme (4), les Marac (5). L'histoire des Vergy est connue. Les Duesme, qui partagèrent longtemps les château et seigneurie du lieu avec les ducs de Bourgogne, exercèrent des emplois à la cour de ceux-ci, et acquirent quelque notoriété dans les luttes féodales du XIII° siècle. Les Marac, seigneurs en partie de Marac, de Chaumont en Bassigny et de Bricon (6), eurent la prévôté de Langres et la sénéchaussée de l'évêché jusque vers 1230. Mais toutes ces familles disparaissent au XV° siècle, éteintes ou absorbées par d'autres maisons.

Les chevaliers, dits de Châtillon, qui possédaient dans ce *castrum* la prévôté et la mairie, étaient-ils du même sang que les précédents? Aucun document n'aide à trancher la question, surtout dans un sens affirmatif.

L'évêque de Langres, dit Robert de Châtillon (1203-1209) a été supposé parent de saint Bernard. Cette

1. Ibid. p. 673-678.
2. Nous avons déjà nommé M. le baron Auguste d'Avout, vice-président du comité de l'Œuvre de saint Bernard.
3. Vergy, commune de Létang-Vergy, canton de Gevrey-Chambertin.
4. Duesme, canton d'Aignay-le-Duc.
5. Marac, canton de Langres, Hte-Marne.
6. Bricon, canton de Châteauvillain, Hte-Marne.

parenté purement hypothétique n'a d'autre fondement que le surnom « de Châtillon ». Or ce surnom reste plus ou moins une énigme : il peut avoir pour origine une fausse graphie ou une mauvaise lecture. Robert appartient à la maison de Tilchâtel, comme le prouvent les titres suivants.

Avant sa promotion à l'épiscopat, Robert fut successivement trésorier et doyen de Langres. Etant trésorier, il fit une donation aux templiers de Mormant : en voici la charte :

Ego Gerardus Dei gratia lingonensis decanus notum facio.. quod *Robertus de Tilicastro lingonensis thesaurarius* dedit fratribus Templi quidquid calumniæ et juris habebat in Dominico de Praelis (1) et uxore ejus Gondrea et liberis corum, et eos prefatis fratribus quietos clamavit.. Testes fuerunt Belinus, Ebraudus, Hunaudus presbiteri et canonici lingonenses; Radulphus de Confluento (2), Hugo-Ravinellus, diaconi; Milo-Malamanus, Renaudus, Bernardus, subdiaconi; Acelinus capellanus de Wandelencurte, Dodo Lingonensis, Albericus major de Maresco. Actum anno 1184. — Archiv. de la Côte-d'Or, Ordre de Malte, Mormant, H. 175.

Evêque élu, Robert donne la charte suivante :

Ego *Robertus* Dei gratia *lingonensis electus* notum facio omnibus quod *Hugo nepos meus dominus Tilecastri* dedit.. domui de Tart.(3) unam eminam frumenti in molendino Pontis de Valle singulis annis reddendam. Hanc elemosinam laudavit *Guido frater ejusdem Hugonis*, et ego ad majorem confirmationem presentem paginam sigillo meo roboravi. Actum anno 1203. — Ibid. abbaye de Tart, H. 1055, layette Tilchatel.

En 1206 et 1207, Robert, évêque de Langres, signe d'autres chartes attestant des donations faites par « son

1. Cf. *Cartul. du prieuré de Vignory*, par J. d'Arbaumont, Langres, 1882, p. 199; *Gall. chr.* IV. col. 647.
2. Coublanc, canton de Prauthoy, Hte-Marne.
3. Tart-l'Abbaye, canton de Genlis, premier monastère des religieuses Cisterciennes.

neveu Gui, seigneur de Tilchatel ». Celui-ci avait succédé à Hugues, son frère. — Ibid. E. 1978. Titres de famille.

En 1214, Guillaume de Joinville qui avait remplacé Robert de Tilchatel sur le siège de Langres, atteste l'accord passé entre Gui, seigneur de Tilchatel, et l'hôpital du lieu « super elemosynis et rebus aliis et precipue de molendinis quæ sunt ad Pontem Vallis.. que omnia dictus *Guido, dominus Tilecastri*, dicebat fuisse acquisita dum ipse esset sub avœria *domini Roberti lingonensis episcopi avunculi sui* ». — Ibid. loc. cit. et G, 4, ancien IIIᵉ cartul. de S. Etienne, actuel. n° 28, fol. 79 verso. Cf. Peincedé, xxix, 708 ; l'abbé Jobin, *S. Bernard et sa famille*, 425.

C'est peut-être uniquement par erreur que Robert est dit « de Châtillon ». Ce surnom, dans les chartes, est parfois écrit : « de Castell ». D'autre part voici les formes latines du nom de Tilchatel : « Castrum ou castellum ad Tilliam, castrum Tillense, Tilecastrum, Tilecastellum ». Dans ces noms composés le déterminatif est quelquefois omis : ainsi des chevaliers de Dijon sont dits « de Divione castro ou castello » ou simplement « de castello ». L'omission de « Tile » ou « ad Tilliam » dans le véritable surnom de Robert ne serait-elle point toute l'origine de celui qu'on lui attribue ?

Il est vrai, les seigneurs de Tilchatel ne sont pas sans relation avec les La Ferté-sur-Aube, ni même avec les Châtillon. (1) Mais on ne découvre rien qui justifie le surnom donné à Robert, rien qui fasse voir en cet évêque un parent probable de saint Bernard (2).

1. Voir Cartul. de Clairvaux, I (Biblioth. de Troyes), 107; II (Archiv. de l'Aube), 2 ; — E. Petit, *Hist. des ducs de Bourgogne*, II, 209.

2. Robert était frère de Gui, sire de Tilchatel, qui figure comme témoin dans la charte de commune de Dijon. Leur père fut Guillaume, sire de Tilchatel, mort à Nogent (arrond. de Chaumont, Hte-Marne), vers 1157-1163, et dont la veuve était dame de Clefmont (Fyot, *Hist. de St-Etienne*, Pr. p. 106). C'est de cette dame de Clefmont que doit être né Robert, car il approuve des donations faites sur le domaine de Clefmont par les seigneurs du lieu. Voir, Archiv. de la Côte-d'Or, cartul. de Molesme II, fol. 135 recto; II, 1157, commanderie de Bure, charte de 1203. — *Analecta divion.* Chron. de Bèze, Dijon, 1875. p. 497. — E. Petit, II, 393, III, 476.

Une famille se rattachait certainement au saint abbé par les Châtillon, celle des La Roche. Son fief patronymique n'est point Rochetaillée (Haute-Marne), mais, très probablement, La Roche-sous-Flavigny, dit maintenant La Roche-Vanneau (1), qui eut sa maison féodale, et où l'on voit encore quelques vestiges d'un ancien château. Les La Roche qui étaient vassaux de Flavigny, Renaud et Aganon, portaient sans doute le nom de ce château (2). Aganon fut sénéchal du duc Hugues II (3). On trouve ces La Roche à Fain-lès-Montbard (4). Ils sont en intimes rapports avec les Gurgy, les Grésigny, les Rougemont. (5) Or, c'est dans les mêmes lieux, les mêmes circonstances, avec les mêmes relations qu'apparaissent les La Roche parents de saint Bernard : Gauthier, connétable sous les ducs Eudes I et Hugues II ; Renier, sénéchal de Eudes II ; Nivard, leur frère, chevalier ; leur autre frère, Godefroi, premier abbé de Fontenay, puis évêque de Langres, et enfin leur sœur Agnès,

---

1. La Roche-Vanneau, *Rupes* ou *Roca Vannelli*, est bâti dans une étroite vallée, sur le bord d'un ruisseau qui coule de l'est à l'ouest et tombe dans la Brenne, en amont de Pouillenay. Un quartier ou dépendance s'appelait jadis le Vanneau. Archiv. de la Côte-d'Or, II, 210. abbaye de Flavigny. Le château, construit au-dessus du village, à quelque distance des habitations, était adossé à des roches très élevées.

2. *Mon. SS.* VIII, 476-479. Les noms de lieux *Pruiniacum* — leçon à rétablir au lieu de *Prumiacum* — Preugny ; *Poliniacum*, Pouillenay, marquent bien le voisinage de La Roche-Vanneau.

3. Cf. Migne, col. 1402, B ; Pérard, 221-222 ; Arch. de la Côte-d'Or, G, 204, Chapitre de Langres, layette : rentes sur les péages. Cette liasse des titres du chapitre de Langres contient le *Vidimus* d'une charte notice, datée de 1142, rappelant plusieurs donations et traités faits par le duc Hugues II. Un de ces traités, passé sous l'épiscopat de Joceran, eut pour témoins : « Ex parte ducis, Wido de Vangionis rivo, Renerius Castellionensis, Walo abbas, Hugo dapifer, Aimo Chayne, *Agano de Rupe*, Hugo Chamlart, Hugo prepositus; ex parte clericorum, Wilencus decanus, Airardus archidiaconus, Paganus cantor, Radulfus de Lanfredicurte, Warnerius prepositus canonicorum (Sti Stephani)... » La pièce est publiée dans D. Plancher, I, Preuves, p. 43, mais les noms propres sont tronqués. Si l'on rapproche ce titre d'un autre de la même époque qui se lit dans Pérard, l. cit., dans D. Plancher, I, Pr. p. 38, et où les témoins sont « Wilencus lingonensis decanus, Walo prior Sti Stephani, Arnaldus decanus, *Agano dapifer ducis*, Raynerius de Castellione, Girardus de Castellione, Josbertus vicecomes divionensis, Aymo de Tilecastro... Hugo prepositus divionensis... », on admettra sans peine l'identité de Aganon de la Roche et de Aganon sénéchal.

4. *Mon. SS.* VIII, 476 (25).

5. Ibid. 477-478.

première abbesse du Puits d'Orbe. Le sénéchal Renier mourut à la croisade de 1147 ; Gauthier et Nivard l'avaient précédé dans la tombe : aucun d'eux ne semble avoir laissé d'héritier direct dans le siècle (1). Un peu plus tard, de 1171 à 1204, paraît aux mêmes lieux et dans les mêmes circonstances un autre Renier de La Roche, qui est de La Roche-Vanneau, comme le prouve une charte de Flavigny dont voici l'analyse :

« Dominus *Regnerius de Rocha miles* (1) dedit ecclesiæ Flaviniacensi quidquid habebat in *Villaferri* tam in dominio suo quam in his quæ partiebatur cum domino Alexandro fratre ducis Burgundiæ, exceptis Odone-Balbo et medietate Molendini et usuagio nemoris, quæ concesserat frairibus Fontinetensibus. Concessit et eidem ecclesiæ Flaviniacensi Berardum, et Morellum et heredes et tenementa ipsorum, excepto quod *dominus de Rocha* habebit tercias terræ ipsorum.

1. Par les pièces du jugement de Moret (1153), on voit que Renier prit part à la croisade de 1147, et qu'il y mourut. *Gall. chr.* IV, Instrum. col. 174. — Gauthier était mort avant le 28 mars 1129, n. st., et les deux filles qu'il laissa, ne reparaissent plus dans la suite; les biens de famille furent recueillis par Renier. L'abbé Jobin, *Hist. du prieuré de Jully*, 208; Arch. de la Hte-Marne, cartul. de Longuay, p. 88, 93. — Nivard ne vit pas la fin de l'épiscopat de Guilleneus (1136). Cartul. de Longuay, p. 88, 93. — Quelque portion de l'héritage des La Roche a pu passer à André I, seigneur de Montbard, dont Gauthier avait épousé l'aïeule, Aénor, et Renier la tante, Milsende; car Renier mourut également sans postérité. Une charte publiée par E. Petit, II, 273, pourrait faire croire à l'existence de quelque héritier direct des La Roche. Mais cette charte, sans date, est antérieure à une autre, de 1146, publiée dans le même volume, p. 238. Renier de la Roche, qui figure p. 273, est le frère de l'évêque de Langres. Un titre qu'on lira plus loin, prouve clairement que Renier est mort sans hoir.

2. Le texte porte « dñs Regñ de Rocha ». Au dos du parchemin on lit une double interprétation de ce nom. La plus ancienne est « Renerius ». L'autre, tout à fait moderne, est « Renault ». Celle-ci a été suivie dans les analyses de la pièce, mais bien évidemment à tort : l'interprétation exacte est « Regnerius », l'une des formes latines de Renier ou Regnier. Ce « Renerius de Rocha » ou « de Rupe » paraît dans plusieurs autres titres des Archiv. de la Côte-d'Or. En 1171 : H. 574, Fontenay, publié E. Petit, II, 342. — En 1173 : ibid. — En 1195 : H. 672, Oigny, publié E. Petit, III, 338. — En 1202 : H, 577, Fontenay, layette Grignon.
Dans les titres 1195 et 1202 paraît aussi un « Gauthier de la Roche », gendre d'Olivier de Grignon. Mais ce Gauthier doit être de la Roche-en-Brenil, comme il semble résulter d'une charte de 1251, publiée E. Petit, IV, 395, et des testaments de Jean sire de la Roche et de Gui son frère, en 1263 : Archiv. de l'Yonne, Fontenay. Voir encore E. Petit, III, 430. Ces La Roche-en-Brenil, dont le sceau porte trois lions, se rattachent sans doute à la maison de Thil qui avait mêmes armes, et qui tenait de nombreux fiefs dans la région de Semur et de Montbard.

Concessit et unum mansum apud *Clireium* et Lescheriam super molendinum de *Lugneio* et campum juxta Lescheriam.. Actum anno 1204. — Archives de la Côte-d'Or, H, 215, abbaye de Flavigny, layette Villeferry.

Le doute n'est pas possible : il s'agit à coup sûr de La Roche-Vanneau, dont Villeferry est voisin, dont Clirey et Leugny sont deux dépendances.

De plus, en 1231, « Dominus Galterus de Rocha Vannelli » — ici le déterminatif n'est pas omis — reconnaît en présence de Robert, archiprêtre de Vitteaux « se debere fratribus Longivadi viginti libras Divionenses, hoc addito quod nullam questionem moveret adversus dictos fratres super partem pasturarum de *Luce* ». — Et en 1232, « Willelmus miles de Rupe Vannelli » déclare qu'il a reçu onze livres pour ses paturages de *Lucey* (1). Or, les paturages de Lucey semblent avoir appartenu également aux La Roche, parents de saint Bernard, d'après cette charte de l'évêque Godefroi :

Ego Godefridus, episcopus lingonensis, notum facio quod.. concedimus ecclesiæ Longivadi pasturas.. de Gurgeio (2), de *Luxe*, et de Calma (3) tam pasturas quam mineriam ferri, quæ partim episcopali, partim *patrimonii jure* possidemus... » — Archiv. de la Hte-Marne, cartul. de Longuay, p. 142.

Du reste, Renier de la Roche, frère de l'évêque, avait certainement des domaines sur le cours de l'Aube et dans les parages voisins, en aval d'Auberive, comme sur les bords de la Brenne, en amont de Montbard. A La Chaume, où l'église de Langres possédait un alleu, il établit le *pariage* ou fusion de ses propres biens avec ceux des chanoines. Le traité, conclu sous l'évêque

---

1. Archiv. de la Hte-Marne, cartul de Longuay, p 16. — Lucey, canton de Recey-sur-Ource.
2. Gurgy, canton de Recey-sur-Ource.
3. La Chaume, canton de Montigny-sur-Aube.

Guillencus, est rappelé dans la charte suivante donnée par le duc Eudes II, vraisemblablement après la mort de Renier.

Dominis et amicis suis H. (1) Lingonensi decano et universo capitulo Odo dux Burgundiæ salutem. Noverit Vestra Dilectio quod *Ranerius de Rocha*, senescalcus meus, pactum quod inter ipsum et dominum Guilencum episcopum factum fuerat *de communione de Chalma*., in præsentia nostri recognovit, ita videlicet quod si de legitima uxore prolem non haberet, quidquid in Chalma habebat sive per edificium habiturus erat, in jus et possessionem Lingonensis ecclesiæ post ejus obitum totum rediret Hujus rei sum testis et ubi oportuerit, sive sacramento, sive alio modo, sicut justicia dictaverit hoc probare paratus sum. — Biblioth. nat. cartul. de l'église de Langres, copie Bouhier, lat. 17100, p. 98.

C'est sur cette terre allodiale de Saint-Mammès, mise en pariage par le traité précédent que Renier de la Roche construisit le fort de La Chaume, dont le duc demandait la démolition à l'évêque, dans les débats du jugement de Moret (2).

Une dernière remarque n'est peut-être pas à négliger. Gauthier de la Roche percevait annuellement du comte Thibaut de Champagne dix livres prélevées sur les foires de Bar-sur-Aube. Ce n'était pas sans quelque retour avantageux pour le comte qui avait donné cette rente « in casamentum », et qui en autorisa la cession à Jully par la veuve de Gauthier. D'autre part, le château de La Roche-Vanneau figure dans un registre de

1. Humbert, doyen de Langres.
2. L'évêque répondit au duc : « Calmam destruere nolo, tum quia frater meus eam ædificavit, ipso duce juvante, et iturus Jerosolymam in pace ab eo discessit, utpote homo suus; tum quia in alodio S. Mammetis facta est, et ad eum nihil pertinet.. » — *Gall. chr.* IV, Instrum. col. 174.
La conférence de ce texte avec la teneur du traité de pariage fait voir que Renier n'a pas laissé de postérité.

1181-1186, parmi les châteaux jurables et rendables au comte de Champagne. (1)

En résumé, il y a lieu de croire qu'au XIe siècle un La Roche-Vanneau épousa une Châtillon-La Ferté, et que de cette alliance sont issus l'évêque Godefroi et ses frères : ainsi s'expliquent les liens de consanguinité de ceux-ci avec saint Bernard. Ces liens, d'ailleurs, pouvaient avoir une multiple origine : sur les bords de la Brenne, au dessous de Grignon, on voit ensemble les La Roche, les Epiry également parents de saint Bernard et un Tescelin le Saure qui est très probablement, nous l'avons dit plus haut, le père du saint abbé.

Cette branche des La Roche allait de pair avec les Grancey, les Châtillon, et toute la haute noblesse de la cour ducale. Mais, après avoir jeté quelque éclat au XIe-XIIe siècle, elle s'éteignit aussitôt.

Par les Châtillon encore, l'abbé de Clairvaux avait des liens de parenté avec des seigneurs de Belan, d'Autricourt, de Ville-sous-La Ferté, etc. En ces parages, trois domaines, morcelés à l'infini, avaient, pour tenanciers, surtout des parents de saint Bernard. C'était Champigny, Beaumont, près d'Autricourt, et Perrecin (lieu détruit) entre Clairvaux et Bar-sur-Aube. Parmi ceux qui se partageaient ces fiefs, nous citerons seulement les La Ferté-Bricon, certainement unis à saint Bernard par quelque lien de famille. L'un d'eux, Hugues de Bricon, frère d'Erlebaud de La Ferté, est l'ancêtre des évêques de Langres, Gui et Jean de Rochefort. Voici une charte le concernant, ainsi qu'un de ses fils, Gui ou Guiard.

« Ego *Godefridus*, lingonensis episcopus, notum facio.. quod *Hugo de Brecons*, laudante *Guiardo filio suo*, cui

---

1. L'abbé Jobin, *Hist. de Jully-les-N.*, p. 208 ; d'Arbois de Jubainville, *Hist. des comtes de Champagne*, II, documents, p. XIV, n° 201.

terram illam dederat, quidquid habebat in suo dominio in finagio terræ Delfec et quidquid acquirere possent de suo casamento, donavit Sanctæ-Mariæ et fratribus Clarevallensibus, per *manum meam* et per *manum domni Bernardi Clarevallensis abbatis.* Testes sunt Garnerius archidiaconus et Rainerius de Pulteriis et Bartholomeus Coquilla. » — Cartul. de Clairvaux, 1, 243.

Un autre fils de Hugues de Bricon, Simon, l'un de témoins de la charte de commune de Dijon (1187), dont le nom paraît dans beaucoup d'autres titres avec celui de son frère Gui ou Guiard, dit Moreir, épousa Mathilde de Rochefort-sur-Brevon (1), nièce de l'évêque Garnier de Rochefort (2). Simon et Mathilde eurent de nombreux enfants, dont l'un fut marié à Marguerite du Puiset, fille de Hugues du Puiset, vicomte de Chartres et comte de Bar-sur-Seine. De ce mariage naquit Simon de Rochefort-du-Puiset, père des deux évêques Gui et Jean de Rochefort (3).

1. Rochefort-sur-Brevon, canton d'Aignay-le-Duc.
2. Cf. *Gall. chr.* IV, col, 501 ; — Archiv. de la Hte-Marne, cartul. d'Auberive, Pars VII, p. 11 ; cartul. de Longuay, p. 107 ; — Biblioth. de Troyes, cartul. de Clairvaux, I, 219.
3. E. Petit, III, 276, 299, 429, 462. — Biblioth. nat. ms. de Vignier, 5095, p. 131, 141. — E. Petit, IV, 184, 388 où il faut rectifier ainsi l'analyse : « Gui évêque de Langres notifie qu'il approuve, et confirme comme bon héritier, le don que son père Simon de Rochefort a fait aux chartreux de Lugny.. » Voici d'ailleurs le texte de cette charte, d'après copie : « Nos Guido miseratione divina lingonensis episcopus notum facimus.. quod nos laudamus et confirmamus, quasi bonus et rectus hæres, elemosinam patris nostri domini Simonis de Rupeforti.. de prato S. Medardi quod situm est subter stagnum d'Essarol.. Hanc elemosinam laudaverunt domina Beatrix mater nostra et fratres nostri Johannes canonicus lingonensis et Gaucherus domicellus, promittentes.. portare coram omnibus legitimam garantiam.. secundum quod continetur in carta domini Guillelmi quondam lingonensis episcopi qui postea Remensis fuit archiepiscopus.. Actum anno 1250. » — Archiv. de la Côte-d'Or, H. 892, chartreuse de Lugny, layette Essarois.— Voir, même liasse, une charte originale de 1288, par laquelle « Johannes dominus Ruppisfortis et Essareti et thesaurarius lingonensis » concède à Lugny les pâtures voisines d'Essarois, et « Galcherus de Ruppeforti miles, dominus de Pusato in Bessya (Le Puiset en Beauce) ac vicecomes carnotensis, frater dicti thesaurarii » approuve cette donation. Suivent d'autres chartes (1341, 1345) de Pierre sire de Rochefort, du Puiset en Beauce et d'Essarois. — Voir enfin, Peincedé, VIII, 4, 5 plusieurs actes (1296, 1300, 1301) de Robert seigneur de Rochefort, « neveu de Jean évêque de Langres, comme fils de Monseigneur Gaucher seigneur du Puiset et vicomte de Chartres, frère dudit évêque. » Voir aussi les titres originaux B. 10487, cote 25 ; B. 10488, cote 20 ; B. 10489, cote 19.

Cette famille avait des biens à Brion, Mosson, Chaumont-le-Bois, Cunfin, et sans doute à Châtillon même.

Les Rochefort-sur-Brevon marquèrent longtemps dans la haute noblesse de Bourgogne. Ils s'allièrent aux de Saulx, Tilchatel, Saint-Seine-sur-Vingeanne, Rougemont de Franche-Comté.

CHAMPLITTE. — Les Champlitte (1) ont pour auteurs Eudes de Champagne, fils du comte Hugues, et Sibylle de La Ferté-sur-Aube, nièce de Jobert II de Châtillon. Ils se rattachent donc originairement à la même souche châtillonnaise que saint Bernard. Dans la suite, deux branches de cette maison s'allièrent aux Saulx-Fontaines ou à leurs continuateurs : au commencement du XIVe siècle, Simonne de Champlitte-Pontailler (2) épousa Hugues de Saulx-Fontaines ; au siècle suivant, Jean de Champlitte-Vonges (3) se maria avec Odotte de Marey, née de Guillaume de Marey, et de Marie de Saulx-Fontaines. A partir de cette époque les Champlitte-Vonges furent insérés dans la famille proprement dite de saint Bernard, et nous aurons à en parler. On peut voir la généalogie de la maison de Champlitte publiée par E. Petit, II, 476.

CHISSEY. — Il s'agit des Chissey-Buffard (4), famille de Franche-Comté qui se propagea dans le duché, et dont une branche est connue sous le nom de Chissey-Varanges (5). Dans la seconde moitié du XIV siècle Agnès, fille de Jean de Saulx-Fontaines, dame en partie de Ruf-

---

1. Champlitte, arrond. de Gray, Hte-Saône.
2. Pontailler, arrond. de Dijon.
3. Vonges, canton de Pontailler.
4. Chissey, canton de Montbarrey, Jura. — Buffard, canton de Quingey, Doubs.
5. Varanges, canton de Genlis.

fey-lès-Dijon, épousa Henri Petitjean de Trouhans (1). Les descendants de Henri et d'Agnès prirent surtout le nom de Ruffey, et contractèrent de multiples alliances avec les Chissey-Buffard. Nous ferons connaître ces alliances.

BERBISEY. — Les Berbisey, famille dijonnaise ennoblie au XVIe siècle et d'un renom mérité, se sont dits parents de saint Bernard. Voici l'explication traditionnelle de l'origine de cette parenté. Des titres provenant des Berbisey et passés aux mains des Bouhier, contiennent cette note : « En 1378, Perrenot de Berbisey, fils de Guy, écuyer, capitaine de la ville de Dijon, épousa Oudette de Mourmant de la famille des Clairon, illustre par saint Bernard ; ce fut elle qui en 1400 à l'âge de 80 ans ala à Rome à pié pour gaigner son jubilé » (2). Cette note est jointe à la copie d'une charte donnée, au mois de mai 1378, par Jean de Marigny, abbé de Saint-Étienne, à « Perenoto de Berbisey de Divione nobili et Odetæ ejus uxori, quondam filiæ Perini de Mourmant dicti loci ». La copie fut délivrée le 6 avril 1599, avec une attestation qui la déclare « autorisée à valoir l'original », en vertu d'un arrêt du 2 avril, rendu à la requête de « noble homme Thomas Berbisey ».

Ces traditions des Berbisey se transmettaient aux familles alliées. Aimée de la Michodière, abbesse des Bernardines de Dijon en 1699, époque où fut posée la première pierre de l'église du couvent, est déclarée dans l'inscription lapidaire « ex inclyti divi Bernardi orta sanguine ». La pierre fut posée par Jean de Berbisey, président à mortier au Parlement de Bourgogne. Or, Aimée était parente du président, car, un siècle auparavant,

1. Trouhans, canton de St-Jean-de-Losne.
2. Archiv. de la Côte-d'Or, E, 109, titres de famille, Bouhier.

Henri de la Michodière, trésorier de France, avait épousé Anne Berbisey.

De même sainte Jeanne de Chantal, qui eut pour mère Marguerite de Berbisey, est mise au nombre des parents de saint Bernard. Cette assertion, plusieurs fois répétée, se lit encore dans une édition récente de la vie de la sainte fondatrice, publiée par E. Plon, 1874 : « Marguerite de Berbisey — est-il dit dans une note — était d'une des maisons les plus nobles et les plus anciennes de la Bourgogne, alliée à la famille de saint Bernard par Perrenot de Berbisey, qui avait épousé en 1378 Oudette de *Normant*, de la maison de ce saint ».

La part de l'exagération et des inexactitudes est ici facile à reconnaître. La copie de 1599 donne un texte falsifié. Perrenot Berbisey n'était homme ni d'épée — ni de robe, comme ses arrière petits-fils ; il était « bourgeois de Dijon, clerc et marchand (2) », mais de ces personnalités actives qui émergent des rangs ordinaires. Par le titre de clerc, dit M. d'Arbaumont, certaines familles cherchaient à se rapprocher de la classe des lettrés, pour jouir de divers privilèges, et la cotoyaient pour ainsi dire pendant quelques générations afin de se ménager, à un moment donné, un moins brusque passage de la boutique au palais. « Odotte, femme de feu Perrenot Berbisey, » paraît avec son fils Etienne dans un acte du 11 septembre 1419. Elle devait s'appeler Le Normant. C'est le nom d'une famille que l'on rencontre alors en Bourgogne, à Dijon même, et dont plusieurs membres sont qualifiés écuyers. Odotte avait-elle originairement quelque lien, non avec les Cléron devenus seulement depuis 1487 continuateurs des Saulx-Fontaines, mais avec

---

1. *Sainte Chantal, sa vie et ses œuvres*, Paris, E. Plon, 1874, tome I, p. 7.

2. Archiv. de la Côte-d'Or, E. 109; B. 11331, registre, fol. 238 recto. *Mém. de la Commission des antiquités de la Côte-d'Or*, tome VI, p. 39. Voir dans ce vol. Origines de la famille Berbisey, p. M. Jules d'Arbaumont.

TOMBE DE JEAN DE FONTAINES

ceux-ci par exemple ? L'absence de document empêche de rien affirmer. Détail à noter cependant, qui prouve au moins la dévotion de ces familles envers saint Bernard : les listes — années 1425 et 1426 — des membres de la confrérie de saint Bernard érigée à Fontaines comprennent « Etienne Berbisey », fils de Perrenot et de Odotte, « Guillaume Le Normant et Belot sa femme », de la paroisse Notre-Dame de Dijon (1).

MAREY. — Vers 1380, le mariage de Guillaume, fils de Philippe de Marey (2) et de Jeanne de Thianges (3), avec Marie de Saulx-Fontaines inséra les Marey-sur-Tille dans la lignée des arrière-neveux de saint Bernard. Guillaume et sa postérité viendront à leur rang dans le travail qui suivra ces notes préliminaires. Avant 1380 on ne découvre aucune trace d'alliance entre les Marey et les Fontaines, et ce qu'on a pu affirmer à cet égard est uniquement basé sur l'analyse de F. de la Place.

SEIGNY. — La fille ainée de Guillaume de Marey et de Marie de Fontaines, Amyotte, épousa en 1418 Antoine de Seigny (4). Celui-ci était fils de Huot de Seigny et d'Isabelle de Saffres (5) ; il hérita de sa mère cette der-

---

1. Archives de l'église paroissiale de Fontaines, *Comptes de la confrérie de S. Bernard.*
Le mari de sainte Jeanne, le baron de Chantal lui-même est dit parent de saint Bernard, par sa mère Françoise de Cossay ou Cossaye (Nièvre), née de Charles de Cossay et de Anne d'Anlezy. En remontant les ancêtres de Charles de Cossay, on rencontre Jean Breschard, seigneur de Sautronne, — aujourd'hui Sauturne (Saône-et-Loire) — époux de Marie de Beauvoir (Yonne). Marie de Beauvoir descend de Simonnette de Vergy, mariée avec Ansèric de Montréal, et par là même de Jobert le Roux de Châtillon-La-Ferté. Voir tome I, p. 140. Mais de plus il est probable que les Cossay ou les d'Anlezy tenaient à l'une des familles qui étaient réellement ou que l'on croyait être de la famille de l'abbé de Clairvaux. — Voir *Inventaire des titres de Nevers*, p. de Marolles, 67, 203, 219, 229, 243.

2. Marey-sur-Tille, canton de Selongey.
3. Thianges, canton de Decize, Nièvre.
4. Seigny, canton de Montbard.
5. Saffres, canton de Vitteaux.

nière seigneurie. Les Seigny-Saffres auront donc aussi leur place dans l'étude subséquente.

Cléron. — En 1487, Othenin de Cléron (1) épousa Marie de Seigny, petite fille d'Antoine, héritière de Saffres et de Fontaines en partie. Leur descendance figurera plus loin parmi les arrière-neveux de saint Bernard. Elle s'est propagée jusqu'à nos jours par les Cléron-d'Haussonville et plusieurs autres maisons alliées à celle-ci.

Saffres. — Les seigneurs de Saffres du lignage de Gui, frère aîné de saint Bernard, sont d'abord, nous venons de les nommer, les Seigny et les Cléron.

Mais, si l'on en croit l'opinion généralement reçue, les anciens Saffres eux-mêmes sont des plus proches parents de saint Bernard; ils sont de race châtillonnaise, ils se confondent avec les Fontaines dans une même origine, un même sang, la jouissance des mêmes seigneuries; depuis saint Bernard, de multiples alliances ont renouvelé et accru les liens de parenté entre les deux maisons.

Ce qu'il faut avouer après les recherches les plus minutieuses, c'est qu'il n'y a là, très probablement, qu'un ensemble d'exagérations rétroactives, à la façon de F. de la Place.

A l'origine, XIe-XIIe siècle, les Saffres paraissent absolument étrangers aux Châtillon. A aucune époque ils n'ont part à la seigneurie de Fontaines, ni ne partagent avec les Fontaines leur propre seigneurie. Le premier ancêtre connu d'Isabelle de Saffres est Robert, *Robertus Saffredus*, lit-on dans Chifflet (2), leçon qu'il faut sans doute ainsi corriger: *Robertus Saffre dus*, c'est-à-dire

1. Cléron, canton d'Amancey, Doubs.
2. Migne, col 1421 et 1530.

Saffrae dominus. En 1154, Robert, « Abba ? » son frère, avec l'assentiment de leurs fils Etienne, Jean et Gauthier, garantissent par serment aux religieuses de Prâlon une donation sur Corcelotte-en-Montagne (1), dont Barthélemy de Sombernon est auteur pour la tierce partie. C'est le seul rapprochement significatif qui apparaisse entre les Sombernon-Fontaines et les Saffres; mais dans l'hypothèse où les Saffres interviendraient ici à titre de parents, le lien de famille serait à l'égard des Sombernon et non à l'égard des Fontaines.

On rencontre un peu plus tard Hervé et Othon de Saffres (2), le premier, seigneur du lieu; le second, seigneur de Beire (3); tous deux, sans doute, petits-fils de Robert.

La lignée des Saffres, seigneurs de Beire, où reparaissent fidèlement de génération en génération les noms en quelque sorte patronymiques de Robert, Jean, Othon, est facile à suivre jusqu'au XVe siècle. Beaucoup d'entre eux avaient jadis leurs pierres tombales à l'église Saint-Bénigne de Dijon (4), et les cartulaires attestent encore les dons qu'ils ont faits à l'abbaye (5). L'on n'a élevé pour aucun la prétention d'une parenté avec saint Bernard. Ils n'assistent pas les seigneurs de Fontaines dans leurs actes, bien

---

1. Corcelotte, dépendance de St-Mesmin, canton de Vitteaux.
2. Migne, col. 1449; Pérard, 335; E. Petit, II, 412.
3. Beire-le-Châtel, canton de Mirebeau. Archiv. de la Côte-d'Or, II, 528, abbaye de la Bussière, Agey : voir plusieurs chartes de 1230, 1236, concernant les Saffres, seigneurs de Beire. Dans l'une d'elles, datée de 1230, mais où sont relatés des faits antérieurs à cette date, on lit : *Otho de Saffreis, miles dominus de Bere*, et il s'agit bien de Othon de Saffres, témoin de la charte de commune de Dijon (1187). On le retrouve parmi les vassaux de Gui de Saulx, appelé en 1196 « Hoton de Bère » (Archiv. de la Côte-d'Or: Analyse du cartul. de St-Seine, Peincedé, XVIII; Inventaire des titres de S. Seine, ms. n° 68, p. 100), et en 1208 « Odo de Saffre » (D. Plancher I. Pr. CLXE). Les exemples ne sont pas rares où le nom « Otho » est travesti en « Octho, Oddo, Odo. »
4. *Épigraphie Bourguignonne, église et abbaye de St-Bénigne de Dijon* par Gabriel Dumay, 1882.
5. Voir spécialement Archiv. de la Côte-d'Or, le ms. II, 119 A (copie d'un cartul. de St-Bénigne conservé à la Biblioth. nat.), 1re partie, ch. 195, 252, 317, 349; 2e partie, ch. 111, 112, 113, 114. — Voir aussi Fyot, *abbaye de St-Etienne*, Pr. n° 202; Pérard, 110. — Il y a d'ailleurs, aux Archiv. de la Côte-d'Or, de très nombreux documents sur les descendants de Othon de Saffres, seigneur de Beire.

qu'ils soient leurs proches voisins par Hauteville, (1) annexé alors au domaine de Beire.

Quant aux Saffres seigneurs du lieu, jamais non plus témoins des Fontaines, rien ne laisse voir qu'ils aient eu quelque alliance immédiate avec eux. Hervé eut de son épouse surnommée Comtesse, dont le vrai nom et la famille sont inconnus, Hervé II et Gauthier (2). Hervé II, seigneur de Saffres, épousa Gillette de Tilchatel, nièce de Robert, évêque de Langres (3). Le 6 juin 1246, il fit son testament, pièce curieuse au point de vue de la transmission de la propriété féodale, où le domaine entier des Saffres est pour ainsi dire inventorié. Chifflet a résumé en deux mots ce testament, mais les Archives de la Côte-d'Or en conservent la copie intégrale (4). Il n'y est question d'aucune terre dépendant de Fontaines, de Marcy ou de Châtillon ; aucun tenancier des fiefs énumérés n'appartient à l'une de ces maisons ; Calon de Saulx-Fontaines est nommé dans ce document, comme suzerain des Saffres pour une part de ce que ceux-ci possédaient dans la seigneurie ou le domaine de Sombernon, mais point comme copartageant du domaine de Saffres. N'est-ce pas un argument sans réplique contre l'analyse de F. de la Place ?

La veuve d'Hervé II, Gillette, « grant dame de Saffres », fit elle-même son testament en décembre 1262. Ici encore rien qui trahisse une alliance entre les maisons de Saffres et de Fontaines (5).

L'acte du 6 juin 1246 instituait, à la mort d'Hervé,

1. Hauteville, canton de Dijon.
2. Migne, col. 1449.
3. Dans son testament, cité plus loin, Gillette agit comme tenancière de Pichanges, dépendance de la seigneurie de Tilchatel; elle parle de « son neveu le bon seignor de Trichatel », qui, alors (1262), était Jean, fils de Gui : or Gui était neveu de l'évêque Robert, comme on l'a vu précédemment. Voir encore le testament du mari de Gillette, Archiv. de la Côte-d'Or, E, titres de Famille, 34 bis; E. Petit, IV, 414.
4. Archiv. de la Côte-d'Or, E, 34 bis, titres de famille.
5. Archiv. de la Côte-d'Or, H, 532, abbaye de la Bussière, layette Pichanges, titre du samedi avant Noël 1262.

Gui, son fils ainé, seigneur de Saffres et les autres fils, Hervé III, seigneur d'Eguilly (1) ; Jean, seigneur de Champrenaud (2) ; Etienne, seigneur de Vellerot (3) : Hugues, clerc, avait aussi une part de l'héritage mais réversible, après sa mort, sur les seigneurs de Saffres et d'Eguilly. Ainsi aux deux branches déjà existantes de cette maison, les Saffres et les Beire, s'ajoutèrent les trois autres branches d'Eguilly, de Champrenaud, de Vellerot. Un seigneur d'Eguilly, vers 1300, épousa Marguerite d'Arc-sur-Tille (4), maison alliée à celle de Saulx, d'où un lien médiat avec les Fontaines.

Gui I, seigneur de Saffres, eut pour femme Elvide de Thianges (5). Ce mariage dut être le principe d'une parenté entre les Saffres et les Marey, lorsque, vers le milieu du XIV° siècle, Jeanne de Thianges s'unit à Philippe de Marey, qui eut d'elle Guillaume, seigneur de Fontaines (6).

Hervé IV, fils et successeur de Gui I, épousa Béatrix « de la Boixière », nièce par sa mère de Gui et Jean de Rochefort, évêques de Langres (7). Elle apporta en dot à son mari la seigneurie de Mosson en partie, qui relevait de Rochefort. (8) C'est alors que les Saffres hantent

1. Eguilly, canton de Pouilly-en-Auxois.
2. Champrenault, canton de Vitteaux.
3. Vellerot, dépendance de St-Pierre-en-Vaux, canton d'Arnay-le-Duc.
4. *Epigraphie Bourguignonne*, par Gabriel Dumay, p. 72. — Cf. Peincedé. XXVII, 53, ou B. 11228. Othe et Thomas d'Eguilly, à qui les ducs conférent d'importantes missions, au XIV° siècle, étaient petit fils de Marguerite d'Arc.
5. Migne, col. 1489, D. — Elvide était d'une famille autre que les Damas de Thianges.
6. Peincedé XXVII, 221, ou B. 11288. — Cf. *Inventaire des titres de Nevers*, p. 129.
7. Migne, col. 1490, D; 1491, C. — Béatrix est dite sœur de Simon « de Buxeria », chanoine de Langres et archidiacre de Dijon, col. 1491, C. Or, Jean, évêque de Langres, vend (1296) à « Simon de la Boixière, chantre de Langres, son cher neveu », ce qu'il avait à Mosson, Peincedé VIII, 6, ou B. 10487, cote 25. Voir aussi *Recueils*, p. 209, où l'évêque Jean de Rochefort appelle (1296) son neveu (son arrière-neveu) Jean de Saffres, chanoine de Langres, fils d'Hervé IV et de Béatrix. Ne sachant à quelle famille appartient Béatrix, nous lui appliquons l'appellation « de la Boixière » employée pour désigner son frère. Dans le titre français de 1295, il y a beaucoup de La Boissière et de La Boixière.
8. Archiv. de la Côte-d'Or, Peincedé VIII, 5, ou B. 10488, cote 20 ; B. 10489, cote 19.

le Châtillonnais et les régions voisines appartenant à la Champagne, où les avait déjà conduits l'alliance avec les Tilchâtel (1). Hervé et sa femme furent inhumés à Châtillon, dans l'église des Cordeliers, où l'on voyait gravées sur leurs tombes les armes de Saffres : *de . . à cinq Saffres de . . posés 2, 2 et 1*, et celles de La Boixière : *de . . à trois tierces feuilles de . .* La tombe d'Hervé portait la date 1306, celle de Béatrix, 1318. (2)

De leurs trois fils, Gui II, Jean, Hervé V, les deux derniers furent chanoines de Langres (3) ; le premier, chevalier, mourut avant son père (1305), laissant plusieurs enfants, Hervé VI, Simon, etc (4). On ne sait de quelle maison était la femme de Gui II, mais ce n'était point de la maison de Fontaines.

Hervé VI, seigneur de Saffres, épousa en premières noces Jeanne de Choiseul, qui par Alix sa mère se rattachait aux Grancey (5). Il en eut Jean, époux d'Alix du Bled, et père d'Isabelle, qui porta la seigneurie de Saffres aux Seigny (6). Un partage de 1351 entre Jean et Alix de Gissey, seconde femme d'Hervé VI, ne mentionne toujours aucune parcelle de la terre de Fontaines ou de ses dépendances (7).

Cet aperçu généalogique, malgré ses lacunes inévitables, fait assez voir que l'on ne peut se fier aux assertions courantes sur la commune origine des maisons de Saffres et de Fontaines et sur les mutuelles alliances qu'elles auraient contractées du XIIe au XVe siècle. Quelles sont, d'ailleurs, les sources de ces assertions ?

1. *Hist. des comtes de Champagne*, p. d'Arbois de Jubainville, V. n° 1412 ; II, annexe C, p. LXXIX, n° 242. — Migne, col. 1433, B.
2. Biblioth. de Dijon. *Mémoires généal.* de Palliot, I, 1156.
3. Migne, col. 1491, A, C ; 1493, A.
4. *Mém. gén.* de Palliot, I, 908 ; Migne, col. 1491-1493. — Gui II de Saffres fut inhumé au cloître de l'abbaye de Theuley, devant la porte du Chapitre. Son écusson présente *cinq Saffres s'essorants et posés en sautoir*. Biblioth. nat., collection Clairambault, vol. 942, pièce 202.
5. Migne, col. 1591, C, D.
6. Migne, col. 1492, C, D.
7. Archiv. de la Côte-d'Or, E. 34 bis, titres de familles.

Guillaume Paradin dit en parlant de saint Bernard : « Il fut extrait de la noble maison des seigneurs de Chatillon-sur-Seine. Desquels sont aussi les nobles seigneurs de Saffres (c'était alors les Cléron), tous lesquels Dieu veuille inspirer d'être imitateurs de ce sacré docteur leur ancêtre (1) ». Palliot (2). Dom Leroy (3), Courtépée (4) affirment soit la communauté d'origine, soit l'alliance des Saffres et des Fontaines, dès le XIIe siècle. Or, ces trois derniers s'appuient sur l'analyse de F. de la Place ou quelque document semblable. Le fait est certain pour Dom Leroy et Courtépée, qui renvoient à cette analyse ou en citent des extraits. Palliot paraît s'être inspiré du même document, qu'il ne pouvait guère ignorer. Paradin dut être, en général, le complaisant écho des généalogistes à procédés rétroactifs. Ici néanmoins veut-il dire plus que son contemporain Saint-Julien de Baleure, dont voici le texte : Les seigneurs de Cléron-Saffres « se disent issus des seigneurs de Fontaines-les-Dijon qui est un partage de Châtillon-sur-Seine, et maison paternelle de saint Bernard abbé de Clairvaux, instaurateur de l'ordre de Cîteaux (5). » Rien ne prouve qu'il faille interpréter autrement les expressions peu précises de Paradin.

Drées — La famille de Drées a encore de nombreux représentants, la plupart hors de Bourgogne. Elle descend de Barnuin, contemporain de Barthélemy de Som-

---

1. Paradin, *Annales de Bourgongne*, p. 189. — Paradin dit encore dans son ouvrage *De antiquo statu Burgundiæ*, p. 93 : « Habetis igitur Castellionei ac Saffrenses quo jure gloriari possitis, qui tam rutilum religionis solem (S. Bernardum) e vestro corpore edideritis Reipublicæ christianæ. »

2. Palliot, *Le Parlement*, 1re partie, p. 110-111.

3. Archiv. de la Côte-d'Or, ms. de la Biblioth. n° 124, p. 51.

4. Courtépée, *Description du Duché de Bourgogne*, édit. 1848, III, 579. Le début de la notice sur Saffres est emprunté à l'analyse de F. de la Place.

5. S. Julien de Baleure, *Mélanges historiales*, Lyon, Benoist-Rigaud, 1589, p. 478.

bernon. Barnuin, seigneur de Drées, (1) tenait des Sombernon-Fontaines un fief à Blaisy (2) ; il figure avec eux dans le titre déjà cité de 1154 (3) et dans plusieurs autres de 1190, portant donation à Saint-Seine d'une partie des dîmes de Turcey (4) ; il est, avant cette date, témoin des Sombernon, seigneurs du lieu (5). Il peut donc être parent des Sombernon, mais l'on ne voit pas qu'il ait rien de commun avec Fontaines et saint Bernard.

Marie, petite-fille de Barnuin, mariée d'abord à un Sombernon, épousa en secondes noces Gauthier de Saffres, frère d'Hervé II (6). Héritière de la seigneurie de Drées, elle la transmit aux enfants qu'elle eut de Gauthier, et ceux-ci échangèrent leur nom patronymique pour celui de Drées. Ainsi les seigneurs de Drées furent, à partir du XIIIe siècle, une branche de la maison de Saffres. Plusieurs d'entre eux épousèrent des femmes de cette même maison. Les généalogistes qui rattachaient les Saffres à la famille de saint Bernard, ont naturellement vu dans les Drées des parents du saint abbé. Nous avons dit ce qu'il faut penser de cette opinion.

Au XVIe siècle, seconde moitié, Guillaume de Drées, seigneur de Gissey-le-Vieil, tige d'une branche cadette, épousa Antoinette de Rochechouart-Chandenier, petite-fille de Suzanne de Blaisy (7). Les Blaisy, on le verra dans la suite, entrent en ligne directe dans la série des

1. Drées, canton de Sombernon.
2. Blaisy, canton de Sombernon. — Archiv. de la Côte-d'Or, cartul. de St-Seine, charte XXXII, publiée par l'abbé Jobin, *S. Bernard et sa famille*, p. 623.
3. Migne, col. 1421, C.
4. Turcey, canton de St-Seine-l'Abbaye. Archiv. de la Côte-d'Or, cartul. de St-Seine, chartes XXXIII, XXXIV.
5. Archiv. de la Côte-d'Or, H. 1169, Templiers, Avosne : vidimus d'une charte donnée par Godefroi, év. de Langres, et charte du duc Eudes III, datée de 1197. Voir E. Petit, II, 276 ; III, 359.
6. E. Petit, III, 359. — Archiv. de la Côte-d'Or, H. 533, abbaye de la Bussière, Echannay, charte de Gui, év. d'Autun, datée de 1246 ? ; H. 526, même abbaye, charte de 1250 donnée par Hugues, abbé de St-Seine.
7. P. Anselme, IV, 658 et suiv. — Biblioth. de Dijon, *Mém. gén.* de Palliot, I, 158-159. Archiv. de la Côte-d'Or, titres de familles, E, 1240, 1629.

arrière-neveux de saint Bernard. La descendance de Guillaume s'y rattache donc aussi. Mais cette branche s'est éteinte avant la fin du XVIIᵉ siècle. Elle compte parmi ses gloires Jeanne de Courcelles de Pourlans, née de Jacques de Courcelles et de Louise de Drées. Jeanne, dernière abbesse de Tart, réformatrice de son monastère, fonda la maison des Bernardines de Dijon, où elle mourut en 1651. Elle aimait à rappeler sa parenté avec le grand cistercien (1).

Fontette — En 1545, Jean de Fontette (2), seigneur du lieu et de Remilly, (3) épousa Claire d'Hallewin de Rochequin, fille de Pierre d'Hallewin et de Marguerite de Montigny. Ces Montigny, dont il sera question plus loin, tiennent en ligne directe aux Seigny-Saffres, et sont parents de saint Bernard au même titre que les Cléron.

Karandefex — Une semblable alliance réunit aussi les Karandefex à la famille de saint Bernard : en 1555, Jean de Karandefex épousa Charlotte de Montigny, et le nœud se resserra encore par le mariage de Jean-Pierre, fils de Jean et de Charlotte, avec Jeanne d'Hallewin, petite-fille de Pierre d'Hallewin et de Marguerite de Montigny.

Nous terminons ces notes préliminaires par quelques données succinctes sur les Montbard. Bien que la ligne paternelle de l'abbé de Clairvaux nous occupe seule spécialement, il y aurait peut-être une trop grande lacune dans ce travail s'il ne contenait rien au sujet de la ligne maternelle.

1. *La vie de madame de Courcelle de Pourlan*, Lyon, 1699. Voir p. 3, 4, 142, 165, 270.
2. Fontette, dépendance de St-Mesmin, canton de Vitteaux.
3. Remilly-en-Montagne, canton de Sombernon.

Deux auteurs viennent d'étudier avec soin la question, M. l'abbé Jobin (1) et M. E. Petit (2).

L'une et l'autre étude, accompagnées de tableaux généalogiques et de pièces justificatives, renferment un ensemble considérable de documents sur les Montbard (3). Malgré quelques erreurs de détail, soit dans l'analyse des titres, soit dans les inductions, ces travaux érudits sont consultés avec fruit par les chercheurs. Aussi nous en avons profité pour rédiger les notes suivantes et pour dresser un tableau généalogique, où n'entrent que des données certaines.

L'ombre plane toujours sur les origines de la maison de Montbard ; on n'est pas sorti des conjectures. M. Petit, comme Chifflet, essaie de rattacher cette famille aux comtes de Tonnerre, et, par ceux-ci, aux ducs de Bourgogne antérieurs à Robert I. Le côté neuf de l'exposition de M. Petit est que le point de suture pourrait se trouver dans la lignée des comtes de Tonnerre qui étaient en même temps comtes de Bar-sur-Seine. Toutefois, ce n'est qu'une hypothèse, à certains égards plausible.

Bernard de Montbard, aïeul de l'abbé de Clairvaux, figurait parmi les principaux barons de la cour ducale, lorsqu'elle se tenait à Châtillon ou dans le voisinage (4). Humberge, son épouse, est dite de Ricey par pure conjecture, suivant la juste remarque de M. Petit. Mais ce n'est que par conjecture non plus que l'on pourrait donner

---

1. *Saint Bernard et sa famille*, p. XXI-XXXVIII, XLI-XLIII.
2. *Hist. des Ducs de Bourgogne*, IV, p. 455-477.
3. On trouve aussi d'autres documents sur le même sujet dans tous les volumes de l'*Hist. des ducs de Bourgogne*, par E. Petit, et dans les deux ouvrages de M. l'abbé Jobin : *S. B. et sa famille*. — *Hist. de Jully-les-Nonnains*.
4. E. Petit, I, 391, 398, 426. La charte publiée, p. 398, n° 62, doit être ainsi complétée pour la liste des témoins que le duc Eudes, I, appelle « optimates meos »... » scilicet Ansericum de Insula, *Milonem filium suum*, *Rainaldum de Granciaco*, *Bernardum de Montebarro*, Rainerium senescalcum, Hugonem Gothefridum... » Les trois noms soulignés se lisent dans le texte ms. : Archiv. de la Côte-d'Or, cartul. de Molesme, I, 5.

à Bernard plusieurs femmes. Ses enfants connus sont Alette, mère de saint Bernard ; une autre fille, mère de Robert, abbé de la Maison-Dieu ; Renard, seigneur de Montbard ; Gaudri, seigneur de Touillon, puis moine cistercien ; Milon, religieux convers du même ordre ; André, grand maître du temple. D'autres chevaliers, dits de Montbard, hommes liges des seigneurs du lieu, interviennent souvent avec eux ; mais sans qu'il y ait motif de les ranger dans la même famille.

Une charte du cartulaire de Molesme publiée par M. l'abbé Jobin, dans son ouvrage *Saint Bernard et sa famille*, mentionne un Gaudri de Touillon dont l'identité avec l'oncle de l'abbé de Clairvaux paraît tout d'abord peu admissible (1). Cependant la conférence de cette charte avec d'autres du même recueil atténue suffisamment la première impression de doute pour qu'on accepte, au moins comme probable, l'identité mise en question (2). Ainsi, la famille de Gaudri tout entière serait

1. L'abbé Jobin, *S. B. et sa famille*, 558.
2. Cette charte, non datée, rappelle deux donations successives. La première donation a pour auteur Gaudri, seigneur de Touillon, et pour objet l'église Saint-Germain de Crais, la chapelle du château de Touillon, son annexe, le presbytérat, des droits sur « la terre et les hommes de Saint-Germain », c'est-à-dire de l'église de Crais, etc. La seconde, faite par Gauthier, fils de Gaudri, a pour objet principal l'ermitage du frère Martin, situé dans le voisinage et le domaine du château de Touillon. — Le cartulaire de Molesme contient deux copies de cette charte, dont le texte varie quelque peu. Dans l'une d'elles le récit de la deuxième donation commence par ces mots : « Post mortem vero domni Gaudrici. » Cela veut dire que Gaudri dont il est question, mourut dans le siècle. Il ne s'agit donc pas de l'oncle de saint Bernard. — Faut-il s'arrêter à cette conclusion ? C'est ce qu'ont fait certains moines de Molesme au xviie-xviiie siècle. La double donation leur a paru antérieure à l'abbé Gui (1111-1132), et ils ont inscrit la date 1180 dans les marges du cartulaire, vis-à-vis la charte qui fait difficulté. — Cependant, comme une seule copie présente ces mots : « Post mortem domni Gaudrici », n'est-ce pas une interpolation ? L'important est de reconnaître si les donations datent du xiie siècle plutôt que du xie. Car alors on peut identifier Gaudri, père de Gauthier, avec Gaudri, moine de Cîteaux. — Or, les personnages cités dans la charte qui aident à en fixer l'époque : Gui de Touillon, Galon d'Eringes — lisez en effet *Galo de Aringis*. — Hugues de Montigny, n'excluent pas le xiie siècle commençant, comme le prouve la conférence avec d'autres titres. De plus, Etienne, évêque d'Autun (1112-1140), ayant acquis le château de Touillon avant le 14 mars 1116, n. st. (*cartul. de l'église d'Autun*, p. M. de Charmasse, 5), confirma aux religieux de Molesme, à la prière de

entrée en religion. Lui-même, avant son départ pour Cîteaux, aurait placé à Molesme son jeune fils nommé Lambert. Précédemment, ses deux filles avaient pris le voile. Gauthier, son fils aîné, auquel il laissa le château de Touillon, fit d'abord admettre sa mère parmi les prébendées de Molesme, et donna, dans ce but « la forêt du *Châteloi* où demeurait l'ermite Martin ». Ensuite Gauthier, épris à son tour du désir de la vie monastique, vendit le château de Touillon à Etienne, évêque d'Autun, et rejoignit son frère.

Au reste, il y a là une preuve du courant qui entraînait alors à Molesme les vocations religieuses du voisinage, et ce courant explique le rôle précis de saint Bernard dans la conversion de son oncle. Gaudri aspirait de lui-même à quitter la milice du siècle pour celle du cloître. Mais peut-être, laissé à son propre conseil, il eut mieux aimé s'abriter à l'ombre du tombeau de saint Robert. Cependant, nature austère et généreuse, dès qu'il vit son jeune neveu choisir résolument le Nouveau-Monastère, il promit de l'y accompagner. Bernard avait vu

---

Gui, leur abbé, la possession de ce qu'avaient donné auparavant les seigneurs dudit château, « ea quæ antecessores castri Tullionis beneficia ecclesiæ Molismensi prius concesserant, ecclesiam scilicet de *Cras* et presbyteratum, etc. » (Cartul. de Molesme, I, 112 ; E. Petit, I, 452). Ni la charte délivrée par l'évêque, ni aucun autre titre ne mentionnant une confirmation antérieure : chose étonnante, si l'on admet un premier Gaudri, seigneur de Touillon, avant l'oncle de saint Bernard, et auteur avec son fils des donations rappelées. Il semble même, à bien lire la charte de l'évêque, qu'il ratifie, quant à l'église de Crais, une concession peu ancienne, *prius tenuerant*; car, à propos de l'église de Frolois, dont la possession est également confirmée par ce titre, on emploie une autre expression, *diu tenuerant*. L'église de Frolois avait été donnée, entre 1075-1097, par Gaudin, seigneur du dit lieu avec l'approbation immédiate de l'évêque Aganon (cartul. de Molesme, I, 61.) — Il est donc permis de présumer, avec M. l'abbé Jobin, que les mots : Post mortem, etc », sont une addition du transcripteur, qui aura mal interprété le texte original.

Le village de *Crais* ou *Cras* était le chef-lieu primitif de la paroisse dont dépendait le château de Touillon, avant que les évêques d'Autun, devenus acquéreurs de ce château, n'en eussent transformé la chapelle en église paroissiale, siège d'un archiprêtré. Crais a entièrement disparu, et aucun lieudit du territoire n'en conserve le nom. Toutefois son emplacement doit être marqué par le cimetière de Touillon, qui est ancien et hors du village. On voyait encore dans ce cimetière, il y a quelques années, une antique chapelle de Saint-Germain. Des sarcophages, des substructions, que l'on découvre alentour, sont une preuve qu'il y eût là un centre d'habitation.

de près l'abbaye de Molesme, bâtie au sein des fiefs de sa famille maternelle et gratifiée de divers biens par son aïeul : il savait que, si Molesme possédait le corps de saint Robert, l'âme du saint fondateur était restée à Cîteaux.

Le château de Touillon ne paraît pas avoir fait partie du domaine des seigneurs de Montbard : Gaudri le tenait soit par acquisition, soit du chef de sa femme. Le patrimoine de famille s'étendait surtout de Montbard aux Riceys, comprenant Planay, Verdonnet, Cestre, Fontaines-les-Sèches, Marcenay, Villedieu, Pouilly-les-Molesme (1).

On peut admettre comme certain le mariage d'André I de Montbard avec Elvide *de Montréal.* C'est en effet du domaine de Montréal que devaient provenir les biens donnés à Fontenay par Elvide, sur Vassy-lès-Pizy (2). De plus, dans les chartes de 1166 à 1200, les seigneurs de Montréal et ceux de Montbard se prêtent une mutuelle assistance qui dénote une alliance contractée alors entre les deux familles. Un petit-fils d'André reçut même le nom d'Ansérie, qui revient dans chaque génération chez les Montréal. Elvide paraît dans la généalogie de cette maison : elle était sœur aînée d'Ansérie, époux de Sibylle de Bourgogne (3).

1. Ce village de Pouilly, détruit depuis longtemps, ne formait qu'une même paroisse avec celui de Molesme, où s'établit saint Robert. L'église de Pouilly était primitivement le chef-lieu paroissial. Voir Migne, col. 1399, B; et Archiv. de la côte-d'Or, H. 210, ms. n° 156, fol. 53 verso, où on lit cette note écrite au XVII° siècle par un moine de Molesme : « La cure de Molesme autrefois appelée *ecclesia S. Petri de Poliaco*, de Pouilly, qui était située hors de Molesme et dont on voit encore des vestiges en allant à l'estang de Suri... a été depuis transférée auprès de l'abbaye dans la chapelle des domestiques, *capella famulorum*, sous le titre de Ste-Croix. » Cf. *Diction. topographique de l'Aube.*

2. Migne, col. 1468, B.

3 *Cartul. de l'Yonne.* par Quantin, II, 174, 182 ; E. Petit, II, 415, III, 299, 380 ; Migne, col. 1467, C. — Voici l'abrégé d'une copie, datée de 1739, de la charte où paraissent *André* et *Ansérie*, fils de Bernard, seigneur d'Époisses : « Ego *Bernardus de Montebarro, dominus Espissiac,* notum facio.. quod ego.. dedi.. canonicis ecclesiæ S. Symphoriani Espissiæ, laudante uxore mea cum *filiis meis Andrea et Anserico*, in molendino de Montgeson tres modios bladi ad mensuram Rovrei..

Aux chartes publiées sur ce point il faut ajouter la suivante, dont M. l'abbé Jobin et M. Petit ne donnent qu'une analyse empruntée à Villevielle.

« In nomine sancte et individue Trinitatis. Noverit tam presens quam futura posteritas quod donnus *Andreas de Monbar* conquerebatur de canonicis Sancti Mauricii qui Sinemuri morantur, dicens eos tenere quasdam possessiones ad feudum suum pertinentes. Tandem donnus Andreas verpivit hanc calumniam canonicis et ecclesie Sancti Mauricii de Castro Sinemurensi, et nominatim decimationem quam habebant a domino Hugone de Turre apud Cavaniacum et si qua alia possidebant feuda ad ejus jus pertinentia, et fecit eis pacem. Hoc autem factum est ipso donno Andrea laudante et *uxore ejus Elvide* et *filiis ejus Andrea et Bernardo*. Huic rei interfuerunt et testes sunt Hurricus ejusdem ecclesie clericus, Obertus et Humbertus sacerdotes, *Ansericus de Montréal*, Ranaldus vicecomes de Tornure, Symon de Coltenge, Guillelmus de Rubeomonte. Hoc etiam factum est regnante Lodovico rege Francorum, tempore Galterii lingonensis episcopi et Hugonis ducis Burgundie et Marie matris ejus, ducisse, que ducissa rogatu predicti Andree hanc cartam sigillo suo signavit. Anno ab Incarnatione Domini M. C. LX. VI » 1166. — Original, Archiv. de la Côte d'Or, H. 769, Prieuré de S. Jean de Semur, Chevigny.

A partir des dernières années du XIIe siècle les Montbard furent dits d'Epoisses (1), et ce nom nouveau pré-

---

Item dedi.. decimas segetum mearum.. scilicet in agro juxta spinetum subtus viam desuper, in campo Des Fourches, in campo de la Meise subtus viam et desuper.. Preterea concessi jam dictis canonicis quidquid juris habebam in terris et pratis que dicta ecclesia ante constitutionem eorum acquisierat.. Item dedi decem libras.. etc.. etc. Presentem paginam sigilli Helduini Lingonensis episcopi et sigilli Odonis ducis Burgundie et mei munimine feci corroborari. Testes Joannes Rutinacensis (hic; Reigniacensis) abbas, Hugo Fontenetensis cellarius, Guillelmus Reomensis abbas, Haymo Flaviniacensis abbas, Lecbandus Reomensis decanus... Strabo de Chasteias, Harverius de Losonis, Gifardus de Roche, milites; Joannes de Vineis et Petrus frater ejus, Garacrus de Contomble et Bernardus, homines servientes mei. Actum est hoc apud Epissiam anno Incarnati Verbi 1203, mense aprilis, tertio Kalendas aprilis. » Archiv. de la Côte-d'Or, G. 465, collégiale d'Epoisses.

1. Epoisses, canton de Semur. Il faut abandonner les conjectures émises par Chifflet, Migne, col. 1471, B; 1521, D.

valut peu à peu sur leur nom patronymique. Alors en effet par une voie et pour des motifs ignorés — M. Petit croit à un échange — le château de Montbard passa aux ducs de Bourgogne, et celui d'Epoisses aux seigneurs de Montbard. Le fait remonte au delà de 1193, époque à laquelle Milon du Puiset, comte de Bar-sur-Seine, succéda à Hugues son père (1). Par une charte de l'an 1200, Milon abandonne au duc Eudes III « tout ce que les seigneurs de Montbard avaient tenu des comtes de Bar-sur-Seine ses prédécesseurs *a cruce Villæ Dei in superius* » (2). Puisque, suivant ce texte, les seigneurs de Montbard n'ont pas été tenanciers de Milon, mais de ses ancêtres, Montbard appartenait déjà au duc en 1193. L'acquisition peut dater de 1189, comme le pense M. Petit.

Mais de la même charte on tire une fausse conséquence en concluant que Milon a cédé « la mouvance de Montbard ». Cette charte se lit dans Pérard (3) avec un déficit, l'omission du mot *Villæ* (a cruce Dei in superius) ; dans D. Plancher (4) avec une leçon inexacte (a cruce villæ dictæ superius). De là en partie l'erreur. D'après le texte original, Milon renonce simplement, en faveur du duc, à sa suzeraineté sur un ou plusieurs fiefs enclavés dans le domaine des Montbard. Il serait intéressant de pouvoir relier à Bar-sur-Seine le château de Montbard ; ce serait un appui à l'opinion qui tient les ancêtres maternels de l'abbé de Clairvaux pour une branche des comtes de Bar et de Tonnerre. Mais y a-t-il un document qui classe ce château dans la mouvance de Bar-sur-Seine ?

Les Montbard ont eu pour principaux continuateurs les Mello d'Epoisses et les seigneurs de Vignes, répandus dans l'Avallonnais et le Nivernais.

1. Coutant, Histoire de Bar-sur-Seine, p. 389.
2. Archiv. de la Côte-d'Or, B. 1261.
3. Pérard, p. 272.
4. D. Plancher, tome I, pr. n° CLIV.

En expliquant l'alliance des Mello avec les Montbard, on a émis force conjectures encombrantes. Il n'y a plus lieu de tenir compte des données hypothétiques qu'on trouve dans Chifflet, et M. Petit les a justement abandonnées.

Dreux de Mello le *Jeune* — milieu du XIII⁵ siècle — hérita des seigneuries d'Epoisses, de Lormes (1) et de Château-Chinon (2). Il eut Epoisses, en vertu de son mariage avec Elvide, fille unique d'André III de Montbard (3). L'époque de la conclusion du mariage doit être antérieure à la mort d'André III, 1232 ou 1233 (4). C'est d'Elvide de Montbard et non d'une autre femme que Dreux de Mello le *Jeune* dut avoir pour enfants : Dreux, seigneur de Lormes et de Château-Chinon ; Guillaume, seigneur d'Epoisses ; Isabelle, mariée à Gui de Mauvoisin, seigneur de Rosny, garde des sceaux du comte de Nevers, dans la prévôté de Moulins-Engilbert (5).

Mais comment Dreux devint-il seigneur de Lormes et de Château-Chinon ?

---

1. Lormes, arr. de Clamecy, Nièvre.
2. Château-Chinon, ch.-lieu d'arr., Nièvre.
3. L'abbé Jobin, *Hist. de Jully-les-N.*, p. 270, 273.
4. L'abbé Jobin, op. et loc. cit. — E. Petit, IV, p. 214, 472.
5. L'aîné des fils de Dreux de Mello le *Jeune* n'était pas encore marié en 1245 (E. Petit, IV, 351). Rien ne s'oppose donc à ce qu'il ait pu naître d'Elvide de Montbard-d'Epoisses, fille d'André III, citée en 1224 (ibid. 214), sinon comme déjà mariée, du moins comme approuvant une donation de son père. D'ailleurs, en 1245, quand on traite du futur mariage du fils aîné de Dreux le *Jeune* avec A. de Montréal, une dispense est demandée en cour de Rome, les deux fiancés étant parents au 4ᵉ degré. Or, on ne connaît aucune alliance des Montréal avec les ancêtres de Dreux de Mello, mais sa femme, Elvide de Montbard-Epoisses, eut pour bisaïeule Elvide de Montréal. De plus, en 1269 — suivant une analyse qui semble résumer fidèlement le titre original — Alixande de Marigny en Champagne, dame de Bourbilly, « fait vente à Guillaume de Mello, chevalier, seigneur d'Epoisses, *son cousin* » de trois villages ou hameaux, annexes d'Epoisses (Biblioth. de Dijon, *Notes de Courtépée*, VI, 239). Or Alixande de Marigny est petite nièce d'André III de Montbard, et Guillaume de Mello, fils ou petit-fils de Dreux le *Jeune*. Enfin, rien ne fait présumer que Dreux le *Jeune* n'ait épousé qu'en 2ᵈᵉˢ noces la fille d'André III, et ceux qui ont émis cette hypothèse, — dont il sera parlé plus loin — ont pensé que la première femme se rattachait elle-même à la maison de Montbard. En somme, il faut regarder les Mello-d'Epoisses comme les continuateurs de la ligne maternelle de saint Bernard.

PL.11 quater

TOMBE DE MARIE DE REMILLY

Au commencement du XIII᷎ siècle ces deux seigneuries appartenaient à Hugues de Lormes, époux d'Elvide dont les chartes ne désignent pas la famille(1). Elvide survécut à son mari : le dernier acte de celui-ci porte la date de 1235, et le dernier d'Elvide la date de 1242 (2). Pendant sa viduité, Elvide conserve le titre de dame de Lormes, et Dreux de Mello joint alors le titre de seigneur de Château-Chinon à celui de seigneur d'Epoisses (3). Après la mort d'Elvide, Dreux réunit les trois seigneuries d'Epoisses, de Château-Chinon et de Lormes. Il y a évidemment là une succession. Or, comme on ne découvre aucun lien de consanguinité entre Hugues de Lormes et Dreux de Mello, c'est du chef des femmes qu'il faut chercher la raison de l'héritage ; ainsi Elvide, dame de Lormes, était certainement de la maison de Montbard, et, très probablement, sœur d'André III, par conséquent tante d'Elvide épouse de Dreux de Mello (4).

Néanmoins, en l'absence de document formel, nous nous abstenons d'attribuer, dans le tableau généalogique, une filiation à Elvide, dame de Lormes. (5)

Saint Bernard a écrit ces paroles : « Parmi nos connaissances et nos parents qui prend soin de nous? Amis, proches, voisins, tous nous considèrent comme un vase brisé que l'on rejette ». Il faut ne voir qu'une hyperbole dans ce début de la lettre CXVIII qui rend hommage à la munificence d'une main étrangère. A vrai dire,

---

1. E. Petit, IV, 470, 473 ; Gall. chr. IV, Instr. col. 96.
2. E. Petit, IV, 473, 474 ; Cartul. de l'église d'Autun, par M. de Charmasse, 162.
3. E. Petit, IV, 474 ; Cartul. de l'Yonne, III, p. 211, n° 467.
4. E. Petit, IV, 475. Invent. des titres de Nevers, col. 157, 491, 513.
5. L'historiographe Du Bouchet avait écrit à Chifflet (Migne, col. 1484 : « Certainement la terre d'Epoisses vint à Dreux de Mello, par son mariage avec Helvis de l'Orme, qui l'avait eue de sa mère, nommée aussi Helvis. » C'était trop affirmatif pour une simple conjecture, due à l'ignorance du mariage de Dreux avec la fille d'André III de Montbard. L'archiviste Bridat, auteur de l'Inventaire d'Epoisses, connut le vrai mariage. Mais au lieu d'expliquer la première donnée par la seconde, il les assembla toutes deux, sans motif sérieux, semble-t-il (Biblioth. de Dijon, Notes de Courtépée, IV, p. 193 et suiv.).

saint Bernard ne fut pas délaissé par ceux de sa famille qui restèrent dans le siècle. Si l'abbaye de Clairvaux devait Trois-Fontaines, sa première fille, à l'amitié de Guillaume de Champeaux, elle devait Fontenay, sa deuxième fille, pour beaucoup, à l'attachement des seigneurs de Montbard (1).

Des anciennes constructions de Fontenay l'église et le cloître se voient encore presque intacts, aménagés maintenant pour les services d'une grande usine. Le cloître, construit après saint Bernard, dévie un peu de cet art sévère, né du génie cistercien, que l'on aime à personnifier dans le fondateur de Clairvaux. Mais l'église consacrée par Eugène III, offre le vrai type de la basilique cistercienne primitive (2). D'une extrême simplicité, d'une beauté mâle et robuste, elle porte bien l'empreinte de cette rigoureuse ascèse qui fut le cachet de l'institut naissant. Là, en effet, rien d'un monument élevé pour embellir une cité tranquille, *pacis ornamenta* ; mais, plutôt, je ne sais quoi de l'atelier, du magasin militaire, *belli munimenta* (3) : si bien qu'aujourd'hui, arrivant à Fontenay et voyant la haute cheminée accolée au vieil édifice, c'est à peine si l'on remarque une désaffectation.

On ne peut bien apprécier de pareilles églises qu'en y évoquant leurs premiers hôtes, comme on ne juge bien d'un habit que lorsque le destinataire en est revêtu. Des cénobites austères, qui livraient à leurs sens une guerre sans trêve ni merci, qui tenaient leurs paupières baissées devant le pape et les magnificences de sa cour, qui avaient fui le monde afin d'être plus près du ciel et d'y parvenir plus vite : voilà les vocations spéciales à qui servaient ces églises. Aussi voulait-on que l'aspect rigide du monument, ses grandes surfaces nues inspirassent surtout le recueillement, une sorte de terreur religieuse, plus

---

1. Migne, col. 1461, C, D, 1466, C; L'abbé Jobin, *S. B. et sa famille*, 641-643.
2. Voir Viollet-le-Duc, *Diction. de l'architecture*, I, 179, 274.
3. S. Bernardi opera, Epist. II, n° 12.

favorable à la méditation. Ne convenait-il point d'ailleurs que le livre de pierre, par sa pauvreté, répétât partout la devise du moine : dépouillement et pénitence ? Et si la terre était un lieu d'exil que l'on avait hâte de quitter, éprouvait-on le besoin de tant décorer l'église elle-même, réduite à n'être plus pour ces captifs que le meilleur coin de leur prison ?

Ce puritanisme n'impliquait pas un mépris absolu des arts plastiques. Il ne pouvait prétendre à devenir la règle générale des constructions religieuses, surtout des églises cathédrales ou paroissiales, destinées aux vocations séculières, et ouvertes aux fidèles de tout rang et de tout âge. Si saint Bernard et les autres premiers pères de Cîteaux en ont voulu faire une loi universelle, il faut les blâmer. Mais l'ont-ils voulu ? Ont-ils pu le vouloir ? En prescrivant l'application de ces principes ne s'adressaient-ils pas uniquement aux monastères Bénédictins, qu'ils se proposaient de ramener à la stricte observance ?

La fondation de l'abbaye de Fontenay dut offrir à saint Bernard maintes occasions de revoir le château où était née sa mère. Une seule charte y mentionne expressément sa présence, en 1129-30. Il s'agissait d'accomplir, au profit de Molesme, un acte dont Tescelin, son père, avait jadis été constitué garant : l'abandon définitif du village de Pouilly cédé par Milon de Montbard, lors de son entrée en religion. Cette circonstance réunit pour un moment au château de Montbard Bernard II, seigneur du lieu ; Milesende, sa sœur ; Renier de la Roche, époux de Milesende ; André, frère de la B. Alette, le futur grand maître du temple ; Bernard, abbé de Clairvaux, les moines Gérard et Nivard, ses frères ; Godefroi de la Roche, naguère abbé de Fontenay, redevenu simple moine de Clairvaux ; Nivard, chevalier, frère de Godefroi. La donation de Pouilly à Molesme fut ratifiée (1).

1. L'abbé Jobin, *S. B. et sa famille*, 574. — Les autres témoins qui figurent dans cette charte, sont des vassaux : Narjold ou Norgaud de

Saint Bernard ne manqua aucune occasion de témoigner sa bienveillance à l'égard de Molesme, et parmi les motifs qu'il eut d'agir ainsi, il faut compter sans doute le souvenir de ce que cette abbaye avait fait pour Fontenay, qui lui devait son premier emplacement (1).

Montbard, neveu d'Hugues de Planay, dit ailleurs (ibid. 564) fils de Bernard de Ricey ; Eudes de Cernois (dépendance de Vic-de-Chassenay), lisez en effet Odo de *Sarncio* ; Renier de Pothières ; Hugues de Duncey (lieu disparu, près de Belan), lisez Hugo de *Deinciaco*.

1. L'abbaye de Fontenay a été construite sur un territoire dépendant du château de Touillon. Le premier emplacement fut celui de l'ermitage du frère Martin, au sein de la vallée entre Touillon et Marmagne, dans la forêt dite *Le Châtelot*, nom commun à beaucoup de climats particuliers. L'ermitage était bâti au-dessus d'une roche, d'où jaillissait une fontaine. On l'appelait vulgairement *Fontenetum*. Molesme l'avait acquis, par donation, lorsque Gaudri, oncle de saint Bernard, était entré en religion avec toute sa famille, et Etienne, évêque d'Autun, devenu propriétaire du château, en avait confirmé la possession à l'abbaye. D'où est venue la première initiative d'une fondation cistercienne en ce lieu ? Les documents ne l'indiquent pas. L'évêque Etienne députa un de ses clercs à l'abbé de Molesme pour lui demander la cession de l'ermitage avec ses dépendances, afin d'y établir une abbaye de l'institut de S. Benoît. La démarche devait avoir été concertée avec Clairvaux. Gui et ses religieux concédèrent gracieusement. « Quia vestre pie peticioni — écrivirent-ils à l'évêque — que nobis in presenti B. Marie Assumptione per clericum vestrum in nostro capitulo devote offertur, resistere nec volumus nec debemus, sancte vestre voluntati quod petitis concedimus, ut locus ille videlicet in quo frater Martinus heremita morabatur, *pro voto et desiderio vestro* abbatia fratrum regularium juxta institutionem almi Patris Benedicti viventium fiat. Ut autem et nos eorum beneficiis congaudendo remuneracionis quoque participes vobiscum inveniri mereamur, hac presenti paginula concessionem nostram firmamus.. Hoc igitur in predicta festivitate in commune firmavimus. Sed.. etiam locum ipsum nostre concessionis denominamus. Concedimus vobis *locum fratris Martini* cum omnibus appendiciis suis, nemus videlicet quod *Chatelun* vocatur.. » D. Plancher, I, pr. n° L. Cette charte n'est point datée, et le millésime approximatif, 1116, qu'on lit en marge dans les *Preuves* du tome I de D. Plancher, est une faute d'impression pour 1118, comme il résulte du texte de l'auteur, ibid. p. 313. Etienne remit l'ermitage à saint Bernard : « Ego Stephanus, Heduensis episcopus, et nostræ ecclesiæ conventus domino Bernardo, abbati de Claris vallibus, locum quem vulgo *Fontanetum* appelant, in abbatiam construendam dedimus.. » Migne, col. 1463, C. Gaudri et Milon furent envoyés de Clairvaux, pour préparer l'installation des moines — ibid. col. 1461, D. — communément fixée par les tables cisterciennes au 29 octobre 1119. Janauschek, *Orig. cist.* p. 8. Godefroi de la Roche fut le premier abbé. Au bout de quelque temps, les religieux, se trouvant trop à l'étroit, reportèrent les constructions à plat dans la vallée et un peu plus en aval du ruisseau, dans un lieu concédé par l'évêque Etienne. D. Plancher, I, pr. n° LIX et LXIV. C'est l'endroit où l'on voit aujourd'hui les restes de l'abbaye.

TABLEAU GÉNÉALOGIQUE DE LA FAMILLE DE MONTBARD

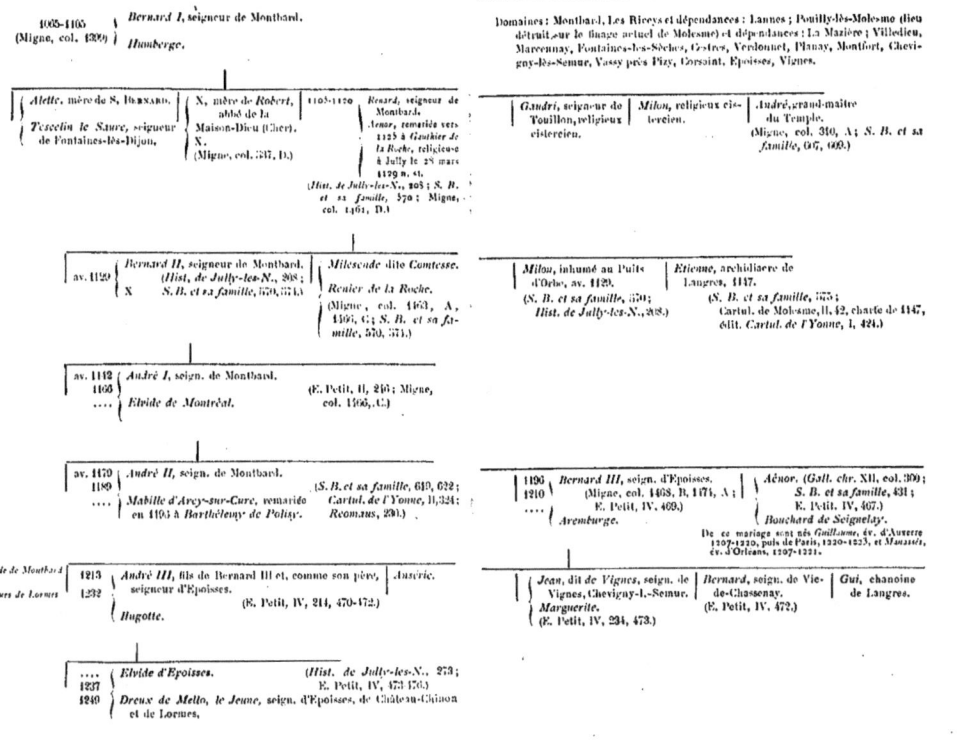

§ 1.

LES SOMBERNON - FONTAINES

La famille qui tenait Sombernon au commencement du XIIe siècle, avait des racines ou des attaches à Salmaise et à Blaisy, importants châteaux, alors divisés entre plusieurs possesseurs. A Salmaise on remarquait Milon de Frolois, qui avait épousé Marguerite de Châtillon, fille d'Aymon le Roux et parente de saint Bernard.

Garnier, seigneur de Sombernon, avait pour frère Barthélemy ; on ne peut lui en assigner d'autre avec certitude. Ils étaient fils de Gui (1), mort vers l'an 1100.

Barthélemy épousa une petite-fille de Tescelin le Saure, qui lui apporta en dot Fontaines-lès-Dijon. Ainsi l'atteste une tradition bien établie et appuyée de raisons solides. Voici la série des témoignages avec les raisons qui les corroborent.

Vers la fin du XVe siècle, la maison de Cléron et plusieurs autres s'allièrent aux descendants des Marey-Fontaines. De ce chef elles prirent le titre de parents de

1. E. Petit, III, p. 496.

saint Bernard, qu'elles réputèrent la plus précieuse part de leur héritage.

Cette parenté, Bernard de Marey, fils de Guillaume et de Marie de Saulx, l'avait fait valoir dans son testament de 1463, où, parlant de la famille de saint Bernard et de la seigneurie de Fontaines, « d'icelle seigneurie et *ligne*, dit-il, je suis issu et descendu ». (1)

Un peu avant le mariage de Guillaume de Marey et de Marie de Saulx, une cousine de celle-ci, Agnès de Saulx-Fontaines, dame de Ruffey-lès-Dijon, s'était unie à Henri Petit-Jean de Trouhans. Il y eut alliance entre leur descendance et les Chissey-Buffard, de Franche-Comté. Or les Chissey se sont fait gloire d'être de la famille de saint Bernard (2).

Ainsi les familles alliées à la maison de Saulx-Fontaines, immédiatement ou médiatement, croyaient en avoir reçu le sang de saint Bernard.

Les Saulx-Fontaines eux-mêmes ont revendiqué l'honneur de cette parenté. Au milieu du XIII° siècle, Etienne de Bourbon vint à Fontaines, attiré par le grand souvenir de ce village. Là, suivant son récit, il s'entretint avec le seigneur du lieu, nommé Calon, qu'il appelle arrière-neveu, *pronepos*, de l'abbé de Clairvaux (3). C'était Calon de Saulx. Il faut se défier des anecdotes d'Etienne de Bourbon. Mais il n'y a, certes, rien d'anecdotique dans l'appellation précédente, et en ce point Etienne doit être tenu pour un écho fidèle des traditions de la maison de Saulx. Ainsi encore la branche de cette maison qui posséda Fontaines aux XIII° et XIV° siècles, se disait continuatrice de la lignée de Tescelin.

Auparavant Fontaines était aux mains des Sombernon. Les documents n'affirment pas d'une manière aussi

---

1. Migne, col. 1454, C.
2. *Gall. chr.* IV, col. 848 et suiv., n°° XX, XXI. — *Journal des saints de l'ordre de Cîteaux*, p. 99, 143, 250, 499.
3. Migne, col. 968, B. — *Anecdotes historiques d'Etienne de Bourbon*, p. A. Lecoy de la Marche, Paris, 1877, p. 29.

expresse la parenté de ceux-ci avec l'abbé de Clairvaux ; mais ils en fournissent la preuve certaine. D'abord, si les Marey et les de Saulx, leurs prédécesseurs, tiennent en ligne directe à Tescelin, c'est que Belote de Sombernon, qui porta la seigneurie de Fontaines à Guillaume de Saulx, était petite-nièce de saint Bernard. Cette assertion est renfermée dans les témoignages qui précèdent.

De plus, l'abbaye de Prâlon possédait la grange de Changey, bâtie à un quart de lieue de Fontaines, dans le domaine du château. Suivant la tradition des religieuses, cette grange leur avait été donnée par les seigneurs de Fontaines « pour l'assignal d'une sœur de saint Bernard lors abbesse en leur monastère (1). » Chifflet, avec beaucoup de vraisemblance, voit dans cette sœur de saint Bernard, l'épouse de Gui, qui a pu passer de Larrey à Prâlon. Mais peu importe, le fait essentiel ici impliqué est la parenté des Sombernon-Fontaines avec saint Bernard, car la donation eut certainement pour auteur Barthélemy de Sombernon ou ses fils (2). Cette attestation aurait plus de valeur assurément, si, au lieu de la relever sur un titre du XVe-XVIe siècle, on la lisait dans une charte du XIIe.

Mais voici un indice absolument sûr. Les enfants de Barthélemy de Sombernon reçurent les noms de Calon, *Tescelin le Saure II*, *Nivard*, *Gérard*. Cette réapparition, dans les trois derniers, des noms portés par le père et les frères de saint Bernard est une preuve convaincante du mariage de Barthélemy avec une petite-fille de Tescelin. Quiconque s'est livré à des recherches généalogiques admettra sans hésiter cette conclusion. Au reste Barthélemy paraît en relation avec saint Bernard lui-même, à la fondation de Prâlon (3), et, en d'autres circonstances,

1. Migne, col. 1408, A.
2. Cette donation fut en effet confirmée, l'an 1230, par Garnier de Fontaines, petit-fils de Barthélemy. Migne, col. 1424, D.
3. Migne, col. 1409, B.

avec des parents du saint abbé, Guillaume et Gérard de Châtillon (1).

Tout se réunit donc pour appuyer la tradition, aucun doute n'est possible, Barthélemy de Sombernon fut, par alliance, arrière-neveu de l'abbé de Clairvaux.

Gui, frère de saint Bernard, a laissé de son mariage plusieurs filles. On ne connait pas de postérité à Hombeline. Dès lors on présume à bon droit que l'héritière de Fontaines était fille de Gui.

L'époque du mariage ne saurait être précisée : les filles de Gui furent nubiles vers 1120-1125.

Barthélemy de Sombernon figure sous le nom de Barthélemy de Fontaines, dans une charte où le duc Hugues II mort en 1142 fait une donation à l'abbaye de Tart (2). Parmi les religieuses de cette abbaye se trouvait probablement alors Adeline, sœur de la dame de Fontaines. Adeline, en effet, fille de Gui, devint abbesse de Poulangy, vers 1150, lorsque ce monastère adopta la règle cistercienne et s'affilia à celui de Tart. Vraisemblablement la nièce de saint Bernard avait dû se former aux observances nouvelles dans l'abbaye-mère. Elle fut, comme on sait, une fervente émule de son oncle, et sa cousine, Asceline, issue des La Ferté-sur-Aube, vint avec sa mère se placer sous sa conduite.

Barthélemy de Sombernon paraît jusqu'en 1154. Il fut donc seigneur de Fontaines tant que vécut saint Bernard.

Une charte de Molesme nous a montré l'abbé de Clairvaux de retour au château de Montbard. Aucun document ne le fait réapparaître à Fontaines, sinon le récit légendaire d'Etienne de Bourbon sur la conversion de Tescelin, dont il faut retenir, peut-être, que saint Ber-

1. Voir précédemment, p. 21.
2. Migne, col. 1411, A.

nard, poussé par l'amour filial et son ardent prosélytisme, sera venu voir son père au château natal, afin de l'entraîner dans sa solitude.

Maintes fois cependant le saint religieux passa au pied de la colline de Fontaines. La tenue annuelle à Cîteaux des chapitres généraux de l'ordre, diverses circonstances qui l'amenèrent à Dijon, lui offrirent l'occasion de reporter ses regards sur le lieu de sa naissance, et d'avoir plus présents à la pensée les hôtes du château paternel, qui égalaient sans doute leur vénération et leur amour à la sainteté et à la renommée du grand moine.

En 1126 très probablement, il était à Dijon, avec son frère Gérard, témoin de l'entrée d'Aremburge, fille du duc de Bourgogne, au monastère de Larrey (1). Avant 1129, dans le même monastère, il donna le voile à Ermengarde d'Anjou, veuve d'Alain de Bretagne (2). Les lettres

---

1. Chifflet, *Opuscula Quatuor*, p. 176. — L'abbé Jobin, *S. Bernard et sa famille*, p. 572. Voir Archives de la Côte-d'Or, H. 24, layette S. Germain de Larrey, titre original.
La lettre CXXI de saint Bernard à la duchesse Mathilde aide peut-être à fixer l'époque de l'entrée d'Aremburge à Larrey. Cette recommandation finale « erogate vestrum frumentum pauperibus Christi » sent bien une allusion à la famine de 1127, et ce qui précède « ecce nunc tempus acceptabile, ecce nunc dies salutis », fait songer au temps du carême, pendant lequel le fléau sévissait cruellement. Or, au début de la lettre, l'abbé de Clairvaux parle de son dernier voyage à Dijon « dudum Divione cum essem ». Ce voyage pouvait remonter à l'année précédente, et avoir été accompli pour la circonstance dont nous essayons de préciser la date. D'autre part saint Bernard aura-t-il quitté Clairvaux dans l'été ou l'automne de 1127, malade comme il le fut durant la saison qui précéda le concile de Troyes, ouvert le 14 janvier 1128 ? Voir les lettres XXI et XC. Enfin la présence d'Herbert, abbé de Saint-Étienne, installé le 29 mars 1125, et d'Hugues-Béraud, abbé de Saint-Bénigne, dont le gouvernement cessa en 1129, exige qu'on cherche entre ces deux dates.
Une charte publiée dans Pérard, p. 183, pourrait ici induire en erreur. Elle introduit simultanément Pierre, abbé de Saint-Bénigne, successeur d'Hugues-Béraud, et l'évêque Jocerand, mort le 17 avril 1126. Mais en lisant attentivement cette charte, on reconnaît que le nom de Jocerand s'y est glissé par interpolation. Hugues-Béraud va jusqu'en 1129. L'abbé Jobin, *S. Bernard et sa famille*, p. 576, publie une Bulle adressée à Hugues-Béraud, de 1129 n. st. comme le prouve l'indiction.

2. L'abbé Jobin, *S. Bernard et sa famille*, p. 578.
Dans la lettre CXVII, saint Bernard dit à Ermengarde, alors religieuse à Larrey, qu'elle a généreusement renoncé au bonheur de vivre dans son pays, près de son frère et de son fils, « fratris, filii patriaeque destituta solatio ». Il lui avait donc donné le voile avant 1129, année où son frère Foulques d'Anjou, dit le Jeune, passa en Terre sainte, et épousa Mélisende, fille de Baudoin II, auquel il succéda en 1131 comme roi de Jérusalem.

du saint à Ermengarde prouvent qu'il venait avec plaisir dans cette maison où des âmes l'intéressaient particulièrement. L'épouse de Gui s'y était retirée, en quittant le château de Fontaines. Larrey d'ailleurs relevait de Saint-Bénigne, et l'abbé de Clairvaux avait des sympathies profondes pour la vieille abbaye dijonnaise. Suivant la remarque d'Albéric, une circonstance le liait intimement à Saint-Bénigne, et l'invitait à y demander l'hospitalité, quand il séjournait à Dijon : il retrouvait dans l'église la tombe de sa mère. (1) L'abbé de Saint-Bénigne, Hugues-Beraud, (1124-1129), était pour saint Bernard un ami (2). En 1129, le saint abbé, de passage à Dijon, fut mêlé comme pacificateur aux débats survenus entre les abbayes de Saint-Étienne et de Saint-Seine (3). En 1130, Albéric nous le montre à Saint-Bénigne, et raconte un fait merveilleux : saint Bernard, pendant la nuit, aurait entendu les anges chanter dans l'église le *Salve Regina* (4). Un peu plus tard, on le trouve encore à Dijon témoin avec son frère Gérard pour des parents de leur ligne maternelle, qui ratifiaient diverses donations en faveur de l'abbaye de Reigny (5).

Si les relations que le saint a pu avoir avec ses arrière-neveux à Fontaines même, sont restées inconnues, on ne le trouve pas cependant sans aucun rapport avec eux. Les seigneurs de Sombernon, après avoir fondé La Bussière, monastère d'hommes de la filiation de Cîteaux, établirent à Prâlon un monastère de femmes, dépendant de Saint-Bénigne, qui avait des prieurés dans le voisinage, à Sombernon et à Mesmont. Saint Bernard et l'évê-

---

1. *Mon. SS.* t. XXIII, p. 828, ad an. 1130. « Quam abbatiam, écrit Albéric, semper dilexit, eo quod mater sua ibi sit sepulta ».
2. Voir *Saint Bernard*, p. le Dr Hüffer, p. 214, Lettre VIII. Cette lettre fut écrite à la fin de l'année 1127, puisque l'abbé de Clairvaux y parle de sa maladie.
3. L'abbé Fyot, *Histoire de Saint-Étienne*, Preuves, p. 87 et suiv.
4. Mon. SS. T. XXIII, p. 828. — Migne, col. 932.
5. E. Petit, II, p. 223.

que de Langres, Godefroi, intervinrent en personne pour cette nouvelle fondation. Elle eut pour auteurs Garnier, seigneur de Sombernon; ses fils, Hervé et Gui; Barthélemy, frère de Garnier, seigneur de Fontaines ; enfin deux de leurs parents, Garnier d'Agey et Gui Garreau, celui-ci probablement seigneur de Saint-Victor (1). Pràlon commença après 1138, date de l'intronisation de l'évêque Godefroi, et avant le milieu de l'année 1146, époque de la mort de Garnier de Sombernon (2).

Saint Bernard fut en relation très intime avec ce monastère, et nulle abbaye bénédictine ne lui a gardé plus fidèle souvenir. Les religieuses croyaient avoir eu pour abbesse, en leurs débuts, une de ses proches parentes, sa sœur, disaient-elles. L'épouse de Gui, en effet, a pu être envoyée de Larrey à Pràlon, un peu après 1145. On conserva comme des reliques, dans ce couvent, un calice et des ornements sacerdotaux dont s'était servi saint Bernard en y célébrant les divins mystères. Sa fête y fut toujours solennisée avec beaucoup d'éclat. Jusqu'à la fin, il fut « regardé comme instituteur et second patron du monastère ». La disparition de l'abbaye n'a pas éteint chez les habitants du village ce culte traditionnel. Une fontaine du pays, appelée fontaine de saint Bernard, est aujourd'hui encore réputée miraculeuse, et le 20 août, les fidèles, agenouillés à la Table sainte, boivent avec dévotion l'eau de cette source que le prêtre leur présente.

La prédication de la croisade n'eut-elle pas quelque retentissement à Fontaines ? Barthélemy de Sombernon ne suivit-il pas en Orient l'évêque Godefroy, Renier de la Roche, Jobert de la Ferté et d'autres parents de l'abbé de Clairvaux ? Les deux neveux de Barthélemy, Hervé et Gui de Sombernon, prirent la croix. Hervé succomba dans l'expédition et Gui revit seul le toit paternel. Au

1. Migne, col. 1409, B.
2. E. Petit III, 496.

moment du départ, lorsque les croisés de nos régions, se rendant au point de ralliement, s'arrêtèrent en passant à Langres, un accord fut conclu dans cette ville entre Hervé et l'abbé de Saint-Seine, au sujet des possessions de l'abbaye à Saint-Mesmin. Approbation fut donnée par Gui, frère d'Hervé ; par leur oncle, *patruus*, c'est-à-dire Barthélemy de Sombernon, désigné nommément à la fin de la charte qui contient ces détails ; enfin par un neveu d'Hervé. A cet acte assistaient aussi Garnier d'Agey, Gui-Garreau déjà vus à la fondation de Prâlon ; Guillaume de Marigny-sur-Ouche, connétable du duc de Bourgogne. Tous ces chevaliers marchèrent-ils contre les infidèles ? La charte l'insinue, sans l'affirmer pour chacun d'une manière catégorique. (1)

Avant de se mettre en route, les croisés du même sang que saint Bernard aimaient à se munir d'une lettre du saint abbé. Celui-ci cédait volontiers à ce désir, et recommandait ses parents à la bienveillance des rois de Jérusalem. Nouveau trait qui prouve la vivacité des affections de famille dans l'âme tendre de l'austère cistercien (2).

Le 20 août 1153 saint Bernard mourait dans sa solitude de Clairvaux. Vingt années plus tard il était canonisé. Quelles impressions de deuil d'abord, de joie ensuite ces événements produisirent-ils au château de Fontaines et dans les monastères voisins où le souvenir du saint était si fidèlement gardé ? Tout cela reste enseveli dans l'ombre et le silence.

Le nom de Barthélemy de Sombernon est inscrit dans les cartulaires des abbayes de Tart, Saint-Etienne, La Bussière, Prâlon, Saint-Seine, Fontenay, Clairvaux. Deux seulement de ces monastères furent l'objet de ses libéralités : La Bussière et Prâlon (3). Mais aucun

1. E. Petit, ibid.
2. Lettre CCVI.
3. Migne, col. 1420, D ; 1422, B.

TOMBE DE GUILLAUME DE FONTAINES

titre ne lui reproche, comme à beaucoup de seigneurs de l'époque, voire même à son frère et à ses neveux, quelque méfait à l'égard des églises. Il amodia des chanoines de Saint-Etienne un journal de terre en friche, situé à Fontaines, devant la porte du château, moyennant une rente annuelle, dont l'échéance fut fixée au premier septembre, fête de saint Ambrosinien, « in Kalendis septembris, die natali sancti Ambrosiniani, qui ibidem colitur » (1). On le rencontre quelquefois à la suite du duc de Bourgogne, son suzerain.

Barthélemy eut pour fils Calon, Tescelin le Saure II, Gérard dit le Breton. Les chartes l'attestent formellement. Nivard, abbé de Saint-Seine puis de Saint-Bénigne, doit être compté aussi parmi ses fils. En effet, Nivard était oncle, *avunculus*, des enfants de Tescelin le Saure II, et voici ce qui permet de préciser le sens du mot. Dans plusieurs chartes de l'abbaye de Saint-Seine, datées de 1190 ou environ, paraît un personnage du nom de Gérard, assurément le même : c'est Gérard le Breton, plusieurs fois désigné par son surnom, « Girardus Brito » ou en langue romane, « Gérard li Brez ». Or dans une de ces chartes, Gérard est déterminé par ce qualificatif « frère de l'abbé (Nivard)», *Girardus, miles, frater abbatis* (2). Dès lors Nivard est fils de Barthélemy de Sombernon et de la nièce de saint Bernard.

Barthélemy eut aussi une fille mariée à Osmond, seigneur de Venarey, comme il résulte des faits suivants. Le fils d'Osmond, Gui, seigneur de Venarey lui-même,

---

1. Migne, col. 1417, D.
2. Archiv. de la Côte-d'Or, cartul. de Saint-Seine, chartes XXXII, XXXIII, XXXIV. — L'abbé Jobin, *S. Bernard et sa famille*, p. 623-627, 629.
Dans la langue française actuelle, le surnom de Gérard doit se traduire par « Le Breton ». Les variantes sous lesquelles il paraît, « Bret, Brez, Broz » et « Brito, Breto » ne sont que des formes différentes, celles-ci latines, celles-là romanes, d'un seul et même mot qui signifie Breton. Le mot latin exact est « Brito » ou « Britto », suivant une orthographe autorisée par les classiques et le poëte Ausone. La forme romane correcte est « Bret », dont le féminin « Brette » est resté longtemps dans la langue usuelle. « Nous vîmes une basse brette », dit quelque part Mme de Sévigné. *Note de M. l'abbé Bourlier.*

est appelé neveu de Gérard le Breton, qu'il assiste et approuve dans ses actes (1) ; il hérite de quelques biens provenant des Sombernon (2) ; enfin il figure comme témoin approbateur avec tous les enfants de Tescelin le Saure II, dans une donation faite par l'aîné de ceux-ci à Saint-Seine (3). Ces raisons sont concluantes. Un point cependant voudrait être éclairci. L'épouse d'Osmond est-elle née de la nièce de saint Bernard, ou d'une autre femme que Barthélemy aurait eue auparavant ? Gui de Venarey n'intervient pas en effet dans les actes relatifs à Fontaines.

L'héritage des enfants de Barthélemy comprenait, avec Fontaines, hoirie de leur mère, le patrimoine de leur père à Sombernon, à Blaisy, etc. La maison de Sombernon avait des possessions dans toute la région qui s'étendait de Malain et Blaisy à Salmaise. On verra tout à l'heure Garnier, fils de Tescelin le Saure II, avec le titre de seigneur de Blaisy en partie. Ce titre lui venait de son aïeul, car ses dispositions par rapport à la terre de Blaisy sont approuvées de Gui de Venarey, son cousin.

Fontaines semble avoir été partagé entre les trois frères Calon, Tescelin et Gérard, le premier gardant la suzeraineté.

Calon conserva donc le titre de seigneur de Fontaines ; Tescelin dut avoir celui de seigneur de Blaisy ; Gérard prit celui d'Asnières-en-Montagne, terre qu'il possédait du chef de sa femme, Marguerite.

Sans les chartes des abbayes, les noms mêmes de ces chevaliers seraient inconnus.

1. Archiv. de la Côte-d'Or, H. 1018, abbaye de Prâlon, charte de 1210 ; H, 570, abbaye de Fontenay, ch. de 1202 ; cartul. de Saint-Seine, ch. XXXII. — Migne, col. 1423, A. — L'abbé Jobin, *S. Bernard et sa famille*, p. 631.

2. Migne, col. 1422, D.

3. Cartul. de Saint-Seine, ch. XXXII. — L'abbé Jobin, *S. Bernard et sa famille*, p. 623.

Calon de Fontaines, en 1154, assiste et approuve Barthélemy, son père, donnant à Pralon la terre de Corcelotte (1). En 1164, à Dijon, en présence de la duchesse Marie et du jeune duc Hugues III, il est témoin d'une concession faite à Cîteaux par son cousin Gui de Sombernon (2). Vers 1180, se voyant sur le point de mourir, il lègue sa terre de Mesmont aux moines de Saint-Bénigne, par acte passé à Fontaines, en la maison du chapelain Vivien (3). Il avait fait quelque tort à ces religieux, mais peu considérable, surtout bien réparé, et son obit fut ainsi marqué au Nécrologe : « XVI Kalendas septembris — 19 août — obiit Calo, dominus de Fontanis, *noster amicus*, qui dedit nobis partem suam de Magnomonte » (4).

La charte qui atteste ce legs nomme l'épouse de Calon « Aalaiz », mais n'indique pas sa famille.

Calon laissa une fille unique, Belote, qui épousa Guillaume le Roux de la maison de Saulx. Ce fut l'origine de la branche des Saulx-Fontaines, objet du § 4.

L'existence de Tescelin II est entièrement effacée. Il figure seulement dans l'acte de 1154, et dans celui de son frère Calon, cédant Mesmont à Saint-Bénigne. En cette dernière circonstance, il était accompagné de ses deux fils, Garnier et Barthélemy. Il eut aussi deux filles, Pétronille et Gertrude (5). Il mourut avant 1190. Sa postérité se propagea sous le nom de Blaisy.

Nature plus ardente, plus aventureuse, comme semble l'indiquer son surnom, Gérard le Breton survécut à ses frères. Il existait encore en 1210. Il paraît pour la pre-

---

1. Migne, col. 1420-1421.
2. Archiv. de la Côte-d'Or, cartul. de Cîteaux, n° 166, fol. 54 verso. — Duchesne, *Hist. de Vergy*, Preuves, p. 139.
3. Archiv. de la Côte-d'Or, H. 70, abbaye de S.-Bénigne, Mesmont, layette Infirmier. — L'abbé Jobin, *S. Bernard et sa famille*, p. 621.
4. Migne, col. 1450, D.
5. L'abbé Jobin, *S. Bernard et sa famille*, p. 623.

mière fois dans l'acte de 1164. Témoin assidu, l'an 1190, des chartes délivrées en faveur de Saint-Seine, il a peut-être suivi en Terre-Sainte son frère, l'abbé Nivard, qui s'y rendit sur la fin de la Croisade. Il fit du bien et du mal aux églises, mais surtout du bien. Son père avait abandonné à La Bussière le droit de pâture sur tout le finage de La Chaleur, Vieil-Moulin, Geligny. Gérard refusa d'abord aux religieux la jouissance de ce droit, mais ensuite il ratifia la donation paternelle, demanda et obtint l'absolution. En définitive, bienfaiteur de La Bussière, il le fut aussi de Prâlon, de Fontenay (1), du Puits d'Orbe (2), de Jully (3). On ne lui connaît pas de postérité. La part qu'il avait pu avoir du château et de la seigneurie de Fontaines, revint à sa nièce, Belote, épouse de Guillaume de Saulx.

Nivard, abbé de Saint-Seine et de Saint-Bénigne, est le personnage le plus saillant de cette génération. Encore

---

1. Avant la donation de 1202, dont la charte a été signalée, Gérard le Breton avait donné à Fontenay quelques biens situés à Fain-les-Montbard, comme on le voit au cartul. de l'abbaye, n° 201. 37 recto, 2ᵐᵉ partie du vol. — Archiv. de la Côte-d'Or. La charte est datée de 1195, mais le don fait par Gérard remonte un peu plus haut. Voici le texte de cette charte :

« Ego Odo, archipresbyter Tullionis, notum facio tam futuris quam præsentibus quod Tescelinus de Nojent et frater ejus Guido quittaverunt ecclesiæ Fontenetensi in manu Huberti abbatis, quidquid calumpniabant ei *apud Fanium ex dono Girardi Britonis*, hoc tantum excepto quod duo homines quos eadem ecclesia apud Fanium possidebat prædicto Tescelino concessi sunt tantum in vita sua et unum mansum similiter tantum in vita sua. Hujus rei testes sunt Bernardus de Grinione, Andreas de Buxi, Hugo de Quinciaco, monachi ; Symon et Sauvegius, conversi ; Hugo, presbyter de Buxi. Quod totum ut ratum habeatur in posterum sigilli mei impressione confirmavi. Anno ab incarnatione Domini M. C. XC. V. »

Les fréquentes relations de Tescelin de Nogent avec Gérard le Breton, seigneur d'Asnières, prouvent qu'il s'agit de celui-ci dans cette charte. On ne voit d'ailleurs à cette époque dans la région de Montbard aucun autre Gérard le Breton. Voir Migne, col. 1422, C. — L'abbé Jobin, *S. Bernard et sa famille*, p. 631.

2. Archiv. de la Côte-d'Or, H. 1026, abbaye du Puits d'Orbe, charte de 1205, vidimus de 1362.

3. L'abbé Jobin, *Hist. de Jully-les-Nonnains*, p. 243. — *Cartul. de l'Yonne*, par Quantin, II, p. 400.

ne pourrait-on esquisser sûrement son caractère, vu l'insuffisance des détails de sa trop courte histoire. Il gouverna Saint-Seine de 1186 à 1204. Le 2 novembre 1190, il forma avec Pierre de Grancey, abbé de Saint-Bénigne, et Ponce, abbé de Bèze, une association spirituelle pour la célébration d'offices et d'anniversaires communs dans les trois abbayes. « Ces associations, dit M. Chabeuf, étaient fréquentes au moyen-âge et fort étendues ; on conserve encore quelques uns de ces parchemins que l'on portait d'église en église, et qui revenaient au point de départ chargés d'acceptations. Deux de ces curieux monuments, dits *Rouleaux des morts*, existent encore aux Archives départementales de la Côte-d'Or, mais nous n'avons trouvé aucune trace, dans les documents, de l'association sans doute plus étroite, qui réunit dans une communauté morale trois des quatre abbayes mérovingiennes du diocèse de Langres (1). » Nivard fit aussi un règlement pour la célébration plus solennelle, le samedi, de l'office journalier de la Sainte-Vierge. Avant et après son voyage en Palestine, il se montra administrateur zélé des biens de l'abbaye, et ne connut pas les faiblesses du népotisme. Si quelqu'un de ses parents violait les droits des moines, l'injustice n'était point tolérée. Ainsi Gauthier de Sombernon, fils et successeur de Gui, cousin de l'abbé, ayant à se reprocher quelques torts de ce genre, fut mis en demeure de les réparer, et, selon l'usage du temps, il vint au chapitre demander et recevoir l'absolution, l'an 1194. Gauthier, du reste, ne fut pas récidif, et plusieurs chartes subséquentes relatent ses bienfaits envers l'abbaye (2).

A une si grande distance, avec des idées et des mœurs si différentes, nous avons peine à apprécier équitable-

---

1. *Monographie historique et descriptive de l'église de Saint-Seine-l'abbaye*, Mém. de la com. des Antiquités de la Côte-d'Or, an. 1884-85, p. 139.
2. Archiv. de la Côte-d'Or, cartul. de Saint-Seine, ch. XLVI, XLVII, L, LIII. — E. Petit, III, p. 332, 375.

ment ces faits. Il faut cependant se rappeler des considérations fort justes. En maintenant haut et ferme les droits des églises, les abbés étaient mus par d'autres sentiments que la fierté et l'amour du privilège, et si, à certaine époque, ces défauts se sont trop souvent mêlés aux sentiments légitimes, ce ne saurait être une loi universelle. Rien n'indique que Nivard y ait cédé. Mais, plutôt, il défendait en conscience une cause à plus d'un titre sacrée. Il s'agissait de biens destinés à la religion et placés sous sa garde. L'antiquité, même païenne, a toujours eu pour cette sorte de biens un respect profond. Ce n'était pas seulement le patrimoine des religieux, mais encore celui des pauvres nourris par l'abbaye, des voyageurs qui y recevaient l'hospitalité, de toutes les infortunes qui trouvaient dans ces asiles secours et protection. Beaucoup de monastères, même aux plus mauvais jours de leur histoire — ce fut le fait de Saint-Seine — sont demeurés fidèles à la distribution des aumônes, à la loi de l'hospitalité. Comme si Dieu, pour honorer jusque dans leurs fils dégénérés la sainteté des fondateurs, avait voulu rendre ineffaçable en ces instituts l'empreinte chrétienne par excellence, la charité. D'autre part, les seigneurs, les princes eux-mêmes qui, au dire de saint Bernard, s'abandonnaient à des excès sans nom, *incredibilem exercent malitiam*, ont-ils toujours su racheter par quelque bienfait envers leurs semblables leurs défaillances ou leurs crimes ?

Nivard reçut de son neveu, Garnier de Fontaines, fils aîné de Tescelin II, une donation sur Blaisy, Pasques et Turcey (1).

Abbé de Saint-Bénigne de 1204 à 1206, année où il démissionna, son gouvernement eut ici trop peu de durée pour être marqué par des actes importants.

Il vivait encore en 1213. Son obit est inscrit au Nécrologe de Saint-Bénigne le VI des calendes de mai, 26

1. L'abbé Joblin, *S. Bernard et sa famille*, p. 623.

avril. Il fut inhumé dans l'église de Saint-Seine, où l'on voyait encore sa tombe du temps de Palliot. Elle portait « deux crosses en pal aux volutes adossées et cette inscription : Hic divionensis abbas fuit et sequanicus (1). »

Osmond de Venarey, gendre de Barthélemy de Sombernon, cité comme témoin dans les cartulaires de Fontenay et d'Auberive, comme bienfaiteur dans celui d'Oigny, fonda en cette dernière abbaye son anniversaire et celui de ses parents (2). Les droits cédés par lui aux religieux étaient assis sur Venarey, Les Laumes et Billy-lès-Chanceaux. Osmond tenait aux Grignon par origine ou par alliance. Il n'avait qu'une partie de la seigneurie de Venarey, alors divisée, et il était homme lige de Mathilde, comtesse de Nevers, à qui appartenait le château ducal de Grignon. Il comparait dans les actes de 1135 à 1187, et mourut avant 1195.

Gui de Venarey, son fils et successeur, cité déjà dans la deuxième grande charte de Fontenay, par conséquent avant 1154, vécut jusque vers 1218. Il est peu de personnages qui apparaissent plus souvent que lui dans les chartes de l'époque, tantôt à la suite de la comtesse Mathilde, tantôt avec ses parents les Sombernon, les Grignon, les La Tour de Semur, ou les seigneurs de son voisinage. Mais les titres qui enregistrent ces fréquentes assistances, ne signalent pas d'autre fait de la vie de Gui de Venarey. La collégiale Notre-Dame de Semur, les abbayes de Fontenay et d'Oigny reçurent ses services ou ses libéralités (3) Il donna à Fontenay la part qu'il avait

---

1. *Monographie de l'église de Saint-Seine*, l. c.

2. Cartul. de Fontenay, n° 201, fol. 3, 2ᵐᵉ partie du vol. — *Gall. chr.*, IV, Instrumenta, p. 165. — E. Petit, III, 338. — Archiv. de la Côte-d'Or, II, 672, abbaye d'Oigny, ch. originale de 1195, et dossier d'un procès dont sentence rendue le 14 juillet 1769.

3. Archiv. de la Côte-d'Or, G, 511, collégiale de Semur, charte de 1214; cartul. de Fontenay, n° 202, fol. 163, 168; II, 672, abbaye d'Oigny, l. c.

dans les dîmes des Granges et de Grignon, avec une rente sur son moulin des Laumes.

Gui de Venarey épousa plusieurs femmes, dont la dernière, Adeline (1), était veuve d'Urric de Lucenay, des Grancey-Lucenay, mort en 1199. Adeline avait eu de son premier mari deux enfants : Calon de Lucenay et Agnès, mariée à Gauthier de Roocourt (2). Elle donna aussi des fils à Gui de Venarey : Hugues, Gui, Guillaume, celui-ci mineur encore en 1224 et confié à la tutelle des La Tour de Semur (3).

En 1288, Marguerite, dame des Laumes, veuve de Jean de Grignon, des Grignon de la Motte, était héritière des Venarey (4). Alixant, sa fille, épousa Eudes de Rans, fils de Poinsard (5). En 1297, Jean, fils de Marguerite et frère d'Alixant, accusé du meurtre de Huot de Seigny, prit la fuite, fut condamné par contumace, et le château de la Motte dut être remis au duc de Bourgogne (6).

La postérité de Tescelin II offre plus d'intérêt.

Garnier, fils aîné, seigneur en partie de Fontaines et de Blaisy, figure dans les documents sous l'un ou l'autre de ces titres. Sa donation à Saint-Seine a déjà été rappelée. Elle date de 1190 : « Seigneur Garnier de Fontaines, avec l'assentiment d'Agnès, son épouse, de Barthélemy, son frère, de ses sœurs Pétronille et Gertrude, de Gui, fils de seigneur Osmond, donna en aumône à l'église de Sainte-Marie et de Saint-Seine » des redevances sur Blaisy-le-Château, Blaisy-la-Ville, Pasques et Turcey.

---

1. E. Petit, III, 345, 367. — Archiv. de la Côte-d'Or, cartul. de Cîteaux n° 166, fol. 80, charte de 1182 où paraissent Agnès dame de Lucenay, veuve de Calon de Lucenay, et ses fils Rémond, Hugues, Urric. Calon, époux d'Agnès, était fils d'Hugues de Grancey, sénéchal du duc Hugues II.
2. Cartul. de Fontenay, n° 202, fol. 168.
3. Cartul. de Fontenay, n° 202 et II. 672, abbaye d'Oigny, l. c.
4. Cartul. de Fontenay, n° 202, fol. 177.
5. Archiv. de la Côte-d'Or, Peincedé, I, 208 ; B. 1044, cote 31. — Bibl. de Dijon, Fonds Baudot, familles de Bourgogne, II, p. 283.
6. Peincedé, IX, 42 ; B. 10488, cote 144.

« Garnier et Barthélemy, son frère, jurèrent sur le maitre-autel de l'église de maintenir fidèlement cette concession: en présence de l'abbé Nivard, leur oncle, » et de tous les moines, parmi lesquels Aimon de Blaisy. Ceux-ci accordèrent aux donateurs la participation aux biens spirituels. A cet acte assistaient les chevaliers Gérard le Breton, André de la Bretenière (1), Garnier et Gui de Blaisy.

Saint-Seine avait un prieuré à Blaisy. Garnier de Fontaines fit construire, dans sa maison, à Blaisy-le-Château, un four pour son usage et celui de ses gens. Le prieur Gauthier se plaignit, et revendiqua, comme son privilège, le droit de four en cette localité. On fit une transaction. Le four construit par Garnier lui fut concédé, uniquement pour son propre usage. En compensation, il abandonna au prieur une rente de deux setiers de grain sur un autre four qu'il avait à Blaisy-la-Ville. L'affaire fut conclue, en 1190, au chapitre de Saint-Seine, devant l'abbé Nivard, les chevaliers Gérard le Breton, André de la Bretenière, Renaud de Pasques, etc., et avec l'assentiment d'Agnès, épouse de Garnier, et de Barthélemy, son frère. Hugues, doyen de Saint-Seine, délivra une première charte attestant cet accord, puis Gauthier de Sombernon, à cause de son droit de suzeraineté, en délivra une seconde (2).

Garnier, avec Gérard, son oncle, avec Barthélemy, son frère, est le plus assidu témoin des donations faites à Saint-Seine en 1190 et 1200.

Le célèbre pèlerinage de Saint-Jacques de Compostelle attirait alors les chrétiens presque autant que les Lieux-Saints. En 1201, Garnier et Agnès, son épouse, prirent le chemin de l'Espagne, après avoir, à cette occasion, donné à Fontenay divers biens sur Munois-Darcey. L'acte de donation fut passé à Grignon, en présence

---

1. La Bretenière est un lieu disparu, dans le voisinage de Panges.
2. Biblioth. nat., cartul. de Saint-Seine, lat. 9874, p. 38-40, ch. CXII et CXV. — L'abbé Jobin, *S. Bernard et sa famille*, p. 625.

d'Olivier, seigneur du château de la Motte, et du frère de Garnier, Barthélemy. Les deux frères sont ici désignés sous le nom de Blaisy, au lieu de celui de Fontaines (1).

Une partie des biens concédés à Fontenay appartenait en propre à l'épouse de Garnier. D'où l'on peut induire que la famille de celle-ci était de la région des Laumes. Il semble, d'ailleurs — la remarque en a déjà été faite — que Tescelin le Saure I ait eu des attaches domaniales et parentélaires en cette contrée. Du moins on le constate pour ses arrière-petits-fils. Ainsi — nouvel indice — Garnier est témoin, en 1203, de la donation faite à Fontenay par Bure de Bussy-le-Grand (2).

Bienfaiteur de plusieurs abbayes, Garnier de Fontaines fonda sur ses terres le prieuré de Bonvaux, de l'ordre du Val des Ecoliers, récemment institué par quatre professeurs des écoles de Paris. L'amour de la prière, de la pénitence et des autres pratiques de la perfection chrétienne avait conduit ces hommes dans la solitude. La maison mère était bâtie dans le diocèse de Langres, à peu de distance de Chaumont en Bassigny. Le premier essaim qui en sortit, vint se fixer à Bonvaux (3). On ignore comment Garnier de Fontaines fut mis en rapport avec le Val des Ecoliers. Peut-être par l'évêque de Langres, Guillaume de Joinville, si dévot à saint Bernard. Quoiqu'il en soit, l'an 1215, Garnier donna aux

---

1. Archiv. de la Côte-d'Or, cartul. de Fontenay, n° 201, fol. 57, 2ᵐᵉ partie du volume. Voici le texte de la charte :

« Ego Robertus archipresbyter Tullionis presentibus et futuris notum facio quod Garnerius de Blaseio et Agnes uxor ejus, proficiscentes ad sanctum Jacobum, dederunt in elemosinam ecclesie Fontenetensi XIX solidos et obolum in perpetuum, in finagio de Muneix (Munois). Verum si contigerit eam in isto viagio mori, ipsa donavit et concessit eidem ecclesie sua prata de Muneis et pasturas suas. Si vero predicta Agnes redierit de predicto viagio, pasturas redimet cum ipsa voluerit de C solidis divionensibus, et prata sua habebit in reditu quitta. Testes sunt Oliverius de Grinione et Robertus li sas et Bartholomeus de Blaseio, milites. Actum est hoc apud Grinionem anno incarnationis Jesu Christi M. CC. I. »

2. E. Petit, III, p. 392.

3. Bonvaux fait partie du territoire de Plombières-lès-Dijon.

religieux « le petit vallon situé entre Changey et Chammoron (1), qui commence près de la route de Dijon à Saint-Seine et aboutit au finage de Plombières, afin d'y construire un prieuré en l'honneur de Dieu et de la B. Vierge Marie. » Agréèrent cette concession Gertrude, seconde femme de Garnier, Barthélemy, son frère, Guillaume de Saulx et Belote, son épouse, de qui relevait le territoire cédé aux religieux. Quelques autres dons furent ajoutés par Garnier lui-même, sur sa terre de Changey ; par Guillaume de Saulx, sur la dîme de Rouvres, du consentement de Belote, de leurs hoirs et de Richard de Dampierre-sur-Salon, seigneur du fief (2).

Telle fut l'origine de ce monastère, aimé et soutenu des seigneurs de Fontaines comme une fondation de famille, choisi pour lieu de sépulture par plusieurs d'entre eux. La Révolution n'a pas renversé les édifices. Maison de ferme aujourd'hui, Bonvaux est encore visité avec quelque intérêt. L'on y voit la chapelle du XIIIe-XIVe siècle, à peu près intacte, mais dépouillée de ses curieuses pierres tombales, que lui a ravies le mercantilisme. Heureusement ces pierres n'ont pas toutes quitté la Bourgogne. Si l'une d'elles est au musée du Louvre, sept, dont plusieurs assez bien conservées, les autres émiettées mais restituables, viennent d'être acquises par l'Œuvre de Saint-Bernard, afin d'être déposées à Fontaines, dans la nouvelle église du Centenaire. Les tombes de Bonvaux sont reproduites en lithographie dans cette publication, et font l'objet de l'Appendice A au § 4.

En 1224, Garnier, appelé dans le document « Garnier de Blaisy », ou simplement « le seigneur de Blaisy », passa un accord avec Saint-Seine au sujet des paturages d'Ancey, de Baulme la Roche, de Panges, et de la terre de La Trémolle située entre la Croix de Baulme et

---

1. Chammoron dérive de Charmeron; l'orthographe commune actuelle « Champmoron » est donc injustifiable.
2. E. Petit, III, p. 454. — *Essai historique sur le prieuré de Bonvaux*, par Henri Marc, Dijon 1890, p. 42.

Charmoy (1). — Sa maison de Blaisy-le-Château, évidemment comprise dans l'enceinte fortifiée, était sa résidence ordinaire. Le castel se dressait sur une roche élevée, d'un dessin triangulaire, au sommet de la montagne que traverse à présent le tunnel de Blaisy. Du haut des tours, le regard plongeait dans toute la vallée de l'Oze, jusqu'à Darcey. Garnier dut souvent y promener sa vue, car son foyer, sans enfants, ne pouvait l'absorber. Blaisy cependant n'était point pour lui une solitude : au même castel demeuraient Barthélemy, son frère, et leur sœur, Pétronille, mariée à Gui, autre seigneur de Blaisy dont il sera parlé au § 2. Barthélemy et Pétronille avaient donné des neveux à Garnier.

Celui-ci sentit bientôt sa fin approcher, et il commença à prendre des dispositions testamentaires.

En 1229, il fonda son anniversaire à Saint-Seine, moyennant la cession de trois journaux et demi de vigne, sur le finage de Fontaines, lieudit « ès Presles (2) ».

En 1230, il assura aux religieuses de Pralon la tranquille possession de ce qui leur avait été donné à Changey, c'est-à-dire la terre où elles avaient chapelle, pressoir et grange ; aux largesses de ses prédécesseurs, il ajouta les siennes : une vigne, un champ, etc., enfin un setier de blé, à prendre sur les tierces de Blaisy, pour l'entretien de la lampe du dortoir des religieuses (3).

Une des dernières pensées de Garnier de Fontaines fut pour saint Bernard et Clairvaux. Au mois de février 1231, n. st., il donna à saint Bernard et aux religieux de Clairvaux, *Beato Bernardo et fratribus Clarevallensibus*, la troisième partie de sa terre de Changey, des droits sur tout le finage et sur celui de Fontaines, un homme de Fontaines nommé Humbelin avec toute sa famille. L'acte, rédigé en présence du duc de Bourgogne,

---

1. Biblioth. nat., cartul. de Saint-Seine, lat. 9874, p. 20, charte LIII.
2. Archiv. de la Côte-d'Or, Peincedé, XVIII, p. 133, n° 156.
3. Migne, col. 1424, D.

Hugues IV, fut approuvé de l'épouse de Garnier, Gertrude, et de ses neveux, *nepotes ipsius Garnerii*, Garnier de Blaisy et Ponce, son frère; Guillaume le Busenet, damoiseau, et Garnier le Busenet, son frère; Jean, damoiseau (1).

La teneur de la charte le fait voir, cette donation était au profit de la maison de Dijon, que l'on a appelée le *Petit-Clairvaux*, et qui fut bâtie afin de recevoir les abbés lorsqu'ils se rendaient à Citeaux, pour le chapitre général. Le duc Hugues III avait octroyé à cet établissement les mêmes franchises qu'à d'autres, déjà construits dans la ville ducale par plusieurs abbayes de l'ordre, sauf, pourtant, que ces privilèges n'égalaient pas ceux du Petit-Citeaux. Hugues III avait encore fondé au Petit-Clairvaux son anniversaire et celui de son fils

---

1. Archiv. de la Côte-d'Or, H, 548, abbaye de Clairvaux, ch. de février 1230, vidimus. — Archiv. de l'Aube, cartul. de Clairvaux, II, p. 275.

Voici l'abrégé de la charte de donation :

Ego Hugo dux Burgundie notum fieri volo universis.. quod dilectus et fidelis meus Garnerius de Fontanis dedit., pro salute anime sue et antecessorum suorum, *Beato Bernardo* et fratribus Clarevallensibus totam tertiam partem Changeii et finagiorum ejusdem loci,.. atque perpetuum usagium, noctu diuque, ad omne genus animalium et pecorum eorumdem fratrum, in pasturis ville et finagiorum de Fontanis, et in pasturis duarum partium quas ipse sibi retinuit in dicto Changeio et finagiis ejusdem loci.. Habebat autem dictus Garnerius, sicut ipse coram me asseruit die qua presens instrumentum fieri fecit, tertiam partem in dominio et justitia ville et finagiorum Fontanarum. Deditque prefatus Garnerius dictis fratribus Clarevallensibus Humbelinum de Fontanis hominem suum et uxorem ejus cum heredibus, rebus et tenementis eorum. Ita quod Gertrudis, uxor ipsius Garnerii, possidebit medietatem ratione dotis sue, quamdiu vixerit, in dictis Humbelino et uxore ejusdem.., que medietas post mortem ipsius Gertrudis ad prefatos fratres Clarevallenses revertetur.. Hec omnia laudaverunt et rata habuerunt prefata uxor dicti Garnerii et nepotes ipsius Garnerii. Nomina nepotum sunt hec ; dominus Garnerius Blaseii et dominus Pontius frater ejusdem Garnerii, et Willelmus li Buisenez domicellus et Garnerius li Buisenez frater ejusdem Willelmi, et Johannes domicellus.. Et ut hoc totum ratum et firmum in perpetuum habeatur, ego Hugo dux Burgundie, ad petitionem prefati Garnerii de Fontanis, presentem paginam sigilli mei munimine roboravi. Actum anno gratie M. CC. tricesimo, mense februario.

Eudes, moyennant cent setiers de froment sur ses greniers de Rouvres et dix muids de vin sur ses vignes de Pommard (1).

On aime à recueillir, si bref soit-il, le témoignage de vénération pour saint Bernard, exprimé dans la formule plus haut rapportée, *Beato Bernardo et fratribus Clarevallensibus*. Après sa canonisation, le saint fondateur de Clairvaux devint en effet le second patron de l'abbaye, et désormais on lit dans plusieurs titres de donation : « Notum facio me dedisse Deo et B. Mariæ et *B. Bernardo* et fratribus.. ». Ainsi sont libellées spécialement des chartes d'Eudes III, duc de Bourgogne, de Thibaut de Champagne, de Milon du Puiset, comte de Bar-sur-Seine, de Gauthier de Vignory (2). Il plait de rencontrer cette formule dans la charte que fit écrire Garnier de Fontaines, assisté de cinq de ses neveux, tous de la ligne paternelle de saint Bernard. C'est, malheureusement, la seule attestation qui nous reste, du culte que dut avoir pour le grand moine, cette famille de Fontaines et de Blaisy.

Enfin, Garnier prit soin d'assurer un douaire à sa femme, comme l'indiquent plusieurs documents, un entre autres du mois de mars 1231, n. st. (3)

Aucun titre ne précise l'année de sa mort : mais, en mars 1234, n. st., Gertrude est dite « veuve de seigneur Garnier de Fontaines, et remariée à Pierre Baraut, chevalier » du Châlonnais (4).

Garnier fut-il inhumé à Bonvaux ? A l'époque de sa mort, le prieuré avait-il une église déjà capable d'abriter des sépultures ? Voici la seule donnée que l'on trouve à ce sujet. C'est une note conservée à la bibliothèque nationale et intitulée : « Tableau qui est en l'église du Prioré de Nostre Dame de Bonvaux sous Talent, conte-

---

1. Archiv. de l'Aube, cartul. de Clairvaux, II, p. 153.
2. Ibid. p. 110, 136, 154, 235, 239.
3. Ibid. p. 276.
4. L'abbé Jobin, *S. Bernard et sa famille*, p. 637.

nant les épitaphes de ceux qui y sont enterrés. » Suivent plusieurs épitaphes, et on lit à la fin : « sous les cloches... L'AN MCC ET QUINZE NOBLE GARNIER DE FONTAINES FONDA CE PRIORÉ DE BONVAL NOSTRE DAME, PRIEZ DIEU POUR SON AME. » (1) Ceci est une inscription commémorative plutôt que funéraire. Toutefois, étant au seuil de l'église, elle occupe la place ordinairement réservée aux sépultures des fondateurs.

Barthélemy, frère de Garnier, accompagne généralement celui-ci dans les chartes du temps, où il paraît sous les noms « de Fontaines » et « de Blaisy ». En deux circonstances, il n'est point à la suite de Garnier. Une fois, avec Aimon, seigneur de Marrigny-sur-Ouche, il est témoin des libéralités de Gauthier, seigneur de Sombernon, à la collégiale de Saint-Denis de Vergy (2). Une autre fois, en 1202, avec Guillaume de Mont-Saint-Jean, Jean de Chaudenay, seigneur de Châteauneuf, Garnier de Sombernon, seigneur de Montoillot, il assiste à un arrangement conclu entre Guillaume de Marrigny, fils d'Aimon, et Nivard, abbé de Saint-Seine (3).

Selon une charte de 1231, un « Barthélemy de Blaisy, chevalier, » approuvé de sa femme Gertrude, donna à Saint-Seine « pour le remède de l'âme d'Hugues de Blaizy, chevalier, leur fils, » du consentement de Jean et Gertrude, enfants de celui-ci, tout ce que le dit Hugues et ses hoirs avaient à Bussy-la-Pesle (4). S'agit-il ici du frère de Garnier de Fontaines ? Il y a quelque raison de le croire. C'est, en effet, sous le nom de « Barthélemy de Blaisy, chevalier » que le frère de Garnier

---

1. Biblioth. nat., français, 4600, p. 300.
2. E. Petit, III, 309.
3. Ibid. p. 382. — « Joannes dominus de novo castro » qui figure dans cette charte, est certainement Jean seigneur de Châteauneuf. Dans les noms composés : castrum novum, montem Barrum, etc., les exemples ne sont pas rares où la leçon commune est intervertie : Barrum montem, novum castrum, etc.
4. Archives de la Côte-d'Or, Inventaire des titres de l'abbaye de Saint-Seine n° 98, p. 619.

est ordinairement désigné. D'autre part, « Jean damoiseau » figure parmi les neveux de Garnier, et en admettant l'identification présumée, Jean petit-fils du Barthélemy de cette charte se trouve être le petit neveu de Garnier de Fontaines. Néanmoins, il ne peut y avoir certitude.

Pétronille de Fontaines et Gui de Blaisy, son mari, font l'objet, avec leur descendance, du suivant paragraphe.

Dans la charte en faveur de Clairvaux, de février 1231, on a remarqué deux neveux de Garnier de Fontaines ainsi nommés « Guillaume le Busenet, damoiseau, et Garnier le Busenet, son frère ». Guillaume et Garnier étaient seigneurs de Venarey, fils, non pas de Gui, cousin de Garnier de Fontaines, mais d'un autre seigneur du lieu qui a pu épouser Gertrude, dernière fille de Tescelin le Saure II. Guillaume fut adoubé chevalier avant son départ — en juin 1231 — pour un pèlerinage dont le but n'est pas indiqué (1). Il figure comme bienfaiteur, ainsi que son frère Garnier et Agnès, épouse de celui-ci, dans les cartulaires de Fontenay, d'Oigny et des Templiers de Bures (2). Ces seigneurs avaient pour héritière, en 1288, Marguerite, dame des Laumes, déjà citée plus haut (3).

Les Sombernon, après un siècle, disparurent donc de Fontaines, laissant cet héritage à leurs descendants par les femmes, du nom de Saulx et du nom de Blaisy (4).

---

1. Archiv. de la Côte-d'Or, cartul. de Fontenay, n° 202, fol. 164.
2. Archiv. de la Côte-d'Or, cartul. de Fontenay, n° 202, fol. 164, 173; H, 672, abbaye d'Oigny, layette Venarey, Les Laumes; H. 1260, Templiers de Bures, layette Les Laumes, Venarey.
3. Ibid. H. 672, et cartul. de Fontenay, n° 202, fol. 177.
4. Les descendants de Barthélemy II ne paraissent pas avoir rien conservé à Fontaines.

TOMBE D'AGNÈS DE DAMPIERRE
épouse de Guillaume de Fontaines.

GÉNÉALOGIE DES SOMBERNON-FONTAINES

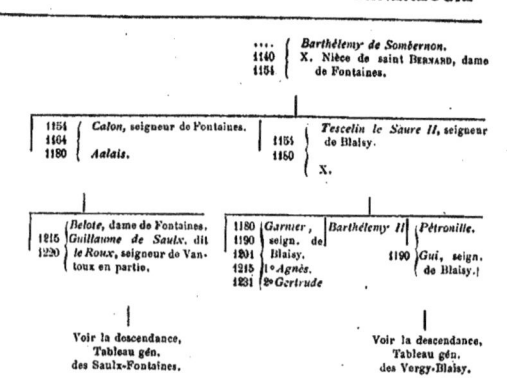

§ 2.

LES VERGY-BLAISY

L'an 1204, Nivard, abbé de Saint-Bénigne, attesta
« que noble homme Gui de Blaisy, du consentement
de Pétronille, son épouse, de Garnier, Ponce et
Nivard, leurs fils, de Gertrude et Jacquette, leurs filles,
cédait aux chanoines de Langres, moyennant cent quarante livres, tout ce qu'il avait dans la dîme de Noiron
(lès-Cîteaux) ». Gui n'ayant pas de sceau, Nivard, à sa
demande, apposa le sien sur le titre qu'il remit aux chanoines. (1)

L'épouse de Gui de Blaisy est Pétronille de Fontaines,
sœur de Gui et de Barthélemy, déjà citée au paragraphe
premier, dans une charte de 1190.

En effet, Gui de Blaisy et Garnier de Fontaines, étaient
beaux-frères ; Garnier et Ponce, fils du premier, sont

---

1. Dom Plancher, II, 350, signale cette charte. En voici le texte
d'après le cartul. de l'église de Langres, copie Bouhier, Bibl. nat. latin,
17100, p. 93 :

« Ego Nivardus Dei gratia abbas sancti Benigni Divionis omnibus notum facio quod nobilis vir Guido de Blaseio, laude Petro-
nille uxoris sue et laude Garnerii, Pontii et Nivardi, filiorum suorum, et laude Gertrudis et Jacquete, filiarum, obligavit ecclesie et
canonicis Lingonensibus, pro centum et quadraginta libris, quidquid habebat in decima de Noiron, tam in grossa decima quam in
minuta.. Et quia sigillum non habebat, ad preces ipsius, presentes
litteras sigillo nostro sigillatas in hujus rei testimonium ipsis canonicis tradidimus. Actum anno Domini M. CC. IIII. »

appelés « neveux » du second, *nepotes ipsius Garnerii*. Il s'agit de constater qui des deux épousa la sœur de l'autre. Or ces expressions « nepotes ipsius Garnerii » signifient plus naturellement que Garnier et Ponce sont du même sang que Garnier de Fontaines, nés par conséquent de sa sœur. (1) C'est ainsi que Garnier de Fontaines lui-même et Gui de Venarey, fils des frère et sœur de Gérard le Breton, sont dits *nepotes ipsius Girardi*. De plus Garnier et Ponce approuvent les dispositions prises par leur oncle à l'égard de ses terres patrimoniales de Fontaines et de Changey : ils sont donc héritiers certains, ayant droit à la succession, dès lors du même sang. De fait Ponce hérita d'une partie du château de Fontaines. Enfin Garnier a une sœur nommée Pétronille, et tel est le nom de l'épouse de Gui. La femme de Garnier s'appelait Agnès, et les sœurs de Gui ne portaient pas ce nom, comme on le verra plus loin. Agnès, avons-nous dit, paraît être d'une famille de la région des Laumes. Il faut donc le conclure sans hésiter, Gui de Blaisy épousa Pétronille de Fontaines. Ainsi s'expliquent ses relations avec l'abbé Nivard, dont Pétronille était la nièce.

Cette alliance est d'ailleurs admise par les historiens Bourguignons, et, on le voit, leur sentiment est fondé.

Mais quelle est l'origine de Gui de Blaisy ?

L'habitation féodale de Blaisy remonte bien au delà du XIIe siècle. A une époque reculée, un chevalier nommé Erard s'empara d'une serve de l'abbaye de Saint-Bénigne. Cette femme et son mari, fidèles aux devoirs du servage, refusaient d'être complices des rapines d'Erard, et celui-ci voulait vaincre leur résistance. Il conduisit la serve, avec son jeune enfant, au château de Blaisy, et les jeta au fond d'un cachot. Dans sa détresse, la pauvre prisonnière invoquait avec larmes le saint patron de l'abbaye. Une nuit, soudain il se fait une brèche dans les murs du cachot. La femme sort avec son enfant, et

1. Il faut se reporter au texte de la charte donné p. 109, note 1.

aperçoit dans la cour les gardes endormis. Les grandes issues paraissent libres. Cependant, toute tremblante, elle prend un petit passage détourné, qui la conduit hors de l'enceinte, au dessus d'une roche élevée. Elle se laisse tomber avec son fils. L'un et l'autre sont préservés. Aussitôt, en remerciant son protecteur, elle se dirige vers Longvic, lieu de sa résidence. Elle y parvint heureusement.

Ce récit, emprunté au *Livre des miracles de saint Bénigne*, (1), montre bien l'antique château de Blaisy dans son assiette première, à la pointe du promontoire rocheux, qui domine la vallée de l'Oze.

L'an 800, Betto, évêque de Langres, donnait aux chanoines de Saint-Etienne les églises et les dîmes de plusieurs villages ou châteaux, parmi lesquels était Blaisy, « in castris Tile castello et *Blasiaco*, tam in villa quam in castello » (2).

Le treizième abbé de Saint-Etienne, Garnier, qui démissionna en 1125, pour permettre l'élection d'un abbé régulier, appartenait à une famille dite de Blaisy. Etaient-ce ses propres neveux qui, avec les Sombernon-Fontaines, habitaient le château quelques années plus tard ? On l'affirmerait difficilement, vu la rapidité avec laquelle les demeures féodales passaient d'une famille à une autre.

Une charte non datée, qui doit être d'environ 1130-1140, fait connaître Ponce de Blaisy et son fils, Garnier (3).

1. *Acta SS.* T. prim. nov., p. 177, n° 20.
2. L'abbé Fyot, *Hist. de St-Etienne*, Preuves, p. 76.
3. E. Petit, I, 442. — La conférence de cette charte avec d'autres la fait rapporter assez sûrement à 1130-1140. — Nous croyons qu'il s'agit du même Ponce de Blaisy dans ce passage d'une autre charte, éditée *ibid*, p. 477 : « Pontius de Castro *Brasiacensi* et mulier ejus et filii ac filie. pacem fecerunt cum monachis (cistercii) de clamore quem de fundo Gerguliaco (Gergueil) habuerunt, et terram illam liberrimam eis dimiserunt, et hii sunt testes : Elisabeth, domina Virziacensis castri, domnus quoque Garnerius de Sumbernum et Albertus.. » Les transcripteurs ont souvent confondu les lettres l et r, et la leçon originale du nom de lieu souligné devait être *Blasiacensi*.

Ponce n'a pu être seigneur de Blaisy qu'en partie, avec Barthélemy de Sombernon.

En 1152, Emeline de Mont-saint-Jean était dame de Blaisy, et sa sœur, dame de Chaudenay. L'une et l'autre étaient, par leur mère, petites-filles de Gui de Saulx. (1) Emeline fut, probablement, l'épouse de Ponce.

Dans la seconde moitié du XII° siècle, Garnier partageait la seigneurie de Blaisy avec Tescelin le Saure II et ses hoirs. Garnier paraît n'avoir laissé qu'une fille, Marguerite, mariée à Guerric de Vergy. De ce mariage naquirent *Gui*, Guillaume, Guerric, Aimon, Emeline et Flore (2). Duchesne, en son *Histoire de la maison de Vergy*, donne l'abrégé du titre où figurent tous ces en-

1. E. Petit, II, 257.
2. La charte originale fournissant ces détails existe, Archives de la Côte-d'Or, II, 424, Citeaux, layette Ancey. En voici le texte :

« Notum sit.... quod Warnerius de Blaiseio et Margareta filia ejus, uxor Werrici de Vergiaco, et filii eorum *Guido* et Willelmus laudaverunt ecclesie Cisterciensi in perpetuum quidquid calumpniabant apud Roserias (Rosey, près Lantenay) vel in pasturis de Blaiseio vel de Anceio, et omnes elemosinas quas dederat Werricus de Vergiaco ubicumque essent, in manu Arnaldi cellarii. Hujus rei testes sunt Haimo de Miratorio et Guido de Fangi, monachi Cistercii ; Hugo, magister de Voget, et Petrus, conversi ; Paganus, presbyter de Savoges ; Girardus Cornerius et Symon filius ejus, Nicholaus de Cambela (Chambolle,) Arnaldus de Chimino (Quemigny). Johannes Petrarius de Marrigniaco, Petrus Anglicus et Landricus Quadrigarius, Stephanus de Marre (Marey les Fusey) filius Humberti et Herveius de Bresco (Brochon).

« Item alia vice supradictus Warnerius de Blaiseio et Margareta filia ejus, et duo filii prenominati ejusdem Margarete Wido et Willelmus laudaverunt in manu domni Alexandri abbatis Cistercii hec omnia supradicta et insuper omnia quibus vestiti eramus vel per emptionem, vel per donationem, vel per elemosinam, sive apud Destagnum (Détain), sive apud Roserias, sive apud Tarsullam (Tarsul, près Citeaux), sive in aliis quibuscumque locis. Hujus rei testes sunt Ado cellarius, Wido de Fangi, Audoenus, Willelmus subcellarius, monachi Cistercii ; Walterius de Destagno, Stephanus de Coquina, conversi ; Hugo presbyter de Bresco et Herveius, Leobaldus Rebustel, Girardus Cornerius, Johannes frater Martini conversi et Robertus de Curcellis.

« Item alia vice *apud castrum de Blaiseio*, Werricus et Haimo, filii Verrici de Vergiaco, sororesque eorum Amelina et Flora laudaverunt quidquid mater eorum Margareta et prediti fratres Wido et Willelmus ante laudaverant ecclesie Cistercii, que vel pater eorum Verricus prefate ecclesie quoquomodo contulerat, aut etiam avus eorum Warnerius dedisse simili modo dinoscitur.

fants avec leurs père et mère et leur aïeul maternel. Mais il déclare qu'il n'a plus trouvé aucune trace de cette lignée. L'auteur de la chronique manuscrite de Saint-Vivant, qui écrivait après Duchesne, parle de « ceux.. de Blaisy, descendus.. de Raoul de Vergy » (1). Il s'agit évidemment de la postérité de Guerric, que Duchesne essaie en effet de rattacher à Raoul de Vergy. Or, le sentiment de l'auteur de la chronique de Saint-Vivant est fondé : le mariage de Guerric avec la fille de Garnier, fut l'origine d'une maison de Blaisy, dont *Gui* est la tige.

Naturellement, l'héritage de Garnier de Blaisy passa à ses petits-enfants. Gui était l'aîné. Aucun des fiefs de Guerric, son père, n'égalait, au point de vue de l'honneur féodal, la part du châtel et seigneurie de Blaisy. Gui, suivant l'usage du temps, dut en porter le nom. Voici, d'ailleurs, un texte où il est équivalemment désigné de la sorte : « Gui fils de la fille de seigneur Garnier de Blaisy, donne à Saint-Etienne le territoire de Chevrey... *Wido filius filiæ domini Garnerii de Blaseio, territorium de Chevre, cum nemore et pratis et suis appendiciis, sicut predictus Garnerius avus suus ecclesiæ sancti Stephani Divisionensis ante dederat, et ipse concessit et dedit, et super altare sancti jam dicti Stephani, in præsentia domni Milonis abbatis, per quemdam librum posuit* (2). » Milon de Grancey, des Grancey-Lucenay, fut abbé de Saint-Etienne de 1178 à 1198. —

Hujus rei testes sunt Eugenius, Wido, monachi Cistercii ; Nicholaus, magister de Roseriis. Warnerus, magister de Gergulio, conversi ; Rainaldus de Urci, Petrus Beri, Johannes de Turci (Turcey), Hugo filius majoris, Wido dispensator, Petrus de Ursuns Orsans), Josbertus de Pasches (Pasques).

« Hec omnia suprascripta ego Galterius Dei gratia Lingonensis episcopus attestationis meæ auctoritate corroboravi, et ut in perpetuum rata permaneant sigilli mei impressione confirmavi. »

Gauthier, qui signa cette charte notice, fut évêque de 1163 à 1179.— Alexandre, abbé de Cîteaux, cité au second alinéa, gouverna l'abbaye de 1168 à 1175.

1. Archives de la Côte-d'Or, ms. 122 de la Biblioth., *Chron. de S. Vivant,* p. 163.

2. Pérard, p. 140. — Il s'agit du territoire de Chevrey près Meuilley.

Dans la charte de Garnier de Fontaines, donnée en 1190, on voit, parmi les témoins, « Garnier et Gui de Blaisy, *Garnerius et Vido de Blaseio* ». Tout porte à croire qu'il s'agit des mêmes que les précédents.

En résumé, Gui, fils de Guerric de Vergy et de Marguerite de Blaisy, hérita du nom et de la seigneurie de son aïeul maternel. Or, Gui, époux de Pétronille de Fontaines, était seigneur de Blaisy en partie. Nul document n'insinue qu'il y ait eu simultanément dans ce château deux seigneurs du même nom. Gui, seigneur de Blaisy, cité dans les chartes de 1190 à 1222, paraît un personnage identique. La conclusion logique est donc que l'époux de Pétronille est le fils de Guerric de Vergy.

Plusieurs observations importantes corroborent cette conclusion. D'abord les descendants de Gui de Blaisy et de Pétronille de Fontaines — on le verra tout à l'heure — possédaient des biens considérables aux alentours de Vergy, et dans la zône où les cartulaires de Saint-Etienne et de Cîteaux représentent les fiefs de Guerric de Vergy et de Garnier, son beau-père. — En second lieu, les mêmes descendants ont pour assesseurs et cautions de leurs actes les seigneurs de Saulx et de Châteauneuf, parents des ancêtres de Marguerite, épouse de Guerric. — Troisièmement, le nom de Ponce, qui revient périodiquement dans cette lignée, rappelle bien l'aïeul de Marguerite de Blaisy. — Enfin, si l'on en croit D. Plancher, Simon — lisez : Aimon — de Blaisy, religieux de Saint-Seine, était parent de Gui, époux de Pétronille. Or, Gui, fils de Guerric, eut un frère nommé Aimon.

Tels sont les motifs qui ont fait donner pour titre au présent paragraphe : *Les Vergy-Blaisy*.

Guerric de Vergy, désigné en ces termes dans les cartulaires : « Werricus de Vergiaco, Guerricus miles vergiacensis, etc. », appartient très probablement à une branche cadette de l'illustre maison de ce nom. Duchesne en fait un descendant de Raoul, le Gros fils d'Elisabeth,

Mais toute cette partie de l'*Histoire de la maison de Vergy* n'est pleinement justifiée ni par les chartes que rapporte l'auteur, ni par les chartes inédites des cartulaires de Cîteaux et autres. Le lien que Guerric peut avoir avec les seigneurs de Vergy reste donc ignoré.

Il y a peu à dire sur Gui de Blaisy. Cîteaux, Saint-Etienne de Dijon, le chapitre de Langres bénéficièrent de ses donations. Les Sombernon, seigneurs du lieu, et surtout les Sombernon-Fontaines le choisirent pour témoin de leurs actes, 1190, 1194, 1200. Il apparaît deux fois en 1208, d'abord parmi les tenanciers de Gui de Saulx, dans un traité de celui-ci avec le sire de Grancey, où les deux contractants prirent pour arbitres leurs vassaux respectifs (1); ensuite, dans une affaire des Templiers de la Madeleine de Dijon, concernant les villages de Magny et de Crimolois (2). En 1222, il approuve les concessions faites à Cîteaux par son fils Ponce, sur Corcelles et Bévy, et son nom ne se trouve plus (3). Il était mort en 1229.

1. Dom Plancher, I, Preuves, p. 96.
2. Archiv. de la Côte-d'Or, H, 1206, Commanderie de la Madeleine, Crimolois.
3. Archiv. de la Côte-d'Or, cartul. de Cîteaux n° 167, fol. 44 verso. Voici l'abrégé de la charte :

« Ego Aalaydis, ducissa Burgundiæ, notum facio de pace quæ facta est inter abbatem et conventum Cistercienses ex una parte et dominum Poncium de Blaseyo ex altera, quod recordata fuit coram nobis a domino Joanne de Castro novo patre et a domino Gerardo de Salio (Saulx) super quos hinc inde se posuerant et compromiserant : ecclesiæ cisterciensi remanent omnes res quas dominus Poncius habebat apud Corcellas, et hoc quod habebat in nemore de Vevres ; item dominus Poncius et dominus Guido pater ejus dederunt tertiam partem pasturarum de Bevi. Omnia supradicta laudavit dominus Guido de Blaseio, et dominus Poncius debet facere laudari hoc totum ab uxore sua et a domino Garnerio fratre suo, bona fide. Actum anno 1222, mense maio. — Anno sequenti (1223) decimo quarto Kal. januarii, dominus Garnerius et Nivardus clericus, fratres prædicti Poncii, et domina Alays, uxor dicti Garnerii, hæc omnia supradicta acceptantes laudaverunt. »

Voir le texte complet, *Mém. de la société Éduenne*, n^{lle} série, tome XII : *Les Forêts de l'abbaye de Cîteaux*, par E. Picard, 1883.

On lit au martyrologe de Saint-Denis de Vergy, le 12 août : « La veille des Ides du mois d'août mourut Pétronille, épouse de seigneur Gui de Blaisy, qui donna à cette église un huitième de la dîme de Meuilley » (1).

La liste complète des enfants de Gui de Blaisy et de Pétronille de Fontaines est fournie par la charte citée au début de ce paragraphe : Garnier, Ponce, Nivard, Gertrude, Jacquette.

Garnier, dans sa part de succession, eut Blaisy. Comme il en fut d'abord seigneur avec son oncle Garnier de Fontaines souvent appelé Garnier de Blaisy, les rédacteurs des chartes le distinguèrent par cette désignation : « Seigneur Garnier de Blaisy, neveu de Garnier de Fontaines » (2). Au décès de son oncle, sa seigneurie s'accrut de l'héritage de celui-ci.

Garnier tenait Chevannay, en partie de l'abbé de Saint-Seine dont il reprit le fief l'an 1229, au mois de mai, et en partie du duc de Bourgogne (3).

L'abbaye de Saint-Seine et le prieuré de Trouhaut, qui en dépendait, reçurent ses libéralités (4). Il fonda son anniversaire à Saint-Seine (5).

Cette mention du martyrologe de Saint-Denis de Vergy doit aussi le concerner : « La veille des Ides d'avril — 12 avril — mourut Garnier seigneur de Blaisy, qui donna à cette église dix quartauds de grain, moitié froment, moitié avoine, mesure de Sombernon, à prendre annuellement sur les tierces de Blaisy-la-Ville, pour son anniversaire et celui de son épouse » (6).

---

1. Archiv. de la Côte-d'Or, G, Fonds 19, chapitre de S. Denis de Vergy, *Martyrologium*, fol. 67.
2. Archiv. de la Côte-d'Or, Peincedé, XVIII, 126, 129. — Bibl. nat. lat. 9874, p. 31, 39, 40.
3. Bibl. nat. lat., 9874, p. 39, 40.
4. Ibid., p. 21, 31. — Archiv. de la Côte-d'Or, Inventaire de Saint-Seine, n° 98, fol. 590 verso.
5. Ibid.
6. Archiv. de la Côte-d'Or, G, Fonds 19, chap. de S. Denis de Vergy *Martyrolog.*, fol. 37.

On ne le rencontre plus après 1239.

De sa femme Alais, d'une maison inconnue, il ne laissa que deux filles : Pétronille et Agnès. Pétronille, héritière de Blaisy, fut mariée à Gui, seigneur de Chaudenay ; Agnès, à Gauthier, seigneur de Montoillot (1). Garnier avait choisi ses deux gendres dans sa parenté. Le seigneur de Montoillot était un Sombernon. Celui de Chaudenay se rattachait, comme Garnier lui-même, aux Mont-Saint-Jean et aux de Saulx.

Ainsi la seigneurie de Blaisy ne fit que passer entre les mains des descendants de Guerric de Vergy. Gui, époux de Pétronille, la réunit à celle de Chaudenay, et dans sa postérité, l'aîné prit le titre de seigneur de Blaisy, tout en conservant la mouvance de Chaudenay. De là les Chaudenay-Blaisy, illustre maison, qui fera l'objet du § 3.

Les Vergy-Blaisy se propagèrent par Ponce, frère de Garnier. Mais ils ne furent mêlés, avec quelque éclat, à aucun évènement de leur âge. Leur histoire est donc tout intime et domestique, ignorée par conséquent. On ne peut s'en faire une idée que par les ouvrages qui peignent la vie et les mœurs des familles nobles aux XIIIe et XIVe siècles, familles dont les membres passaient leur existence, les uns derrière les créneaux de leurs castels ou dans les combats de la chevalerie, les autres à l'ombre des cloîtres et des églises.

Ponce élut pour centre d'habitation les environs de Vergy. Il possédait une maison à « Breschon » (2). Ses fiefs étaient situés sur Bévy, Détain, Meuilley, Mes-

---

1. L'abbé Jobin, *Saint Bernard et sa famille*, p. 638. — Le texte de la charte à laquelle renvoie cette note, donne « Garnier, *Garnerus*, seigneur de Montoillot » pour époux à Agnès de Blaisy. Il y a là une erreur de copiste ; le véritable nom est « Gauthier, *Galterus* », on le voit par beaucoup d'autres titres, dont plusieurs seront cités dans la suite.
2. Archiv. de la Côte-d'Or, cartul. de Cîteaux n. 168, fol. 109. — Il s'agit sans doute de Brochon.

sanges, Vosnes, Nuits, Corcelles, Epernay, Izeure, Noiron (1). Il avait aussi une part du château de Fontaines, héritage de Garnier, son oncle, plutôt que de Pétronille, sa mère (2). Tenancier et donateur de l'abbaye de Cîteaux et des deux couvents de Vergy, la collégiale de Saint-Denis et le prieuré de Saint-Vivant, Ponce eut quelques démêlés avec ces communautés, mais il resta finalement leur bienfaiteur (3). Il favorisa aussi l'abbaye du Lieu-Dieu (4). Sa mort arriva de 1253 à 1260.

Nivard, son frère, était entré à la collégiale de Saint-Denis. Déjà chanoine en 1223, il fut honoré dans la suite du titre et des fonctions d'archidiacre de Beaune (5). Il paraît avec cette qualité en 1249, 1251, 1252. Son intervention est motivée, d'ordinaire, par ses liens de parenté avec les auteurs des donations ou transactions relatées dans les chartes. Ainsi, en février 1251 n. st., il atteste que Gauthier, seigneur de Montoillot, veuf d'Agnès de Blaisy, a reconnu le don fait par celle-ci à La Bussière, sur son gagnage de Chevannay (6). Agnès de Blaisy était nièce de Nivard.

Gertrude, sœur des chevaliers Garnier et Ponce et du chanoine archidiacre Nivard, est probablement « dame Gertrude, épouse de seigneur Henri de Salives, chevalier », qui, en 1239, donna à Saint-Étienne le moulin de

1. Archiv. de la Côte-d'Or, cartul. de Cîteaux n. 167, fol. 44, 45; id n. 168, fol. 70, 109; H. 446, Cîteaux, layette Epernay, ch. de 1235; H. 697, prieuré de S. Vivant de Vergy, layette Messanges, ch. de 1246; H. 700, même prieuré, layette Vosnes, ch de 1246; H. 1062, Lieu-Dieu, layette Fussey, ch. de 1234. — Bibl. nat. cartul. de S. Denis de Vergy, lat. 5529 A, p. 31.
2. On verra en effet plus loin Hugues, fils de Ponce, possesseur d'une partie du château de Fontaines.
3. Les preuves sont indiquées au renvoi précédent n. 1.
4. Id.
5. Archiv. de la Côte-d'Or, G, 479, Saint-Denis de Vergy, layette Gevrey, ch. de 1249 contenant ratification par les chanoines de la collégiale du partage fait « inter venerabilem hominem Nivardum concanonicum nostrum et archidiaconum Belnensem ex una parte, — et ex altera parte Guillelmum Guarus » et autres. — H, 1060, Lieu-Dieu, layette Anciens titres de Chaux.
6. Bibl. nat. cartul. de La Bussière, lat. 17722, p. 159.

Saucey, situé à Blaisy-la-Ville, du consentement des seigneurs de Blaisy : Garnier, sa femme, ses deux filles et ses gendres, de qui relevait ce moulin (1). Le mariage de Gertrude de Blaisy avec Henri de Salives est d'autant plus vraisemblable que Garnier, père de Gertrude, avait, de son chef ou de celui de sa femme, quelque chose à Préjelan et à Salives même.

Il faudrait pouvoir suivre la descendance de Ponce de Blaisy, pour dresser la liste des Vergy-Blaisy, arrière-neveux de saint Bernard. Ce chevalier paraît en 1233, avec son épouse, Guillemette, de maison inconnue, leur fils, Hugues, qui devint chevalier à son tour, et leur fille, nommée Guillemette, comme sa mère (2). D'après différentes chartes, Ponce eut encore pour enfants : Gui, chanoine de Vergy ; Alais, épouse de Gui du Fossé ; Simonne, épouse de Robert Bigot, seigneur de Broindon ; une quatrième fille, appelée Yolande (3).

Hugues, aîné de la famille, fut marié à Jacquette, qui possédait en franc alleu, au village d'Ancey, un four, des terres, etc. Au mois de février 1260, n. st, Hugues, Jacquette et Garnier, leur fils, reçurent ces biens à titre d'inféodation de l'abbaye de Saint-Seine, moyennant soixante livres (4). Hugues semble avoir eu Noiron-les-Cîteaux pour résidence habituelle. Ses domaines s'étendaient du côté de la Saône, sur Echigey, Heuilley (5). La part du château de Fontaines possédée par son père lui était échue ; il la vendit, en 1272, aux Saulx-Fontaines,

---

1. L'abbé Jobin, *S. Bernard et sa famille*, p. 638.
2. Archiv. de la Côte-d'Or, cartul. de Cîteaux n. 168, fol. 109.
3. « Yolendis filia quondam domini Poncii de Blayselo militis » est citée plusieurs fois en 1269, 1270, 1280. Archiv. de la Côte-d'Or, G, 481, S. Denis de Vergy, layette Heuilley. — Les titres qui mentionnent les autres enfants de Ponce, sont indiqués plus bas.
4. Archiv. de la Côte-d'Or, Inventaire de S. Seine n. 98, fol. 109 : charte de février 1259 par laquelle « Hugues dit de Blaisy, chevalier, fils de feu Ponce de Blaisy, chevalier » reconnaît avoir reçu à titre d'inféodation d'Hugues abbé de S. Seine tout ce qu'il a à Ancey...
5. Peincedé, VII, 49.

qui étaient maîtres du reste (1). L'année précédente, il avait fondé, dans l'église du Val des Choux, l'anniversaire de feu son fils Garnier (2). De concert avec Jacquette, son épouse, en 1274, il vendit au chapitre de Langres ses hommes de Noiron et plusieurs meix (3) ; et, avant 1285 il donna aux religieuses de Tart, cinq émines de blé sur les dîmes du même village (4). Les deux concessions furent ratifiées par les enfants d'Hugues et de Jacquette, mais la seconde, seulement après la mort des donateurs, en 1285. Ces enfants étaient Pierre, Jean, Hugues et Jeannette.

Gui de Blaisy, frère d'Hugues, est cité après celui-ci, l'an 1246, dans un accord réglé entre Ponce, leur père, et les chanoines de Vergy (5). Etait-il déjà membre de la collégiale? La charte n'en dit rien. Il mourut l'an 1275, ayant fondé par testament son anniversaire à la Sainte-Chapelle. En effet, le 26 décembre 1275, « en la fête de saint Etienne, premier martyr, Pierre, doyen de la collégiale de Vergy, et André, archiprêtre et chanoine de la même église », délivraient aux intéressés copie de la charte relative à cette fondation : « Vidimus.. hanc clausulam in legato bonæ memoriæ Guidonis de Blasœo quondam concanonici nostri Vergeii : Item do et lego capellæ Ducis Divionis duas minas bladi per medium, ad mensuram Divionensem, in prædicta decima mea de Norcio (*Noiron*), pro anniversario meo annuatim in dicta capella faciendo (6). » L'anniversaire du même chanoine

---

1. Archiv. de la Côte-d'Or, E. 123, titres de famille, ch. orig. de mars 1272.
2. Peincedé, XXVIII, 1156.
3. Archiv. de la Côte-d'Or, G, 218, chapitre de Langres, layette Noiron-les-Cîteaux; titres de 1271, 1273, 1274 ; E, 550, titres de famille, copie du titre de 1274.
4. Archiv. de la Côte-d'Or, H. 1051, Bernardines, layette Noiron-lès-Cîteaux, titre de 1285.
5. Bibl. nat. cartul. de S..Denis de Vergy, lat. 5529 A, p. 31.
6. Archiv. de la Côte-d'Or, G. 291, Sainte-Chapelle de Dijon, Noiron-lès-Cîteaux, Procédure de 1740 ; cartul. de la Ste-Chapelle n. 46, non folioté ; H. 476, Cîteaux, layette Noiron, original du Vidimus.

TOMBE DE JEAN DE FONTAINES

fut également fondé à Saint-Etienne de Dijon par Hugues, son frère, et Alais leur sœur, dame du Fossé (1).

Alais de Blaisy avait épousé Gui, seigneur du Fossé, fief et château-fort situés près d'Is-sur-Tille. Les Du Fossé tenaient aux Tilchâtel, et il y avait longtemps que cette maison étendait les limites de son domaine au delà de Dijon, dans toute la banlieue. Un frère de Gui du Fossé, Aimon, tenait alors en fief de Guillaume de Champlitte la maison forte de Chammoron (2). Il était marié à Alix de Minot, petite-fille d'une sœur de Guillaume le Roux, seigneur de Fontaines, Sibylle de Saulx (3). Aimon et Alix furent bienfaiteurs du prieuré de Bonvaux, voisin de leur résidence féodale (4). On voit combien étaient faciles, nécessaires même les relations des familles de Blaisy, de Saulx, du Fossé. De là entre elles, par conséquent, des alliances matrimoniales.

Veuve en 1265, la dame du Fossé se dessaisit en faveur de Saint-Bénigne d'une maison que son mari avait construite à Is-sur-Tille et de tout ce qu'ils avaient

1. Archiv. de la Côte-d'Or, G, Fonds 4, n. 36 bis *Necrologium S. Stephani Divionensis* : « VI idus Augusti.. Et Guido de Blaiseio, canonicus de Virgeio, pro cujus anima dominus Hugo de Blaiseio, frater ejus, dedit conventui duas eminas bladi medietatem frumenti et medietatem avene super decimam de Noiron, et soror ejus domina de Fossato duas eminas, medietatem de meliori yvernagio (sègle) et medietatem melioris avene, decime de Chalma de Ycio (Is-sur-Tille) moventis de suo proprio alodio. » — Cf. cartul. de S. Etienne n. 22, fol. 108 : « Universis presentes litteras inspecturis ego Alidis, quondam uxor domini Guidonis de Fossato militis defuncti, notum facio quod ego pro remedio anime mee et anime Guiotti fratris mei et animarum omnium antecessorum meorum, do et concedo ecclesie B. Stephani Dyvionensis duas eminas bladi yvernagii et avene per medium, ad mensuram de Ycio, quas assedi supra totam partem meam decime de la Chaume, territorii de Ycio.. » — Cf. II, 61, Saint-Bénigne, layette Fénay, ch. de 1290.

2. E. Petit, IV, p. 212. — Archiv. de la Côte-d'Or, H. 1210, La Madeleine, layette Mirebeau, ch. de 1224; Inventaire de Bonvaux n. 285, titre 20° du cahier, daté de juillet 1240, où il faut lire « Aime, c'est-à-dire Aimon », au lieu de « Anne » leçon évidemment fautive. — L'abbé Fyot, *Hist. de S. Etienne*, Preuves, p. 284.

3. Archiv. de la Côte-d'Or, cartul. de Cîteaux n. 168, fol. 64 verso : ch. de 1239; — cartul. de S. Seine, ch. XXXVI.

4. Inventaire de Bonvaux, l. c.

acquis en ce lieu (1). Elle donna à la même abbaye, en 1282, la moitié qu'elle avait dans la dîme de la Chaume entre Is-sur-Tille et Le Fossé, mais chargée d'une redevance envers Saint-Etienne, par suite de la fondation en cette église de l'anniversaire du chanoine de Vergy, son frère (2).

A sa dévotion pour l'Apôtre de la Bourgogne, Alais de Blaisy ne joignait-elle pas un particulier souvenir pour la mère de saint Bernard, elle qui était son arrière petite-fille, qui portait le même nom et qui avait pu assister à la pieuse exhumation de ses restes, ravis à Saint-Bénigne par Clairvaux ? L'association de ces sentiments est si naturelle en pareilles circonstances que l'affirmative est permise.

Gui du Fossé et Alais de Blaisy n'ont pas dû laisser de postérité.

Plus heureuse qu'Alais, Simonne, sa sœur, donna de nombreux enfants au seigneur de Broindon : Guillaume, Clarembaud, Gauthier, Gui, Jeanne, Laure. Le père de ces enfants, Robert *Bigot*, appartenait sans doute à l'ancienne famille dijonnaise qui portait ce nom, et dont plusieurs membres furent inhumés à Saint-Bénigne (3). Les Bigot de Dijon et ceux de Broindon se prêtaient, en effet, une mutuelle assistance dans leurs actes. En 1261, Simonne était veuve, mais on la rencontre encore avec tous ses enfants, en 1279, vendant à Saint-Etienne un bois, près de Quetigny (4). C'est avec cette abbaye et celle de Cîteaux que ces seigneurs de Broindon eurent affaire le plus souvent. Mais dans les contrats, ils vendent plus qu'ils ne donnent, et les religieux leur accensent leurs terres : signes de déchéance, au point de vue

1. Archiv. de la Côte-d'Or, cartul. de S. Bénigne, H. 119 A, Première partie, ch. 200, 201 ; Cf. ch. 170.
2. Ibid., Deuxième partie, ch. 121.
3. *Epigraphie Bourguignonne*, p. G. Durnay, p. 106-107.
4. Archiv. de la Côte-d'Or, cartul. de S. Etienne n. 22, fol. 38 verso.

du rang et de la fortune. Des documents de diverses catégories : cartulaires, protocoles, titres du fisc ducal, font connaître, en partie, les descendants de Robert Bigot et de Simonne de Blaisy, pendant quelques générations. Nous citerons seulement deux de leurs arrière petits-fils, Pierre et Etienne de Broindon, assez en relief parmi les hommes d'armes de la fin du xiv° siècle. Ils étaient « amis charnels », c'est-à-dire liés par le sang et l'amitié, avec les autres Blaisy, auxquels est consacré le paragraphe suivant (1). Etienne épousa Isabelle de Seigny, née de Huguenin et de Marguerite de Saffres, et il maria sa fille, Jeanne de Broindon, à Fouquet de Montigny, dont les descendants multiplièrent leurs alliances avec la famille dite de saint Bernard (2).

La descendance d'Hugues de Blaisy, frère d'Alais et de Simonne, perpétua le nom de cette maison pendant quelque temps. Mais il faudrait des éléments plus complets pour en dresser la lignée. Pierre, qui apparaît jusqu'en 1320, tenait sa maison d'Agencourt du duc de Bourgogne. Sa fille fut mariée à Guillaume de Cissey (3). On ne peut, en terminant, que citer plusieurs personnages du nom de Blaisy, issus des Sombernon-Fontaines, mais dont la filiation est impossible à établir.

Guillaume de Blaisy, damoiseau — Il était fils de Jean de Véronnes, damoiseau, et il vendit au duc de Bourgogne, en 1259, une part qui lui était échue de la terre de Changey, ancien domaine du fondateur de Bonvaux (4). Il est peut-être le même que Guillaume de Blaisy, da-

---

1. Peincedé, XXVII, p. 104, 243.
2. Archiv. de M. le Comte de Brissac et de Mme Marie Caroline Joséphine du Boutet son épouse, château de Crépan, par Châtillon-sur-Seine : titres relatifs aux Montigny et aux Karandeiex.
3. Peincedé, II, 513 ; XXV, 375.
4. D. Plancher, II, Preuves, p. 24. — Archiv. de la Côte-d'Or, B. 1350, cote 5.

moiseau, que l'on trouve à Arcenant, en 1265 et 1266, dans les titres de Saint-Denis de Vergy (1).

Eudes ou Odet de Blaisy, damoiseau. — Il est cité l'an 1287, avec sa femme Isabelle, qui donne à Cîteaux, pour l'âme de feu Messire Etienne Boion, chevalier, inhumé dans l'église de l'abbaye, une rente de trente sols, assise sur un pré voisin de Noiron et Corcelles (2).

Ponce de Blaisy. — Damoiseau en 1272, 1289 ; chevalier en 1294. Ponce avait fief à Barges, Arcenant, Bévy, Vosnes, Epernay, Tarsul-lès-Cîteaux (3). Epoux d'Odette de Perrigny, il eut pour enfants Amiot et Jeannette (4). Il mourut en 1308 ou 1309, après avoir élu sépulture à Cîteaux, « devant l'autel de Saint-Nicolas, près de la chapelle de feu seigneur Philippe de Vienne ». L'abbaye reçut de lui, pour son anniversaire, une rente de huit émines de blé qu'il percevait sur la grange de Tarsul. Il légua aussi au monastère « son cheval avec ses armures, son lit garni, son meilleur habit de vair, etc. (5) » Amiot, son fils, était mort, l'an 1308, le vendredi avant l'Ascension (6). Jeannette, sa fille, dut lui survivre, mais peu de temps, car, en 1314, on leva copie d'une clause de son testament, où elle donnait à Cîteaux, pour sa sépulture, deux émines de blé que les religieux lui devaient annuellement sur leur maison de Fixin, puis pour son luminaire et tous autres frais, quinze livres,

---

1. Archiv. de la Côte-d'Or, G, 474, S. Denis de Vergy, layette Arcenant.
2. Archiv. de la Côte-d'Or, cartul. de Citeaux n. 169, fol. 64 : « Anno Incarnationis M. CC. octogesimo septimo, mense Marcio, ego Ysabellis domicella uxor Odeti de Blaseyo domicelli, notum facio. . quod ego, considerata salute anime domini Stephani Boion militis quondam sepulti in ecclesia Cystercii.. »
3. Archiv. de la Côte-d'Or, H. 687, Prieuré de S. Vivant de Vergy, layette Arcenant; G, 167, S. Etienne de Dijon, layette Barges; G, 475, collégiale de S. Denis de Vergy, layette Bévy ; H. 460, Citeaux, layette Izeure; H, 446, Citeaux, layette Epernay; Peincedé, VII, 18.
4. Archiv. de la Côte-d'Or, Peincedé XXVII, 6 ; cartul. de Citeaux de Jean de Cirey n. 188, fol. 56. — Bibl. de la ville de Dijon, *Fatras* de Juigné, II, 288. — E. Petit, V, p. 471.
5. Archiv. de la Côte-d'Or, H. 460, Citeaux, layette Izeure.
6. E. Petit, V, p. 471.

« xv libras.. pro luminari meo et omnibus expensis et missionibus die obitus mei a dictis religiosis solvendis et faciendis » (1).

Robert de Blaisy — Son nom paraît, en maint document, pendant toute la première moitié du xiv° siècle. Sa femme s'appelait Isabelle. Noiron était une de leurs résidences. En 1339, le vendredi fête de saint Philibert, Girard de Champlitte, chapelain et procureur du chapitre de Langres, vint exposer ce grief à la femme de Robert : « Ysebeaul, vous avez pris ou fait pranre plusours hoies en la ville de Noiron, ou leu que on dit *ou mes de Blaisey* ». La justice et seigneurie de Noiron appartenant tout entière aux chanoines de Saint-Mammès, Isabelle devait donner satisfaction. Elle répondit qu'elle croyait avoir justice et seigneurie au meix de Blaisy, mais que devant l'assertion contraire du chapelain de Langres, elle se désistait de son droit prétendu, et « en figure des dites oyes et en restitution d'icelles, je vous baille et restitue, dit-elle, ce baston blanc ». Tels sont les minces détails que l'on trouve sur les derniers représentants de ces Blaisy. Robert, écuyer, n'eut qu'un rôle subalterne, parmi les hommes d'armes du temps. Il vendit son héritage d'Echigey (2).

Jacques de Blaisy, dit vulgairement Jacquot. — Il demeurait à Noiron, et mourut vers 1398, car le 16 avril de cette année, son héritage fut vendu aux chartreux de Dijon par Perrin, seigneur d'Onay, et Isabelle d'Onay, sœur de Perrin, mariée à Guillaume de Pierre, sans doute neveu et nièce du défunt. En 1404, les chartreux donnaient en amodiation « la maison Jacques de Blaisy » située à Noiron. Jacques paraît dans les revues militaires, comme simple écuyer : à Reims, par exemple,

---

1. Archiv. de la Côte-d'Or, cartul. de Cîteaux de Jean de Cirey 188, fol. 56.
2. Archiv. de la Côte-d'Or, G, 218, chapitre de Langres, layette Noiron-lès-Cîteaux ; Peincedé, XXVII, 18, 26.

le 17 avril 1385, dans la « montre de Jehan de Sainte-Croix, sire de Sauvigny » (1).

En 1231, les Vergy-Blaisy étaient associés à Garnier de Fontaines, dans un témoignagne de vénération pour saint Bernard. Ont-ils pu, éloignés de Fontaines et de Blaisy, oublier leur glorieux parent? Ce n'est pas probable : voisins de Cîteaux, le culte rendu dans l'abbaye au plus illustre patriarche de l'ordre leur rappelait, au besoin, ce grand souvenir de famille.

---

1. Archiv. de la Côte-d'Or, H. 836, Chartreux, layette Noiron-lès-Cîteaux.

GÉNÉALOGIE DES VERGY-BLAISY

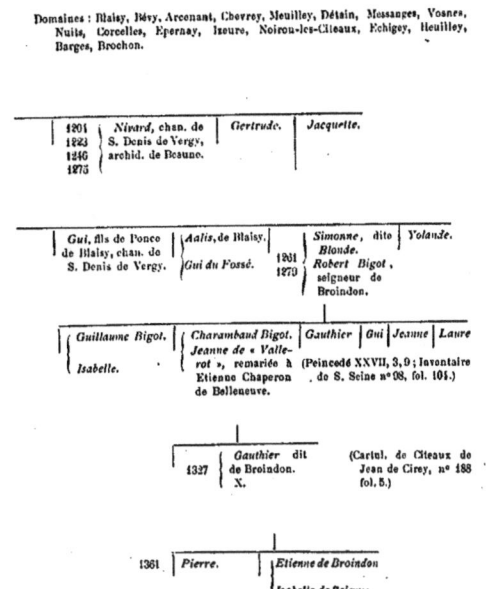

Domaines : Blaisy, Bévy, Arcenant, Chevrey, Meuilley, Détain, Messanges, Vosnes, Nuits, Corcelles, Epernay, Izeure, Noirou-les-Cîteaux, Echigey, Heuilley, Barges, Brochon.

(Peincedé VII, 79 ; XVII, 18.)

§ 3

LES CHAUDENAY-BLAISY

Tandis que les Vergy-Blaisy, revenus au berceau paternel, dans le pays Nuiton, glissaient de jour en jour vers leur déclin, la nouvelle maison de Blaisy, née du mariage de Pétronille avec Gui de Chaudenay, s'élevait rapidement aux grandes charges administratives, militaires et ecclésiastiques. Deux noms surtout vont se rencontrer, qui reflètent particulièrement la gloire de cette famille : Jean, abbé de Saint-Seine — 1398 à 1439 — restaurateur de l'église du monastère ; Geoffroi, sire de Mauvilly, membre de la Chambre des Comptes, gruyer de Bourgogne et lieutenant du gouverneur, mort en 1372.

Le fief patronymique des Chaudenay se divisait, comme Blaisy, en deux parties : Chaudenay-la-Ville, et Chaudenay-le-Château. Ces localités subsistent et ont gardé leurs noms. Les deux villages sont dans le canton de Bligny-sur-Ouche, au sein d'une petite vallée qui descend du Sud-Ouest au Nord-Est, et s'ouvre sur celle de la Vandenesse, où passe aujourd'hui le canal de Bourgogne. Bâti à mi-côte, dans la partie Sud, Chaudenay-la-Ville a en face Chaudenay-le-Château, assis sur le versant méridional de la montagne opposée. Une roche escarpée, qui porte, plus ou moins en ruines, trois tours du XIV°-XV° siècle, servait de base à l'habitation seigneuriale.

A une bonne lieue au nord de Chaudenay, à l'extrémité d'un saillant contrefort de la chaine de montagnes qui s'aligne au delà du canal et de la rivière, l'on voit encore une autre demeure féodale, admirablement conservée, Châteauneuf.

Au XIIIe siècle, les deux forteresses appartenaient à la même famille.

L'an 1239, Jean, seigneur de Châteauneuf, rappelle la lignée de ses ancêtres : Jean, seigneur de Chaudenay, son bisaïeul ; Jean, seigneur de Châteauneuf, son aïeul; Guillaume, son père (1). Celui-ci avait épousé Dameron de Saulx, sœur de Guillaume le Roux, seigneur de Fontaines (2).

A la même époque, le seigneur de Chaudenay était Gui, auquel Pétronille apporta en dot le double héritage du château de Blaisy et de la parenté avec saint Bernard. Gui était fils de Colin cité en 1214 et 1229, et probablement arrière petit-fils de Jean, seigneur de Chaudenay, dont le nom vient d'être lu (3).

Gui conserva le titre de seigneur de Chaudenay, mais Jean, son fils aîné, prit celui de seigneur de Blaisy. C'est alors que Chaudenay fut laissé aux frères et peut-être aussi aux cousins de Jean, mais celui-ci et ses successeurs retinrent la suzeraineté sur le château patrimonial.

On ne connaît pas les armoiries des Vergy-Blaisy, ni celles des Blaisy qui les précédèrent. Celles des Chaudenay-Blaisy sont connues, et se blasonnent : *D'or à la fasce de sable, accompagnée de six coquilles de même, trois en chef, trois en pointe.* Ce sont les armes de la maison de Chaudenay. Le chef de la famille les conserva pleines,

---

1. Archiv. de la Côte-d'Or, H. 530, La Bussière, layette Châteauneuf.
2. Ibid., H. 86, S. Bénigne, Villecomte, ch. de janvier 1222.
3. Ibid., H. 531, La Bussière, layette Chaudenay, Sainte-Sabine.

selon l'usage, et comme il porta le nom de Blaisy, ses armoiries reçurent également ce nom adventice.

Les seigneurs de Chaudenay, n'étant plus que les puînés, brisèrent d'un lambel à quatre pendants l'écusson de leurs ancêtres. Le fait est certain. Les tombes des deux femmes de Guillaume, sire de Chaudenay au commencement du XIV° siècle : Reine d'Ancy-le-Franc et Simonne de Grancey (1); les empreintes du sceau de Guillaume lui-même, du sceau d'Eudes son deuxième fils, de celui d'Agnès de Chaudenay, fille de son aîné, en fournissent la preuve irrécusable. Partout figure le lambel à quatre pendants (2).

Les seigneurs de Châteauneuf avaient brisé auparavant, d'une façon plus simple, les armoiries patrimoniales : ils avaient supprimé les trois coquilles en pointe, gardant la fasce et trois coquilles en chef (3).

Gui de Chaudenay approuva, comme seigneur du fief, des donations faites aux Templiers de Beaune, sur Vernusse, et à ceux de Dijon, sur Thoisy-le-Désert. Il traita avec la collégiale de Beaune pour le rachat des tierces de Chaudenay, que les chanoines possédaient, et qu'ils lui abandonnèrent, moyennant la rente de trente boisseaux de blé (4).

L'héritage de la femme de Gui avait plus d'importance que celui de son époux ; Blaisy était l'un des premiers fiefs de Bourgogne, et relevait immédiatement des ducs; Chaudenay était un arrière fief, dépendant de la baronnie

---

1. Bibl. de la ville de Dijon, ms. dits de Palliot, *Mém. généal.*, I, p. 1028, 1030.
2. Archiv. de la Côte-d'Or, B. 357, cote 98 *bis*, cote 136 ; B. 11374, cote 96; B. 11827, cotes 10 et 27, B. 10559, cote 130. — *Armorial de la Chambre des Comptes*, p. 107.
3. Ibid. B. 1256, cote 10; B. 10504, cote 46. — Les tombes des seigneurs de Châteauneuf, dans l'église de Vandenesse, présentent exactement ces armoiries.
4. Archiv. de la Côte-d'Or, H. 1226, commanderie de Beaune, layette Vernusse, ch. de 1236; H. 1173, commanderie du Petit Temple de Dijon, layette Thoisy-le-Désert, ch. de 1243; G. 436, Collégiale de Beaune, layette Chaudenay, ch. de mars 1239.

d'Antigny. Aussi est-ce surtout, à propos de Blaisy, ou du moins des terres annexes, que l'on voit intervenir Gui, Pétronille et leurs fils : Jean, Philippe, Colin, Alexis (1). Nous transcrivons avec hésitation ce dernier nom, fourni par l'*Inventaire de Saint-Seine*. Ce pourrait être une fausse graphie d'Alexandre, nom très fréquent dans la lignée des Chaudenay-Blaisy. Les trois premiers se lisent sur un titre, publié par Pérard. En novembre 1255, Gui, assisté de son épouse et de ses quatre fils, reprit de fief de l'abbé de Saint-Seine la partie de Chevannay qui relevait de l'abbaye. Quelques années auparavant, sa belle sœur, Agnès de Blaisy, de concert avec son mari, Gauthier de Montoillot, avait cédé au duc son gagnage de Chevannay. Gui eut soin de le racheter (2). Il dut aussi faire hommage à Hugues IV pour

1. Ibid., Inventaire de S. Seine, n° 98, fol. 102-103. — Cf. Pérard, p. 325.
2. Ibid., H. 538, La Bussière, ch. de février 1250, autre ch. de 1258.
Gauthier, seigneur de Montoillot, époux d'Agnès de Blaisy, doit être le fils aîné ou le fils du fils aîné de Garnier de Sombernon, seigneur de Montoillot et de Commarin, 1188-1220. Voir Migne, col. 1421-1422, 1423 D, 1424 B; E. Petit, III, p. 508. Il avait un frère ou un oncle du même nom que lui, mais appelé « Gauthier de Commarin ». Celui-ci seul paraît dans les titres et généalogies publiés par Chifflet (Migne, l. c.) et par M. Petit (l. c.). Mais tous les deux figurent dans une charte inédite de La Bussière : H 531, layette Commarin.

« Ego Herveius, Sumbernionis dominus, notum facio quod *Galterus domicellus de Commarein*, filius avunculi mei Garnerii militis, domini de Montoillot, in mea presentia constitutus, laude et assensu uxoris sue Ameline et Agnetis sororis sue sanctimonialis de Praalum, vendidit abbati et conventui de Buxeria duos sextarios frumenti. . quos dicta Agnes, soror sua, in tertia parte decime de Commarein quam dictus abbas et conventus de Buxeria possident, in vita sua habebat. Qui duo sextarii predicto *Galtero de Commarein*, post obitum antedicte Agnetis sanctimonialis de Praalum, redire debebant. . Hanc autem venditionem laudavit *Galterus domicellus dominus de Montoillot*, de cujus feodo dicta decima de Commarein movet. Actum anno 1237, mense junii. »

Gauthier est cité comme époux d'Agnès de Blaisy en 1239. De concert avec elle, il vendit au duc, en novembre 1247, ce qu'elle avait à Préjelan, vers Salives : « Galterus miles dominus de Montoillot recognovit se vendidisse Hugoni duci Burgundie quidquid habebat apud Préjelan, laude et assensu sue uxoris Agnetis, de cujus capite illud movebat. » B. 10472, cote 38. C'est vers la même époque que dut avoir lieu la vente du gagnage de Chevannay. Agnès était décédée en 1250.
Gauthier donna, en 1273, à La Bussière, plusieurs terres dans la chatellenie de Sombernon. Il mourut peu après, car une charte de 1275

les hommes du même village et leurs meix qui étaient du fief de ce prince. Mais, parmi les terres éloignées de Blaisy, il se défit de ce que Pétronille avait à Salives (1), et le vendit au duc, en décembre 1258.

Gui de Chaudenay fut l'un des exécuteurs testamentaires de son suzerain immédiat, Philippe d'Antigny, qui testa l'an 1248, à la veille de partir à la croisade, où il mourut. On voit, en juin 1250, Gui et les autres exécuteurs accomplir leur mandat et investir un délégué de Cîteaux de ce que le testateur avait légué à l'abbaye, sur Volnay (2).

Jean, fils aîné de Gui de Chaudenay, eut en majeure partie l'héritage maternel : Blaisy, Chevannay, Tarsul-lès-Saulx, etc. Ses frères se partagèrent Chaudenay et quelques autres seigneuries voisines de Dijon. Toutefois, comme on l'a déjà fait remarquer, le sire de Blaisy retint la mouvance du château patrimonial : ceux qui en furent seigneurs désormais, reprirent de fief du sire de Blaisy, et celui-ci du sire d'Antigny.

L'on a sur Jean I de Blaisy de rares documents, où il paraît, tantôt avec son seul nom patronymique, tantôt avec l'apposition de son titre seigneurial. Damoiseau encore l'an 1275, on le rencontre à Prâlon, qui avait alors pour cellerière une de ses parentes, Poincette de

---

rappelle la confirmation par Alexandre de Montaigu, sire de Sombernon, du don fait par « Messires Gautier cal en, arriés sires de Montoillot. »

La charte de février 1250 lui donne pour fils Jean, né d'Agnès de Blaisy. Les documents que l'on possède sur les Montoillot-Blaisy ne sont pas assez nombreux pour qu'on puisse dresser la généalogie de cette branche des arrière-neveux de S. Bernard. Nous nous bornerons à citer dans cette lignée Pierre de Montoillot, chevalier, châtelain de Pontailler, Saint-Seine-sur-Vingeanne, etc., mort en 1334 et inhumé à Saint-Julien, près Dijon. Dans le dénombrement de 1328 du seigneur de Blaisy, il est cité comme un de ses tenanciers à Blaisy-la-Ville : Peincedé, VIII, 97. A même date, il fut exécuteur testamentaire de la dernière femme de Jean I de Blaisy.

1. Pérard, p. 325. — Peincedé IX, p. 12.

2. Archiv. de la Côte-d'Or, H, 493, Cîteaux, layette Volnay, titres de 1248 et de 1250. — E. Petit, IV, 371-372.

Chaudenay (1). L'an 1304 et l'an 1307, a. st., « Messire Jehan de Chaudenay, seigneur de Blaisy », agit, en qualité de mandataire ducal, pour la réception et délivrance de certains châteaux de l'Auxois (2). D'après Palliot, il mourut le 31 août 1310, et fut inhumé dans l'église de Prâlon, où l'on voyait, « devant le balustre du grand autel, une tombe portant : Ci-gît Jehanz de Chaudenay, chevaliers, sires de Blaisy, qui trespassa l'an 1310, le dernier jour du mois de host » (3).

Jean I de Blaisy laissait veuve « Marguerite d'Oigny », sa dernière femme, la seule connue. — E e lui survécut jusqu'en 1328, et fonda, par testament, son propre anniversaire à Prâlon. Ses exécuteurs testamentaires furent : d'abord ses deux fils, qu'elle avait eus d'un premier mari, « Gui, moine de Cluny, prieur de Mont-Saint-Jean, et Raoul Chainsot, prieur de Couches » ; ensuite deux représentants des Blaisy, « Perrin de Montoillot, chevalier, et Poincet de Chaudenay » que Marguerite appelle « mon nevoul » (4). Celui-ci en effet était fils de Colin, frère de Jean I de Blaisy.

Parmi les frères de Jean, Colin est le seul dont la trace puisse être suivie. De Philippe et d'Alexis ou d'Alexandre on ne sait rien. Colin eut une part du château de Chaudenay avec quelques autres fiefs, notamment Chevigny-Fénay. Ses enfants furent (5) Poincet, Agnès, abbesse de Tart, et Alexandrine, religieuse à Larrey.

Poincet, héritier de son père vers 1310, avait épousé Isabelle de Latrecey, dont les biens propres étaient à Is-sur-Tille, Aubepierre, Bar-sur-Aube (6). Le Dijonnais

---

1. Archiv. de la Côte-d'Or, H. 1018, Prâlon, copie d'un titre de 1275 D. Plancher, II, p. 61.
2. Archiv. de la Côte-d'Or, Peincedé, I, 183 ; B. 1323, cotes 2 et 4.
3. Bibl. de la ville de Dijon, *Fatras* de Juigné, IV, fol. 247. — Cf. E. Petit, V, p. 473.
4. Archiv. de la Côte-d'Or, H. 1018, Prâlon, vidimus de 1346. — Bibl. de la ville de Dijon, Fonds Baudot, *Familles de Bourgogne*, II, 282
5. Peincedé, XXVII, 6.
6. Ibid., I, 27-28 ; XXVII, 2.

PL.13 bis

TOMBE DE HUGUES DE FONTAINES

semble avoir été plus que l'Auxois son séjour habituel. Du moins, la personnalité dominante du château de Chaudenay à cette époque n'est pas Poincet, mais Guillaume, qui partageait avec lui cette forteresse. C'est celui-ci qui est « le sire de Chaudenay. »

Guillaume apparaît comme chevalier (1), en 1309. Il déploie son activité au service des ducs Hugues V et Eudes IV. Après la mort de sa femme, Reine d'Ancy-le-Franc, de la maison de Mont-Saint-Jean, il épousa en secondes noces Simonne de Grancey (2), qu'il laissa veuve prématurément, l'an 1321. « Huguenin, écuyer, fils de Monseigneur Guillaume de Chaudenay, trépassa l'an 1327, le jour de la Sainte-Cécile », et fut inhumé à La Bussière (3). Ses autres enfants, nés de Simonne, furent : Jean, sire de Chaudenay, époux de Marguerite de Lignières (4) ; Eudes, capitaine de Frolois ; Marguerite, mariée en 1324 à Guillaume de Vienne, seigneur de Roulans ; Jeanne, épouse de Jean de Traînel, seigneur de Soligny-les-Etangs (5). Guillaume de Vienne eut de Marguerite de Chaudenay l'amiral Jean de Vienne, et Guillaume, abbé de Saint-Seine, mort archevêque de Rouen. Ces deux personnages, le premier surtout, appartiennent à l'histoire. Les deux femmes de Guillaume de Chaudenay, Reine et Simonne, avaient leurs tombes à La Bussière.

Les documents ne font pas connaître la filiation de Guillaume. Serait-il, comme Poincet, petit-fils de Gui de Chaudenay et de Pétronille de Blaisy ? Gui, en effet, paraît avoir possédé seul, en totalité, le château patri-

1. Archiv. de la Côte-d'Or, H. 1018. Pralon, ch. de 1309.
2. Peincedé VII, 15 ; IX, 11.
3. Bibl. de la ville de Dijon, ms. de Palliot, I, p. 1003.
4. Lignières, canton de Chaource (Aube).
5. Archiv. de la Côte-d'Or, Peincedé XIII, 291 ; XXV, 409, 535 XXVII, 75, 131. — H. 1206, La Madeleine, Crimolois, titre d'octobre 1339.

monial. Ni les nombreuses chartes de La Bussière concernant Chaudenay et Châteauneuf, ni les titres d'une autre origine sur le même objet ne mentionnent un partage de Chaudenay avant la fin du XIIIe siècle. Puisque Gui eut des héritiers directs, et Guillaume une part de l'héritage, on est tenté de ranger le second dans la postérité du premier. On constate d'ailleurs, et d'une façon formelle, une étroite parenté entre les enfants de Guillaume et les petits-fils présumés de Jean I de Blaisy. Toutefois, Guillaume peut être fils d'un frère puîné de Gui de Chaudenay.

Jean I, mort en 1310, eut pour successeurs « Alexandres de Chaudenay, sires de Blaisy » et Geoffroi, son frère (1). Il n'existe, à notre connaissance, aucun titre indiquant la filiation d'Alexandre et de Geoffroi. Comme leurs cousins de Chaudenay n'entrèrent point en partage avec eux, il y a lieu de les croire fils, plutôt que neveux, de Jean I, et c'est le sentiment que nous adoptons.

Alexandre I, sire de Blaisy, était déjà un personnage marquant à la mort de son père. En 1314, il siège à l'assemblée des nobles de Bourgogne, confédérés pour résister à Philippe le Bel, qui voulait prélever une subvention sur le pays (2). En 1316, il assiste au traité de mariage entre le duc Eudes IV et Jeanne de France, à Nogent-sur-Seine (3). Chevalier du duc, il reçut, en récompense de ses services, des fiefs à Minot et la maison forte de Mauvilly avec ses dépendances. Ces maison et fiefs entrèrent ainsi dans la mouvance de Blaisy, qui compre-

---

1. Archives de la Côte-d'Or, B. 357, cote 188 : « Je Alexandres de Chaudenay, sires de Blaisey, chevaliers lou duc de Borgongne et je Thiebauz Ferniers de Semur, clerg don dit duc, façons savoir.. » La pièce, datée de 1322, porte le sceau d'Alexandre, où l'écusson présente *une fasce et six coquilles, trois en chef, trois en pointe.* — Peincedé VIII, 97 : Dénombrement de 1328 où est cité « Geoffroi frère d'Alexandre ». — G. 107, S. Etienne de Dijon, layette Blaisy.
2. Duchesne, *Hist. de Vergy*, p. 233.
3. D. Plancher, II, 165 et 350.

nait déjà Chaudenay-le-Château, avec partie de Chevannay, héritage de Jean I.

Alexandre régla avec les abbayes des intérêts relatifs à son châtel de Blaisy. L'an 1317, il acquit des religieux de Saint-Seine tous leurs hommes de Blaisy-le-Château et de Blaisy-la-Ville (1). L'an 1320, il prit à cens de Saint-Étienne la dîme et tous les autres droits que les chanoines avaient au finage de Blaisy-le-Château (2). La maison du four de Blaisy-le-Château, dépendante du prieuré, fut, en 1333, l'objet d'un nouveau règlement avec Saint-Seine (3). Ainsi la vieille habitation féodale ne fut point délaissée par Alexandre. L'avait-il franche en partie, ou n'en avait-il qu'une part? Le dénombrement qu'il donna « le sabmedi après l'Apparition N. S. (Épiphanie), l'an de grâce 1328 », fait voir qu'il la tenait en fief du duc pour une moitié seulement (4).

Les Templiers d'Épailly achetèrent de lui, en 1332, tout ce qu'il avait à Louesmes (5), et les moines de Cîteaux possédaient, en janvier 1341, une de ses terres à Gergueil (6).

Alexandre I fut inhumé à Blaisy-le-Château, où l'on voit encore, dans le sanctuaire de l'église, sa tombe mutilée, portant le millésime de 1341. Un reste d'une autre dalle tumulaire de la même église présente le nom de « madame Aaliz » décédée l'an 1335. A en juger d'après les armoiries et les dates gravées sur les deux pierres, « Aaliz », certainement dame de Blaisy, était l'épouse d'Alexandre et de la maison de Drées. Il sera parlé plus longuement de ces tombes et de quelques autres dans l'*Appendice* au présent paragraphe.

---

1. Archives de la Côte-d'Or, Inventaire de S. Seine, n° 98, fol. 194-195.
2. Ibid., G. 107, Saint-Étienne, layette Blaisy.
3. Ibid., Inventaire de S. Seine, n° 98, fol. 629.
4. Ibid., B. 10501, cote 1.
5. Ibid., H. 1186, Commanderie d'Épailly.
6. Ibid., G. 479, S. Denis de Vergy, layette Gergueil.

Dans les empreintes du sceau d'Alexandre, on reconnaît, comme sur sa tombe, les armes pleines de Blaisy.

Son frère, Geoffroi I, « chevalier, bailli de Dijon et gouverneur de la mairie dudit lieu », fut seigneur en partie de Villecomte (1). Cette terre paraît avoir été un apport dotal plutôt qu'un bien provenant des Blaisy. Marié d'abord à Huguette de la Perrière, qui mourut en 1316 et fut inhumée à Prâlon (2), Geoffroi, jeune encore à l'époque de ce décès, ne sera pas resté veuf; mais, selon les mœurs du temps, il aura contracté un second mariage, et ce dût être avec la fille d'un seigneur de Villecomte. Le fief de Villecomte relevait du château de Saulx, devenu alors château ducal.

Alexandre I et Geoffroi I ont eu l'un et l'autre une longue et nombreuse postérité. Les documents sont d'une extrême abondance à propos des deux branches. Ce serait développer outre mesure le paragraphe troisième et s'éloigner trop du but poursuivi que de vouloir donner de ces documents une analyse complète, si sommaire qu'elle pût être. On trouvera, dans un tableau généalogique, les noms et la filiation de la plupart des membres de cette famille. Mais nous nous bornerons, en terminant l'exposé critique, à élucider quelques

1. Ibid., Peincedé, VII, 22; XXVII, 15, 21; B. 11227; II. 619, Maizières, layette Serrigny, titre de février 1327.
2. Ibid., H. 1018, Prâlon, ch. de 1339 — Bibl. de la ville de Dijon. Fatras de Juigné, II, 289. — Bibl. nat. Pièces originales, Dossier 7775, pièce 36. Cette pièce est un dessin, simple croquis, de la tombe de Huguette de La Perrière, tombe posée « devant le balustre du grand autel », comme celle de Jean I de Blaisy. Le nom de Huguette est travesti, dans l'épitaphe de ce dessin, en celui de « Lugotte ». Deux écussons de chaque côté de l'effigie, à la hauteur des épaules, reproduisent les armoiries de Geoffroi I et celles de Huguette. A dextre ce sont les armes de Chaudenay-Blaisy avec une *fasce frettée* : à senestre: *de.. à une fasce de.., accompagnée de trois têtes de léopard couronnées, en chef*. Ces dernières sont les armes de la famille nivernaise de La Perrière, et se blasonnent : *d'argent à la fasce de gueules, accompagnées de trois têtes de léopard de même, couronnées d'or, rangées en chef*. — Voir *Inventaire des titres de Nevers*, p. 210 et 440. Cf. E. Petit, V, 487.

points obscurs, à mettre en relief deux personnages saillants : l'abbé Jean de Blaisy, et le sire de Mauvilly ; enfin à signaler les maisons dans lesquelles se fondirent les Chaudenay-Blaisy.

Nous suivrons d'abord la branche cadette, issue de Geoffroi I, seigneur de Villecomte.

L'an 1339, Geoffroi mariait sa fille, Jeanne, à Jacques de Chazan (1). Jacques était né de Guillaume de Chazan et de Marie de Byois (2). Chazan était un château et fief dont il reste un vestige dans la ferme du même nom, sur le finage de Chambœuf. Byois a disparu de la topographie moderne : c'était, sans doute, le nom de quelque arrière fief. Jadis il y avait à Villecomte « le champ Byoys », qui, en 1426, était de la seigneurie et justice d'un arrière petit-fils de Geoffroi (3). « Jean de Bioys », en 1352, donnait à amodiation plusieurs terres des finages de Dijon et de Pouilly-lès-Dijon ; « Guillaume de Byois », vers 1340, tenait quelque chose à Minot des Saulx-Vantoux (4). Marie de Byois eut sa tombe à Bonvaux, et il en sera parlé plus loin. — Au traité de mariage de Jeanne de Blaisy avec Jacques de Chazan, assistaient Alexandre de Blaisy, frère de Geoffroi, et Poincet de Chaudenay, leur cousin.

Veuve de Jacques de Chazan, Jeanne de Blaisy, dame de Flavignerot, épousa Geoffroi du Meix (5).

Geoffroi I de Blaisy eut plusieurs fils, parmi lesquels il faut compter Philibert, seigneur de Villecomte (6), et,

1. Peincedé, XXVII, 21.
2. Archives de la Côte-d'Or, B. 11248, fol. anc. XIX, nouv. 13. — Cf. épitaphe de Marie de Byois, dans les *Tombes de Bonvaux*.
3. Archives de la Côte-d'Or, H. 86, S. Bénigne, Villecomte, titre original de 1426, rappelant un accord entre les religieux de S. Bénigne et « Jehan de Blaisey, escuier, seigneur en partie de Villecomte », au sujet d' « une certaine place ou champ dit le *champ Byoye* », situé dans les dessus de Villecomte, près du chemin conduisant à Dijon.
4. Ibid. Peincedé, XXVII, 73 ; VII, 22 ; B. 11254 ; B. 10504, cote 144 bis ; B. 545, cote 28.
5. Ibid., Peincedé, XXV, 641 ; XXVII, 229 ; B. 11304, fol. 18.
6. Peincedé, XXVII, 100.

peut-être, Guillaume de Blaisy, d'abord aumônier de Saint-Bénigne, puis prieur de Saint-Vivant de Vergy (1).

Philibert, écuyer, avait succédé à son père, comme seigneur de Villecomte, en 1357. Quelques années plus tard, chevalier, il figure dans la compagnie d'armes de Jean III de Blaisy, fils du sire de Mauvilly, son cousin. Sa femme fut Béatrix de Châtillon-Guyotte (2); ses enfants : Eudes, Guillaume et Jean (3). Celui-ci est l'abbé de Saint-Seine.

L'empreinte du sceau de Philibert semble donner les armes de Blaisy pleines, mais il y avait sans doute quelque brisure par le changement des couleurs ou des métaux (4).

Jean, fils de Philibert, vit s'écouler son enfance dans les maisons seigneuriales de Chevannay et de Villecomte, habitées par son père et son aïeul maternel. On ne sait rien de sa jeunesse. En 1391, il était moine à Saint-Seine (5). Quelques années plus tard, les Blaisy perdaient, à Nicopolis, l'élite militaire de leur maison, et, du même coup, le rang élevé qu'ils avaient tenu jusque là dans la politique et dans la guerre. Mais une gloire d'un autre ordre leur était réservée. Peu de temps après le fatal évènement, dans les premiers mois de l'an 1398, Jean fut élu abbé de Saint-Seine.

Au début de son gouvernement, il fut souvent absent de son abbaye, retenu à Paris par ses études. Un titre du 19 mars 1401, n. st., mentionne « Jean de Blaisy, abbé de Saint-Seine, étudiant en l'université de Paris » (6). Pendant son séjour en cette ville, l'hôtel

1. Ibid., XXVII, 149, 163, 172.
2. L'abbé Guillaume, *Hist. de Salins*, I, p. 29.
3. Peincedé, XVII, 51.
4. Archiv. de la Côte-d'Or, B. 10522, cote 390.
5. Ibid., Peincedé, XVII, 51.
6. Ibid., Inventaire de St-Seine, n° 98, fol. 88.

qu'y possédaient les archevêques de Rouen, lui ouvrit
avec empressement ses portes. Le siège de Rouen était
alors occupé par Guillaume de Vienne, frère de l'amiral,
parent des Blaisy. Guillaume avait d'ailleurs gouverné
l'abbaye de Saint-Seine de 1375 à 1388. Intelligent et
hardi, il avait entrepris la restauration qu'attendait depuis plus d'un siècle l'église du monastère, à demi ruinée
par un incendie. Il y avait fait construire son tombeau,
« un des plus magnifiques de la province après ceux de
Champmol » (1). Evêque, loin d'oublier l'œuvre première et préférée, il y veillait toujours, y instituait des
fondations. Aussi l'élection de Jean de Blaisy dut-elle
le réjouir, et peut-être y avait-il contribué. Il voyait dans
le nouvel abbé l'instrument assuré de ses desseins.
Quand Guillaume mourut à Paris, l'an 1407, Jean de
Blaisy était près de lui, et assista à la dictée du testament. L'archevêque fit plusieurs legs à Saint-Seine, et
ordonna que l'on transportât ses restes dans le tombeau
qu'il s'était préparé. Jean fut du nombre des exécuteurs
testamentaires (2).

Fidèle aux désirs de son cousin, dont il partageait
les vues, Jean de Blaisy a beaucoup fait et bien fait pour
son église abbatiale. Cependant il n'en put terminer la
reconstruction, son successeur non plus, et ce monument « austère et grave, non sans beauté », resta ina-
chevé.

« Ce fut, dit M. Chabeuf, un grand personnage que
Jean de Blaisy : nous le trouvons en 1402 et 1419 au
conseil de la duchesse ; en 1432 il prend part à ces con-
férences d'Auxerre d'où sortira le traité d'Arras ; il siège
plusieurs fois aux Etats généraux de la province, où il a
son rang le 10⁰ au banc des abbés ; sa devise, nous ap-
prend Palliot, était *avisez*, et il semble l'avoir de tous

---

1. *Mém. de la Commission des Antiquités de la Côte-d'Or*, an. 1884-1885, p. 49.
2. Ibid., p. 48, 54.

points justifiée. Cet excellent abbé, *optimus abbas*, ainsi qu'il est qualifié dans le *Gallia christiana*, mourut au mois de mai 1439 (1). »

Il fut inhumé dans l'église de Saint-Seine. Sa tombe, une simple dalle funéraire, dressée maintenant contre la muraille, présente « en profonde et belle gravure », un squelette, les bras croisés, tenant la crosse, volute en dehors; au-dessus, l'âme du défunt enlevée au ciel dans un linceul; à dextre, les armes de Blaisy. La bordure porte cette inscription en caractères gothiques du temps:

CY GIST FRERE JEHAM DE BLAISY DOCTEUR EN DECRET ABBE DE CESTE EGLISE DE SAINT SEINGNE EN LAM MIL CCC IIII^{xx} XVIII. LEQUEL A EMPLOYE DE SON POVOIR SON TEMPS AU SERVICE ET REEDIFICATION DE CESTE DICTE EGLISE. QUI TREPASSA LAM M CCCC XXXIX EN MAY. PRIES POUR LUY. (2)

Autrefois, vis à vis cette tombe, placée devant la table de communion, on voyait, au mur du sanctuaire du côté de l'épître, la statue de Jean de Blaisy, représenté à genoux. Cette statue faisait pendant au tombeau de Guillaume de Vienne.

Jean de Blaisy a scellé de ses armes tout ce que lui doit l'édifice reconstruit. Dans cette ostentation mondaine, alors trop commune, on ne reconnaît plus saint Benoit ni saint Bernard : le siècle a forcé la porte du cloître. En cela, néanmoins, Jean de Blaisy a peut être plus cédé au goût de l'époque qu'il n'a manqué d'humilité. De sa tombe s'échappe le parfum de cette vertu. Là, figuré sous forme de squelette, à l'état de poussière, tenant l'insigne de sa prélature et ayant à côté de lui ses armoiries de famille, il proclame, dans une saisissante confession, la bassesse de l'homme et le néant des grandeurs.

L'un de ses frères, Guillaume, tué à Nicopolis, ne semble pas avoir eu d'héritier direct ; mais Eudes laissa une

---

1. Ibid., p. 59.
2. Ibid., p. 156.

postérité, qui continua la branche cadette des Blaisy (1), jusque vers 1460.

Nous revenons à la branche aînée, qui dura plus longtemps. Alexandre I eut pour successeurs Jean II, sire de Blaisy, et Geoffroi II, sire de Mauvilly. La filiation de Jean et de Geoffroi n'est fournie par aucun document. Ils sont frères : le fils de Jean, Alexandre II, nous l'atteste (2). Mais rien n'explique, d'une manière expresse, s'ils sont fils ou neveux d'Alexandre I. Toutefois, il est plus juste de les regarder comme ses fils, car ils héritent seuls de ses domaines, et paraissent descendre d'Aalis de Drées, épouse probable, avons-nous dit, d'Alexandre I. D'ailleurs, pas un titre n'insinue qu'ils soient nés de Geoffroi I.

Au mois de juin 1345, « Jehans sires de Blasey, chevaliers » passa une transaction avec « le couvent de la Boixière » relativement au messier chargé de la garde des prés de Solle (3).

Jean II épousa Jeanne de Jaucourt, dont il eut trois enfants : Alexandre II, sire de Blaisy ; Marguerite, mariée à Gui de Pontailler, seigneur de Talmay ; Isabelle, mariée à Jean de Crecey (4). Jean II de Blaisy était mort en 1358.

Alexandre II, sire de Blaisy, donna son dénombrement en 1364. Il est cité dans beaucoup de titres, pour affaires domaniales, mais il n'eut pas de rôle important dans la province. Ses plus intimes relations de famille sont avec Geoffroi II, son oncle, et le fils de celui-ci, Jean III,

---

1. Peincedé, XXVII, 434; XXVIII, 981; XXIII, 386.
2. Ibid., XXVII, 175, 179.
3. Archiv. de la Côte-d'Or, II. 531, La Bussière, Commarin, Solle. — Bibl. nat., coll. Joursanvault, XX, La Bussière, fol. 30.
4. Peincedé, XXVII, 175; XXVIII, 447; XXIX, 612.

« son cher cousin et frère ». Il eut de son épouse, Yolande de Thil-Saint-Beurry, Jean IV, qu'il maria l'an 1386, à Marguerite, fille de Richard Bouhot, licencié es lois (1).

Jean IV mourut sans hoir, et en lui finit le premier rameau de la branche aînée.

C'est au second rameau, dont Geoffroi II est la tige, que les Blaisy doivent leur illustration politique. D'abord écuyer du comte de Tonnerre, Robert de Bourgogne, frère du duc Eudes IV, et ensuite chevalier du duc lui-même, Geoffroi, sire de Mauvilly, cumula bien vite les charges : membre de la Chambre des Comptes, gruyer de Bourgogne, lieutenant du gouverneur (2). Ses domaines s'accrurent en même temps des libéralités qui rémunérèrent ses services. Sous Philippe de Rouvres, en 1358, il conduisit une compagnie de nobles au combat de Brion-sur-Ource, énergique résistance vainement opposée aux progrès de l'invasion anglaise. Il avait siégé aux États généraux de 1352, 1355, 1356 ; il siégea encore à ceux de 1362. En 1366, Philippe le Hardi le nomma gouverneur du duché en son absence. Ainsi fleurirent sa prospérité et sa fortune (3).

Geoffroi contracta plusieurs alliances. Sa première femme fut Isabelle, fille de Gui de Prangey, seigneur de Beire. Isabelle mourut en 1337 et fut inhumée à Prâlon (4). Quelques années plus tard, 1341, Geoffroi épousait Jeanne de Rupt, et avait pour témoins de ce

---

1. Archiv. de la Côte-d'Or, B. 10511, cote 2; B. 11268, fol. 16 bis; Peincedé, XXVII, 256.
2. Ibid., Peincedé, XXV, 563; XXII, 2, 43 ; XXVII, 55. — D. Plancher, III, p. 17 et Preuves. p. 18.
3. *La noblesse aux États de Bourgogne.* — D. Plancher, II et III.
4. Bibl. de la ville de Dijon, *Fatras de Juigné*, II, 290. — L'inscription de la tombe d'Isabelle est empruntée à une copie des notes de Palliot, et le nom de cette femme est ainsi traduit : « Proiges ou Praigney », double altération de « Proingi », ancienne graphie de Prangey. — Cf. L'abbé Bourgeois, *Hist. de Beire le Châtel*, p. 69; E. Petit, V, p. 486.

second mariage ses cousins Jean et Eudes de Chaudedenay (1). Jeanne, décédée en 1358, reçut la sépulture dans la chapelle Notre-Dame-Saint-Georges, que son mari avait fondée en la Sainte-Chapelle de Dijon. Geoffroi convola à de troisièmes noces, suivant un document de juin 1363, où sont mentionnés les fiefs qu'il tenait à Bissey-la-Pierre, « tant à cause de lui comme à cause de sa femme et des enfants de sa femme » (2).

C'est peu après son mariage avec Jeanne de Rupt que Geoffroi II fit ériger la chapelle dont il vient d'être parlé (3). Cette chapelle fut dite de Blaisy. Geoffroi y fut inhumé près de Jeanne de Rupt, et, d'après Palliot, on lisait sur leur commune tombe cette double inscription : « Ci git messires Joffroy de Blaisey, sire de Mavoilley, chevalier, qui trespassa l'an mil ccc.lxxii. Ci git madame Jehanne de Rup sa femme, qui trespassa l'an mil ccc.lviii (4). » Plusieurs membres de la famille y élurent aussi leur sépulture : Jeanne de Saint-Vérain, femme de Guillaume de Blaisy, écuyer, 1349 ; Isabelle de Blaisy, fille de Geoffroi II, 1381 ; Jeanne de Blaisy, fille de Geoffroi I, 1382.

Geoffroi II portait les armes de Blaisy, mais avec une *fasce frettée*, comme on le voit par les empreintes de son sceau (5). Telles sont aussi les armes de sa fille, Agnès, et de sa bru, Isabelle de Choiseul (6).

Un fils de Geoffroi et de Jeanne de Rupt, Jacques,

---

1. L'abbé Guillaume, *Hist. de Salins*, I, p. 351. — Peincedé, XXVII, 74.
2. Archiv. de la Côte-d'Or, B. 10510, cote 124.
3. *Mém. de la Commission des Antiquités de la Côte-d'Or*, t. VI, p. 118-119.
4. Bibl. de la ville de Dijon, *Fatras de Juigné*, II, p. 291. — La copie des notes de Palliot, l. c., donne une date inexacte pour le décès de Geoffroi II de Blaisy « 1362 ». Geoffroi n'est mort qu'en 1372. — Nous avons donc rétabli la véritable leçon dans l'épitaphe. — Cette inexactitude du transcripteur a induit en erreur M. de Juigné dans son essai généalogique sur les Blaisy : le personnage dont il a fait « Geoffroi III », est le même que Geoffroi II. — Cf. Peincedé, XXV, 675, 676, 677.
5. Archives de la Côte-d'Or, B. 10512, cotes 74, 111, 296. — Cf. *Fatras de Juigné*, II, 287.
6. Ibid., B. 340, cote 102 ; B. 10520, cote 423.

mourut jeune, et fut enterré dans l'église de Mauvilly. Sur sa tombe étaient gravés deux écussons, dont Palliot donne un croquis : on reconnaît dans l'un les armes de Blaisy et dans l'autre, chargé d'une bande accompagnée de plusieurs croix en chef et en pointe, les armes de Rupt, qui étaient : *D'azur à la bande d'or, accompagnée de sept croix fleuronnées au pied fiché de même, quatre en chef et trois en pointe* (1).

Les autres enfants de Geoffroi II furent : Jean III, sire de Mauvilly; Agnès, mariée 1° à Philippe de Monestoy, 2° à Robert de Florigny; Isabelle, mariée à Huot de Seigny; Guillaume, seigneur de Tarsul, époux d'Isabelle de Choiseul, dame d'Ormoy-sur-Aube (2).

Non moins illustre que son père, Jean III, chambellan du duc et du roi, fut tué à Nicopolis. Il avait épousé Jeanne Damas de Marcilly (3).

Mauvilly et les autres biens de Jean III passèrent à ses fils Hugues et Alexandre III (4). Cet héritage comprenait des droits sur le château de Chaudenay. En effet, par suite d'un arrangement entre les descendants d'Alexandre I, la moitié de ce château était restée un fief de Blaisy, et l'autre moitié était devenue un arrière fief, relevant immédiatement du sire de Mauvilly, et médiatement du sire de Blaisy.

Les deux frères firent plus que de recueillir l'hoirie paternelle, ils rachetèrent des héritiers de leur cousin, Jean IV, mort sans enfants, le château de Blaisy avec ses dépendances; la moitié de Blaisy-la-Ville resta cependant aux Crecey, qui la reprirent de fief des nouveaux seigneurs. Cette acquisition impliquait la mouvance pleine et entière de Chaudenay, et le 28 juillet 1413,

---

1. Bibl. de la ville de Dijon, ms. de Palliot, I, p. 1133.
2. Peincedé, XXV, 677; XXVII, 48, 131, 132, 241, 409.
3. Ibid., II, 320.
4. Ibid., XXIII, 139.

Alexandre III, en son nom comme au nom de son frère, rendait hommage pour ce château au seigneur d'Antigny, Louis de Noyers (1).

Par Alexandre III, marié à Catherine de Montaigu, se continua la lignée des sires de Blaisy. Son fils, Claude I, épousa Jeanne de Grandson, fille de Jean de Grandson et de Jeanne de Vienne. De cette union naquit Claude II, baron de Blaisy, vicomte d'Arnay, seigneur de Couches, Brognon, Bellevesvre, etc. (2).

L'écusson sculpté de Claude II a été trouvé parmi les ruines du château de Blaisy, et l'un des propriétaires actuels l'a placé au dessus de l'entrée d'un verger, qui couvre la pointe de l'ancienne assiette des constructions féodales. « Cet écusson porte : *au 1er, de Blaisy plein ; au 2e, parti de Bourgogne ancien et d'(argent) à cinq mouchetures d'hermine posées en sautoir*, qui est de Montaigu ; *au 3e, pallé d'(argent) et d'(azur) de six pièces à la bande de (gueules) chargée de trois coquilles d'(argent) brochant sur le tout*, qui est de Grandson ; *au 4e, de (gueules) à l'aigle éployée d'(or), becquée et membrée d'(azur)*, qui est de Vienne. »

On voit ici les armes de Blaisy pleines : c'étaient en effet les descendants de Geoffroi II qui représentaient cette maison, depuis l'extinction du premier rameau de la branche aînée. La 2e partition renferme les armes de Bourgogne ancien, parce que les Montaigu étaient une branche puînée de la maison ducale, remontant à Alexandre, second fils d'Hugues III et d'Alix de Lorraine. Ce serait faire confusion à ce sujet, que de donner aux

---

1. Ibid., II, 300. — Bibl. de la ville de Dijon, ms. de Palliot, I, p. 766-769. — Les enfants de Hugues de Blaisy, frère d'Alexandre III, eurent pour curateur Jacques de Courtiamble, chevalier, seigneur de Commarin, qui était marié avec Jacquette de Blaisy, dont nous ignorons la filiation. Archives de la Côte-d'Or, Titres de famille, E. 647, titres de 1417 ; Peincedé, XXVII, 255, 457.

2. Peincedé, XVII, 835 ; XXVII, 409. — *Fatras* de Juigné, II, p. 294. — Inventaire de S. Seine, n° 98, fol. 202.

anciens Blaisy les armes de Bourgogne. On ne connaît point les armoiries des maisons qui précédèrent les Chaudenay à Blaisy, et l'on vient de dire à quelle époque ceux-ci, devenus seigneurs de Couches, écartelèrent de Bourgogne-Montaigu leur antique blason.

Claude II et son épouse, Louise de la Tour d'Auvergne, ne laissèrent qu'une fille, Suzanne, qui, en 1508, porta en dot le château et le fief de Blaisy à Christophe de Rochechouart, seigneur de Chandenier, Javarzay, etc. Suzanne de Blaisy mourut le 25 novembre 1525. Ses biens furent partagés entre ses enfants : Philippe de Rochechouart, baron de Marigny-sur-Ouche ; René, seigneur de Couches et de Brognon ; Claude, seigneur de Blaisy et de Bellevesvre ; Gabrielle, épouse de François Pot, seigneur de Chassingrinant ; etc. (1)

A la fin du XVIe siècle, la terre et seigneurie de Blaisy se trouvait tout entière aux mains de Christophe Pot, fils de Gabrielle ; mais un arrêt du parlement adjugea ces biens à Jean Jacquot, trésorier général en Bourgogne : l'affaire se traita de 1598 à 1603. Jean Jacquot fit bâtir sur l'emplacement de l'ancienne basse cour féodale, le château qui existe encore, aménagé pour l'exploitation d'une ferme (2).

Ainsi les Chaudenay-Blaisy se fondirent dans les maisons de Rochechouart-Chandenier, Pot de Rochechouart, et par celles-ci dans beaucoup d'autres : la branche de Drées de Gissey-le-Vieil, à laquelle tient la Mère Jeanne de Pourlans, réformatrice de Tart ; les Fuligny-Damas ; etc. Par des alliances antécédentes se rattachent aux mêmes Blaisy les Chauvirey et les Le Mairet,

---

1. Peincedé, XVII, 835 ; XXVIII, 989, 1099 ; VIII, 196, 218. — P. Anselme, IV, 658 et suiv.
2. Archiv. de la Côte-d'Or, Titres de famille, E. 1542, 1588-1607. — On trouve deux dessins des constructions modernes, datés de 1699, Bibl. nat. Cabinet des Estampes, V a 33.

seigneurs de Mauvilly ; les Courtiamble de Commarin, les Pontailler-Talmay, les Crecey, les Monestoy, les Damas, Nesles, Chazan.

Quel souvenir les Chaudenay-Blaisy gardèrent-ils de saint Bernard? Leurs rapports avec l'abbaye de Pràlon et avec la famille de Fontaines n'ont pu manquer de leur rappeler les liens qui les unissaient au saint abbé, et d'aviver leur dévotion envers lui. Du moins, parmi les maisons qui tiennent d'eux cette parenté glorieuse, en voit-on plusieurs, comme les Courcelles-Pourlans, les Damas, se montrer fières d'un tel héritage.

APPENDICE

LES TOMBES DE BLAISY-HAUT

L'église de Blaisy-Haut (1) renferme plusieurs tombes des Chaudenay-Blaisy. Ces tombes consistent en simples dalles funéraires, où le lapicide a gravé, suivant le goût de l'époque, dans une arcature, le portrait des personnages, et en bordure, une courte inscription. Elles sont toutes plus ou moins mutilées ; quelques-unes même, depuis longtemps foulées par les passants, commencent à devenir illisibles.

1.
Dans la nef au milieu
1334
GARNEROT DE BLAISY

Un jeune écuyer, tête nue, portant la cotte de mailles et la jaque, tient de la main droite une lance et de la gauche l'écusson de Blaisy plein.

Epitaphe

✝ CI : GIT : GARNEROT : DE : | BLAISE : DAMOSEAUX : QUI : TRESPASSAI : LOU : LUN... | ...... | ... M : CCC : XXX : ET : IIII : LEX : HAIT : LAME : DE : LUI : AMEN.

Ce Garnier de Blaisy n'est cité dans aucun document. Il doit être un des fils puînés d'Alexandre I.

1. Nom actuel de Blaisy-le-Château.

2.

Dans la nef, côté de l'évangile

1329

BÉATRIX DE BLAISY

Une femme en costume religieux et joignant les mains. Pas d'armoiries.

Epitaphe

CI : GIT : MADAME : BIETRIX : | DE : BLAISEY : NONNE : DE : GRESIGNON : CUI : DEX : ASSOILLE : QUI : TRESPASSA : | LA : VOILLE : DE : SAINT : BERTH | OLOMIER : LAPOSTRE : LA : DE : GRACE : M... PRIEZ : POR : LI : AMEN.

Le millésime, effacé aujourd'hui, a été lu par Palliot (1), qui donne : 1329. L'abbaye bénédictine de Crisenon, située près Sainte-Pallaye, au diocèse d'Auxerre, eut beaucoup de religieuses appartenant aux maisons de Bourgogne. Béatrix de Blaisy est probablement sœur de Garnier, qui précède.

3.

Dans le sanctuaire, devant l'autel

1341

ALEXANDRE SIRE DE BLAISY

Cette tombe est d'une belle gravure. La partie supérieure de la dalle est détruite. On voit un chevalier, vêtu du haubert et de la jaque, ceint de l'épée, armé d'une lance et portant l'écusson de Blaisy plein ; sous ses pieds un lion tourné à sénestre.

Epitaphe

.... | .. ES : SIRES : DE BLAISEY : CHEVALIERS | : QUI : TRESPASSAY : LAN : DE : | GRACE : M : CCC : XL : I : LEVARDI : APRES : LA : FESTE...

Les lettres finales du nom propre ES et la date 1341 ne permettent aucun doute. Cette tombe est celle d'Alexandre I.

1. Bibl. de la ville de Dijon. *Fatras* de Juigné, II, p. 299.

4.
Dans le sanctuaire, côté de l'évangile
1335
AALIS DAME DE BLAISY

Une femme, la tête voilée, les mains jointes, portant robe et manteau à longs plis ; de chaque côté, à la hauteur des épaules, deux petits écussons : à dextre, de Blaisy plein ; à sénestre, parti de Blaisy et *de ... à trois oiseaux de ... au chef de ...*

Epitaphe

CI : GIT : MA : DAME : AALI... | ...... | ... DI : DEVANT : L.... | .. M : CCC : XXX : I : V : DEX : AIT : LAME : AMEN.

Du moment que les armoiries de Blaisy se lisent dans l'écusson gravé à dextre et dans la première partition de l'autre, « Aalis » était dame de Blaisy. — Ses armoiries personnelles, qui occupent la seconde partition de l'écusson gravé à sénestre, reproduisent celles des sires de Drées, telles qu'on les voit dans l'église de La Bussière sur la tombe de Jean, sire de Drées, mort en 1314, et aux archives de la paroisse de Drée, sur la copie ancienne de l'épitaphe de Jean, sire de Drées, mort en 1453. L'antique blason de Drées ne portait pas de merlette, mais cet oiseau qu'en Bourgogne on appelait vulgairement *saffre*, espèce d'aigle de mer ou d'orfraie, représentée de profil, le corps droit et les ailes un peu levées. Les règles de l'art héraldique spécifient les merlettes par la suppression du bec et des pattes; mais ces règles ou du moins leur application absolue ne remontent pas bien haut. A Fontenay, sur une tombe des Mello, paraissent des merlettes avec tous leurs membres. Par contre, plusieurs sceaux portant des saffres présentent ces oiseaux sans pattes. Dans l'écusson d' « Aalis », les oiseaux ont le port des saffres, corps droit, ailes légèrement levées, mais point de pattes. Ce déficit, d'après ce qui vient d'être dit, n'empêche pas de voir ici les armes de Drées.

C'est donc à la maison de Drées que devait appartenir Aalis, dame de Blaisy.

Cette conclusion est appuyée par les relations de famille qui existent entre les Chaudenay-Blaisy et les Drées, à partir d'Alexandre I. En 1335, « noble homme Messire Alexandre, seigneur de Blaisey », chevalier, Jean de Drées, Jean de Blaisy, écuyers, participent à un même acte. Lorsque Robert et Guillaume de Drées se partagent, en 1358, le patrimoine de leur père et mère, ils le font devant Geoffroy de Blaisy, sire de Mauvilly, chevalier, et Hugues de Drée, écuyer. La Grange de Chevannay, tenue par les Blaisy, mouvait en 1368, du fief d'Hugues de Drées. Enfin, l'an 1371, Alexandre II de Blaisy et Robert de Drées règlent de concert un intérêt de famille, et sont tenus d'obtenir le consentement des enfants d'Hugues de Drées (1).

Aalis de Drées, dame de Blaisy, décédée en 1335, fut sans doute l'épouse d'Alexandre I.

5.

Dans le sanctuaire, côté de l'épitre

1567

SUZANNE DE BLAISY

Cette tombe, de plus petites dimensions que les autres, d'une gravure peu profonde, est déjà très effacée. Elle ne présente pas d'arcature ou de baldaquin. On distingue, encadrée seulement par la bordure, une dame, costume XVIe siècle, avec une coiffure à larges ailes, en partie relevées.

Epitaphe

Cy est la representation | de excellente dame madame svzanne de blesy qve a | fait faire.. | ..messire françois de pot chevalier. 1567.

Suzanne de Blaisy, épouse de Christophe de Rochechouart-Chandenier, mourut en 1525. C'est probablement par les soins de sa fille, Gabrielle, mariée à François Pot, que cette

---

1. *Hist. de Drée*, p. l'abbé Ferret, Dijon, 1890, p. 43, 47. — Peincedé, XXVII, 149, 177.

tombe — peut-être un simple cénotaphe — fut posée, dans l'église de Blaisy, l'an 1567. A cette date — 29 novembre — il y eut reprise de fief des deux tiers de la baronnie de Blaisy par « Jean et Christophe de Pot, fils et donataires de dame Gabrielle de Rochechouart, femme de messire François de Pot, chevalier, seigneur de Chassingrinant »(1). Gabrielle, qui ne survécut pas longtemps à cet acte, aura voulu, avant de mourir, rendre à sa mère un dernier hommage.

Les inscriptions reproduites sont gravées en lettres onciales, excepté celle de la cinquième tombe où l'on trouve des caractères romains. Sur cette même tombe la séparation des mots est peu marquée. Sur les autres les mots sont généralement séparés par deux points. Pour la tombe n° 3, celle d'Alexandre I de Blaisy, il y a trois points entre chaque mot, bien qu'une difficulté typographique n'ait permis que d'en reproduire deux.

1. Archiv. de la Côte-d'Or, B. 10660, cote 35.

GÉNÉALOGIE DES CHAUDENAY-BLAISY, I

Armoiries : *D'or à la fasce de sable, accompagnée de six coquilles de même, trois en chef, trois en pointe.*
Domaines : Chaudenay-le-Château, Chaudenay-la-Ville, Thoisy-le-Désert, Blaisy, Chevannay.

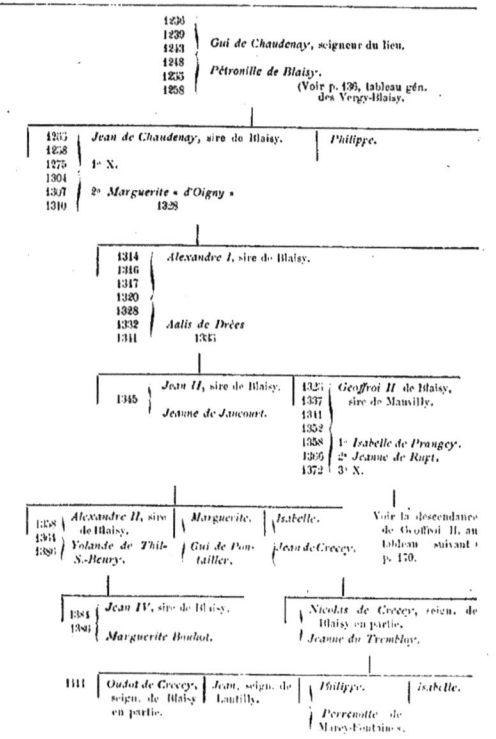

TOMBE DE HUGUES DE FONTAINES

GÉNÉALOGIE DES CHAUDENAY-BLAISY, II

Domaines : Mauvilly, Ta...-l...-les-Souly, Neuilly-lès-Dijon, Villars près Semur.

Voir le tableau précédent, p. 164.
- 1325 / 1337 / 1358 / 1372 — Geoffroi II de Blaisy, sire de Mauvilly. 1° Isabelle de Prangey. 2° Jeanne de Rupt. 3° X.

- 1367 / 1386 — Jean III de Blaisy, sire de Mauvilly, chambellan du roi et du duc. Jeanne Damas de Mauvilly.
- 1372 / 1373 / 1381 — Isabelle. Huot de Seigny, remarié à Isabelle de Saffres.

- 1388 / 1400 / 1412 / 1413 — Hugues. Huguette de Chassenage.
- 1398 / 1404 / 1413 — Alexandre III de Blaisy. Catherine de Montaigu-Couches.
- Guillaume.

- Jean V. 1425 — Agnès. Jean de Chauvirey. (Peincedé XXVII, 457.)
- 1424 / 1448 — Claude I de Blaisy. Jeanne de Granzon.
- Alexandre IV. Jacquette.

- 1451 / 1483 — Claudine de Chauvirey. (Ms de Palliot, I, 805, 810. — Peincedé VIII, 127.) Jean Le Mairet, seig. de Mauvilly, et Château-Renaud (S.-et-L.)
- 1473 / 1479 / 1486 / 1503 — Claude II, seign. de Blaisy, Couches, Brognon, etc. Louise de la Tour d'Auvergne.
- Guillaume.

- Guillaume Le Mairet.
- Mlle. Charlotte. Guillaume de La Thieullière.
- Jeanne. Guillaume Poinceot, seign. de Theuissey.
- 1508 / 1523 — Suzanne de Blaisy. Christophe de Rochechouart-Chandenier.

- 1368 / 1374 / 1379 / 1390 / 1403 / 1421 — Agnès. 1° Philippe de Monestoy. 2° Robert de Florigny. du 1er lit. Huguenin de Monestoy.
- 1350 / 1353 — Guillaume. Isabelle de Choiseul, dame d'Ormoy.
- 1326 — Garnier de Blaisy. (Peincedé XVII, 385 ; D. Plancher, III, Pr. p.39.) Jacquette d'Angoulevant. (Peincedé XVII, 385 ; XXVII, 76.) 1364

§ 4

LES SAULX-FONTAINES

Sur le plateau qui s'étend au Nord de la rivière de l'Ignon, entre Is-sur-Tille et Moloy, s'élève, pareille à un cône volcanique, la montagne de Saulx. Au sommet était bâti le château-fort de ce nom, vrai nid d'aigle que le roi Henri IV qualifiait plaisamment *le nid à rats*. Démoli à la suite de la Ligue, il n'a laissé aucun vestige.

La vallée de L'Ignon renfermait plusieurs dépendances de ce château : Courtivron, Tarsul, Villecomte. Plus loin, dans la direction de Dijon, d'autres maisons fortes en relevaient également : Vernot, au fond d'une combe sauvage ; Vantoux, habitation plus riante, déjà rapprochée de la cité ducale et voisine de Fontaines.

Le château de Saulx mouvait, à l'origine, de l'évêché de Langres. Ce fut une branche de la maison de Grancey qui le tint jusqu'à la fin du XIIIe siècle, époque où il fut acquis par la maison de France et entra dans le domaine de nos ducs. L'évêque Brunon avait constitué les sires de Saulx ses avoués et protecteurs, et leur avait donné en retour le titre de comte, sorte de fief nu qu'ils conservèrent jusqu'en 1179. Gui de Saulx le vendit alors au duc de Bourgogne Hugues III, qui le remit à son oncle l'évêque de Langres (1).

1. Migne, col. 1435, C.

De 1182 à 1193 le seigneur de Saulx fut le fils aîné de Gui, nommé Othon. Celui-ci ne porta donc plus, comme son père et tous ses ancêtres, le titre de comte : déjà commençait pour cette maison le déclin de la grandeur féodale. Cependant les domaines étaient toujours nombreux et riches. A ceux plus haut énumérés s'ajoutaient, dans le voisinage de Saulx, Villey, Poiseul, Frénois, Léry; à Dijon, plusieurs maisons ; dans la banlieue, des terres ; aux abords de la plaine, à Quetigny, Rouvres, Fénay, des terres ou des redevances.

Othon laissa vers 1193 la seigneurie de Saulx à Gui, son fils aîné (1). Ses autres fils furent *Guillaume le Roux*, seigneur de Vantoux en partie ; Hugues, chanoine de Langres ; Girard, seigneur de Vernot. Il eut aussi plusieurs filles, entre autres Sibylle, dame de Léry, et Dameron, dame de Villecomte. Sibylle épousa d'abord Gauthier de Minot, et ensuite Jacques de Bigorne. Sont nés de ce double mariage Foulques et Gauthier de Minot, Jean de Bigorne. Dameron eut également plusieurs maris : 1° Guillaume de Châteauneuf, dont elle eut Jean ; 2° Guillaume de Marigny-sur-Ouche, dont elle eut Guillaume et Alix de Marigny, celle-ci mariée à Huon de Vergy, puis à Milon de Frolois. (2)

Le deuxième fils d'Othon fut donc Guillaume le Roux, en langue romane « li Rosset ». Guillaume eut en héritage une partie de la terre de Vantoux (3), dont son frère

1. E. Petit, III, p. 327, 328.
2. D. Plancher, II, 414 et suiv. — Archiv. de la Côte d'Or, cartul. de S. Seine, ch. XXXV-XXXVII ; cartul. de S. Bénigne II, 119 A, Première partie, ch. 283 et 296. — E. Petit, IV, p. 205, 322, 421, 438.
3. Archiv. de la Côte d'Or, B. 11034, layette Saulx le Duc, chapitre collégial de N. D., cote 46 :

« Nos Amedeus abbas sancti Stephani divionensis et Johannes de Sauz decanus lingonensis notum facimus omnibus presentes litteras inspecturis quod, constitutus in presentia nostra, dominus Fulco de Migno miles cruce signatus recognovit, apud Divionem in itinere suo transmarino, quod ipse dedit et concessit in puram et perpetuam elemosynam Deo et canonicis de Sauz duas eminas

aîné garda la mouvance. Il épousa une petite nièce de saint Bernard, Belote de Fontaines, et de ce chef devint seigneur du lieu (1).

Belote était fille de Calon de Sombernon, car elle avait droit de suzeraineté sur la terre de Fontaines, comme on le voit, à la fondation de Bonvaux, qu'elle approuva en tant que dame du fief. Guillaume céda lui-même à ce prieuré, du gré de sa femme et de ses enfants, ce qu'il avait dans la dîme de Rouvres. Le cartulaire de Bonvaux contient deux chartes (2) attestant la ratification de ce don d'abord par Richard de Dampierre-sur-Salon en 1220, et ensuite par l'évêque de Châlon, en 1226 : dans la seconde, Guillaume est ainsi désigné « Guillelmus miles, frater domini Salii ». Belote mourut prématurément, vers 1220. Elle avait donné à son mari trois fils, Jean, Calon, Othon, et une fille, Aalis. Guillaume, cité encore en 1238, était mort en 1247 (3).

Outre le prieuré de Bonvaux, les abbayes de La Bussière et de Saint-Bénigne reçurent les libéralités de Guillaume le Roux.

Héritiers de leur mère et peut-être aussi donataires de leur père, les enfants de Guillaume et de Belote par-

bladi, medietatem consiliginis et medietatem tremisii, quas *dominus Guillelmus Ruffus de Saux* ei dedisse dicitur percipiendas annuatim in bonis suis de Vantoux, pro aliquo meffait quod timebat habere de dicto domino Fulcone ea ratione quod terram dicti domini Fulconis diu tenuit. De ipsis antedictis duabus eminis dicti bladi recognovit se investivisse canonicos supradictos, ita quod quicumque bona *dicti domini Guillelmi de Vantoux* tenebit, dictas duas eminas dicti bladi annuatim reddere tenebitur canonicis supradictis. In cujus rei testimonium, ad preces dicti Domini Fulconis, presentibus litteris sigilla nostra apposuimus. Actum anno Domini M. CC. XL. octavo, mense aprilis. » *Vidimus*.

En 1248 Guillaume le Roux était déjà mort, bien que la charte ne soit pas explicite à cet égard. — C'était pour sa terre de Vantoux et peut-être d'autres encore qu'il était vassal de son frère Gui, seigneur de Saulx. D. Plancher, I, Pr., p. 96.

1. Migne, col. 1478, C.
2. Archiv. de la Côte d'or, H. 27, n° 228, fol. 1.
3. Ibid. Peincedé, XVIII, 140; H. 82, S. Bénigne, layette Sombernon ch. de 1247.

ticipèrent de bonne heure à la jouissance de leurs terres et seigneuries.

Jean I est qualifié seigneur de Fontaines dans un titre de 1220. Il résulte de ce titre que Jean avait donné aux religieux de Bonvaux trois setiers d'huile de noix, pour l'entretien d'une lampe, et que cette redevance était assise sur Enguerrand de Fontaines, homme des Templiers. Il semble en résulter aussi que Jean ou ses prédécesseurs avaient encore donné aux Templiers deux journaux de terre près le château de Fontaines, deux autres au finage d'*Echirey*, une vigne sur le territoire de Chazeuil, et quelques sous de cens. Ainsi apparaît-il que la maison forte de Ruffey avec ses dépendances à Echirey pouvait être déjà entre les mains des seigneurs de Fontaines, comme nous l'y trouverons plus expressément par la suite (1). D'où venait cet héritage? A quelle époque précise fut-il annexé à la seigneurie de Fontaines? Nul document ne fournit la réponse à ces questions.

Jean I quitta le siècle et se fit religieux à La Bussière, où il célébra sa première messe, devant une nombreuse assistance, au mois de janvier 1226, n. st. Ces détails sont empruntés à une charte dont voici le texte :

Noverint universi præsentes pariter et futuri quod *Calo* filius domini Willelmi Ruffi de Sauz, die qua *frater ejus cantavit missam novam coram plurimis in capitulo Buxeriæ*, pro animabus omnium antecessorum suorum, dedit nobis (Deo ?) et fratribus Buxeriæ in elemosinam perpetuam unum sextarium frumenti in tertiis de Aubigneo annuatim capiendum. Hoc laudavit *soror ejus Aaliz domina de Bruce* ; et ut ratum habeatur, ad petitionem utriusque partis, ego Herveius dominus Sombernionis præsentem cartulam sigilli mei munimine roboravi. Actum est hoc anno Domini M. CC. XXV, mense januarii (2).

1. Migne, col. 1478-1479.
2. Bibl. nat. cartul. de La Bussière, lat. 17722, p. 147.

Hervé seigneur de Sombernon qui scella cette charte, était cousin de Jean I de Fontaines. Celui-ci n'est pas nommé dans la pièce, mais comme il ne reparaît plus désormais, il y a tout lieu de croire qu'il est réellement le « frère de Calon de Saulx » qui se fit moine à La Bussière. Un document ayant rapport à ce fait est ainsi analysé par F. de la Place : « Autre lettre par laquelle appert que Jean de Fontaines donne tout son bien à Guillaume de Fontaines, pour se mettre en religion. Datée de l'an mille deux cens (1). » La date a été lue incomplètement. « Guillaume » est-il l'exacte leçon ? N'est-ce pas à ses frères plutôt qu'à son père que Jean aura donné ses biens ? Peu importe.

Dans le partage primitif, lorsque Jean I devint seigneur de Fontaines conjointement avec son père, Calon eut le patrimoine de ses parents à Aubigny, Sombernon ; Othon eut Ruffey. Coyon ou Sainte-Marie semble avoir été partagé. Il y a motif de penser ainsi.

En effet, Guillaume et Belote ayant donné à La Bussière les pâturages d'Aubigny et de Sombernon, ce don fut rappelé un peu plus tard, dans une charte de 1222, portant qu'il y avait eu assentiment de Calon, à qui la terre d'Aubigny et de Sombernon était dévolue, « cui prædicta terra jure hæreditario successit » (2). On vient de lire la charte de la donation faite par Calon à la même abbaye sur les tierces d'Aubigny, en 1226. De plus, en 1231, Calon, approuvé de son épouse, Dannot, de son frère, Othon, et d'Hervé de Sombernon, seigneur du fief, donna à Cîteaux droit de pâture sur Sainte-Marie (3). Calon avait donc fief à Sainte-Marie, Aubigny et Sombernon.

1. Migne, col. 1486, B.
2. Archiv. de la Côte d'or, H. 526, La Bussière, ch. de 1222.
3. Ibid., cartul. de Cîteaux n° 169, fol. 87 : Hervé de Sombernon, seigneur du fief, atteste que « Calo filius domini Guillelmi Rosseth militis de Sauz, laude et assensu uxoris sue Damnon et Othonis fratris

En second lieu, suivant une charte non datée qui peut se rapporter à 1220 environ, « Odo Rosset de Sauz » engagea aux moines de Cîteaux, pour huit livres dijonnaises, sa portion des pâturages de Sainte-Marie. L'emploi de « Odo » pour « Otho » est assez fréquent ; le surnom du père était facilement attribué au fils : il est donc probable qu'il s'agit ici d'Othon, frère de Calon (1). Ensuite, l'an 1235, paraît au cartulaire de Molesme Othon, seigneur de Ruffey, qui doit être encore le frère de Calon, si cette terre appartenait aux Saulx-Fontaines. Nous rapportons la charte :

Ego *Otho dominus Ropheii* notum facio presentibus et futuris quod ego et *Amelina uxor mea* laudavimus monachis ecclesie Molismensi venditionem de Sancto Benigno et de Moytrum quam dominus Bartholomeus li Chanjonez fecit eisdem monachis, et nos eisdem monachis damus et concedimus in elemosinam quicquid juris in antedictis villis habebamus ; et ut hoc firmum permaneat presentem paginam sigillo meo sigillavi. Actum anno domini M. CC. XXX. V. (2).

Ainsi Othon était seigneur de Ruffey, et possédait une part de la terre de Sainte-Marie. Cette assertion n'est pas sans probabilité.

---

predicti Calonis, dedit Deo et B. Marie Cistercii et fratribus ibidem Deo servientibus, usuagium per totam pasturam de Coyon.. Cistercienses vero, respicientes bonam voluntatem ipsius, dederunt eidem Caloni propter hoc decem libras divionensis monete. Actum anno 1231. »

1. Ibid., fol. 86 : « Universis Christi fidelibus presentes litteras inspecturis Jacobus divionensis decanus salutem in Domino. Ad universitatis vestre noticiam volumus pervenire quod fratres Cistercii commodaverunt *Odoni Rosseth de Sauz* octo libras divionenses super partem suam pasture de Coion quam eis pro jamdictis denariis pignori obligavit tali interposita pactione quod quum dominus Guido de Coion devadiabit a monachis suam partem quam tenent nomine pignoris, predictus Odo tenebitur persolvere memoratis Cisterciensibus jamdictas octo libras infra mensem quo ab eisdem fuerit requisitus. Et sciendum quod ista devadiatio debet fieri mense Martii. Quod ut memoriam teneat firmiorem, ad peticionem utriusque partis in scripto redegimus. » Jacques doyen de la Chrétienté de Dijon paraît dans les titres durant les vingt premières années du XIII siècle. Gui de Coyon est cité encore dans une charte de 1222 : H. 526, La Bussière.

2. Cartul. de Molesme, II, fol. 75-76. Il s'agit des villages de Saint-Broing, et Moitron.

Dannot, épouse de Calon, est d'une famille inconnue. Ameline, épouse d'Othon, était sœur de Barthélemy le Chanjon, seigneur de Saint-Julien, de la maison de Grancey, branche Lucenay-Saint-Julien (1).

L'entrée de Jean I en religion reporta sur ses deux frères le droit à l'héritage de Fontaines. Aussi les moines du Petit-Clairvaux leur demandèrent-ils de ratifier, comme seigneurs du fief, la donation que Garnier de Fontaines fit à leur maison en février 1231. Au mois de septembre de la même année, Othon et Calon, « Otho et Kalo fratres, domicelli de Sauz, filii domini Willelmi de Sauz », donnèrent l'approbation voulue devant Robert doyen de la Sainte-Chapelle et Eudes doyen de la Chrétienté, et s'engagèrent à la renouveler, à Noël, en présence du duc ou de l'évêque de Langres, si les religieux le requéraient (2). Pareille précaution fut prise par l'abbesse de Prâlon, à propos de la grange de Changey, et même approbation fut accordée, devant les mêmes témoins, en novembre 1232, par Calon, alors adoubé chevalier, et Othon son frère « dominus Kalo miles, et Otheninus frater ejus » (3).

Othon mourut sans postérité ; du moins le manoir de Ruffey passa aux mains des fils de Calon, comme on le verra plus loin.

Celui-ci est cité le 6 juin 1246 dans le testament d'Hervé II de Saffres. Hervé rappelle que les sires de Saffres tenaient de « seigneur Calon de Saulx et de ses hoirs » plusieurs fiefs à Sombernon et dans le voisinage (4). Au mois d'août 1247, Jean doyen de la Sainte-

---

1. Archiv. de la Haute-Marne, cartul d'Auberive, Pars tertia : plusieurs chartes de ce recueil fournissent de précieux documents sur cette branche des Grancey. Ameline et Barthélemy étaient nés de Hugues le Chanjon, fils de Calon de Grancey dit de Saint-Julien qui figure dans la charte de commune de Dijon. (1187). — Cf. E. Petit, III, 286, 472 ; IV. 388.
2. Archiv. de l'Aube, cartul. de Clairvaux II, p. 276.
3. Migne, col. 1426, A.
4. Ibid., col. 1489, D. — Archiv. de la Côte-d'Or, titres de famille E, 34 bis.

Chapelle et Garnier doyen de la Chrétienté notifient que Calon de Saulx « dominus Kalo de Sauz, miles, filius domini Guillelmi Rufi de Sauz, militis, defuncti », a reconnu et approuvé la donation faite par son père à l'infirmier de Saint-Bénigne, donation qui était d'une émine de blé assise sur les tierces de Sombernon (1).

Vers cette époque, Calon reçut à Fontaines le dominicain Etienne de Bourbon qui hantait depuis quelque temps la contrée, et venait d'y prêcher. Dans le château natal de saint Bernard, Calon et son hôte s'entretinrent naturellement du saint abbé et de ses parents. Etienne était avide d'anecdotes, et il fut heureux d'entendre le seigneur de Fontaines lui conter le récit suivant.

« Lorsque saint Bernard eut converti tous ses frères et en eut fait des moines, leur père, plus enraciné dans le siècle, y demeura seul. L'abbé de Clairvaux vint alors à Fontaines et y fit une prédication. Il parla en plein air, près du tronc d'un vieil arbre. Tescelin était parmi les auditeurs. Saint Bernard voyant son père rester endurci, commanda à des hommes qui attendaient ses ordres, de mettre le feu à des brindilles desséchées qu'il leur avait fait amasser autour de l'arbre. Les brindilles s'enflammèrent rapidement, l'arbre fut plus long à prendre feu, mais à la fin la flamme jaillit du tronc, et il sortit des branches comme une sueur noirâtre avec des tourbillons de fumée. Quand l'incendie fut bien allumé, le saint se mit à décrire les peines de l'enfer. Il dit à son père qu'il était pareil à ce tronc d'arbre, qu'il ne pouvait être embrasé du feu de l'amour divin, ni pleurer ses péchés, ni

---

1. Ibid., H. 82, S. Bénigne, layette Sombernon : « Nos Johannes decanus capelle Ducis et magister Garnerus decanus Christianitatis divionensis notum facimus quod, constitutus in presentia nostra, dominus Kalo de Sauz miles, filius Domini Guillelmi Rufi de Sauz militis defuncti, recognovit quod dominus Guillelmus pater suus dedit et concessit, pro remedio anime sue et antecessorum suorum, Deo et infirmario sancti Benigni divionensis unam eminam frumenti percipiendam, singulis annis infra festum sancti Remigii, in *tertiis suis de Sombernione*... Actum anno Domini M CC. quadragesimo septimo, mense Augusto. »

soupirer vers Dieu; qu'à moins de faire pénitence, il irait en enfer, où éternellement il brûlerait, pleurerait et répandrait une fumée fétide. A ces paroles, le père fut touché de componction, et ayant suivi son fils, il se fit moine (1) ».

Nous avons traduit le texte d'Etienne de Bourbon. Est-ce exactement le récit sorti de la bouche de Calon ? L'auteur n'y a-t-il rien ajouté ? Qu'importe, on aime à voir qu'au château de Fontaines on ne contait pas seulement les prouesses des chevaliers, mais aussi les faits et gestes d'un grand moine, dont on avait le sang dans les veines. Saint Bernard n'était point oublié, et une légende se formait autour de son nom.

Calon de Saulx fut aussi témoin d'un événement de famille, auquel, sans doute, il ne put s'empêcher de prendre part. En 1249 ou 1250, lorsque les ossements de la B. Alette furent transférés de Saint-Bénigne à Clairvaux, le seigneur de Fontaines n'aura pas laissé exhumer ces précieux restes sans accourir, avec ses enfants, près de la tombe vénérée qui allait devenir un simple cénotaphe. Ainsi se conservait le souvenir de saint Bernard et de sa famille entière, parmi ceux qui, avec fierté, se nommaient ses arrière-neveux.

La fondation privilégiée des seigneurs de Fontaines, Bonvaux, attira spécialement l'attention de Calon. Par acte daté du mois d'août 1267, il y fonda son anniversaire et celui de son épouse, Dannot, moyennant la cession de ses biens, situés à Daix et Hauteville, biens qu'il avait jadis achetés d'Hugues de Pateau et de Renier son frère. Pateau était un fief du finage d'Avosnes. Cette donation se fit du gré de l'épouse de Calon, et de leurs fils, Jean et Guillaume (2).

Calon, décédé le 31 octobre 1270 ou le 1ᵉʳ novembre 1272, fut inhumé à Bonvaux. Sa tombe, élevée de terre

1. Migne, col. 967.
2. Ibid., col. 1430.

et posée sur quatre colonnettes, était dans la chapelle de Sainte-Catherine, attenante au chœur des religieux.

Aalis, sœur de Calon de Saulx, épousa en premières noces Etienne, seigneur de Bressey, dont elle eut plusieurs filles. Celles-ci étaient encore en bas âge quand mourut leur père, et Aalis ne tarda pas à se remarier avec Eudes de Domois. Une charte d'Hugues IV, duc de Bourgogne, datée de décembre 1233, atteste « que Eudes de Domois, chevalier, et Aalis son épouse ont reconnu avoir engagé au chapitre de Langres, pour quarante livres stéphanoises, tout droit qu'ils avaient sur la dîme de vin, à Fixin ». Ce droit était partagé par les filles nées de feu Etienne de Bressey et de ladite Aalis ; il fut stipulé que, si ces filles parvenues à l'âge légal refusaient leur consentement, le duc lui-même les dédommagerait (1). Aalis de Saulx eut de son second mariage, Guillaume, Guiot, Guillemette dite Dannot et Adeline. Parmi les enfants des deux lits on ne retrouve la trace que de Guillemette et d'Adeline.

Au mois de juin 1259, Aalis, « Aalydis soror domini Calonis de Sauz », donna aux Templiers de Crimolois le droit de prendre une charrette de bois dans toutes ses forêts de Bressey. Agréèrent cette donation Eudes, son mari, et tous leurs enfants, « Odo de Domois, miles, maritus dicte domine Aalydis, et Guillelmus, Guiottus, Dannoz... et Adelina, liberi dictorum domine Aalydis et domini Odonis » (2).

1. Bibl. nat. cartul. de l'Église de Langres, copie Bouhier. lat. 17100, p. 67.

« Ego Hugo dux Burgundie notum facio quod *Odo de Demois miles et Aalis uxor ejus...* recognoverunt se pignori obligasse in manu Capituli lingonensis pro XL libris monete stephaniensis quidquid juris dicti scilicet Odo et Aalis et *filiæ Stephani domini de Brece defuncti et prædictæ Aalis* habebant in decima vini de Fixins... Si vero prædictæ filiæ, cum ad legitimam ætatem pervenerint, laudare noluerint... ego prædictus Hugo dux tenor reddere... Actum anno M. CC. XXXIII, mense Decembris. »

2. Archiv. de la Côte d'Or, H. 1205, La Madeleine, layette Crimolois et Bressey. Le passage de la charte énumérant les enfants d'Aalis est

Aalis de Saulx et Eudes de Domois reçurent la sépulture à Bonvaux, mais la tombe commune qui recouvrait leurs cendres, ne porte point de date. Eudes était mort en 1276 (1).

Guillemette de Domois épousa Perreau, fils de Lambert de Rouvres. Lambert était un des principaux officiers de la cour ducale ; son fils fournit une carrière plus humble. Avec sa mère, Joyot, déjà veuve en 1257 et remariée à Falcon de Réon ; avec sa femme, plus ordinairement appelée Dannot, de son simple surnom, Perreau figure dans plusieurs titres, de 1257 à 1278. Ces titres notifient des ventes à Saint-Étienne, Saint-Bénigne, Bonvaux, sur les territoires de Bray, Domois, Genlis ; aucun ne donne à Perreau une postérité (2).

Adeline, sœur de Guillemette, fut mariée à Henri dit le Larron, qui tenait fiefs à Tenissey, Bellenot-sur-Seine, Vaux, Origny et Cosne. Elle était veuve en 1292, et avait pour fils Jean de Bellenot, dit aussi le Larron ou le Larrenat, dont les armes étaient : *de.. à un sautoir de.. au lambel à trois pendants de..* Chevalier du duc Eudes IV, Jean fut châtelain de Brazey, de Talant, de Rouvres, et auditeur des Comptes. Il laissa des enfants, mais sa fille Alix eut seule une postérité, qui s'est propagée par les seigneurs dits de Mypont, fief situé sur Puligny (3).

---

ainsi conçu : « nos Gūills, Guiottus, Dannoz Guiottus et Adelina liberi. » Dannot de son vrai nom s'appelait Guillemette : cartul. de S. Étienne n° 22, fol. L. Il semble donc que « Dannoz Guiottus » la désigne seule : il y aurait fausse graphie.

1. Ibid. B. 11620, cote 3 ; B. 11637, cote 4.

2. Ibid. l. c. et B. 10480, cote 263 ; cartul. de S. Bénigne H. 119 A, Deuxième partie, ch. 21, 78-81 ; cartul. de Bonvaux H. 27 n° 228, fol. 40 ; cartul. de S. Étienne n° 22, fol. XLI. et l. — E. Petit, IV, 418.

3. Ibid. Peincedé, I. 207 : on lit dans l'original : « Madame Adeline féme jadis monseignor Henri lou Larron de Tenissy chevaliers et Jehanz ses fils ; » 205 ; XXV, 180, 502, XXVII, 21, 51, 87, 147. — B. 357, cote 181 : sceau de Jean de Bellenot. — *Armorial de la chambre des comptes*, p. 105.

A Fontaines, après la mort de Calon de Saulx, ses fils Jean II et Guillaume possédèrent chacun une part de la seigneurie, mais la mouvance du tout appartint sans doute à Jean, qui était l'aîné. Parmi les autres biens patrimoniaux, Jean eut la terre de Ruffey, et Guillaume celle d'Aubigny. Tels furent du moins entre les deux frères les partages définitifs.

Dans sa portion du chatel de Fontaines, Guillaume eut l'héritage resté aux mains des Vergy-Blaisy. Ceux-ci ne continuèrent pas à tenir de lui ce fief, mais lui vendirent tout le droit qu'ils y avaient. Par acte daté de mars 1272/3, Hugues de Blaisy et Perreau, son fils, cédèrent, moyennant quatre-vingts livres viennoises, à Guillaume, seigneur de Fontaines, écuyer, le meix qu'ils possédaient dans le dit château de Fontaines, plus le tiers de la grande vignerie, et tout ce qu'ils avaient depuis la porte Guillaume à Dijon jusqu'au finage de Daix, et depuis le moulin de Chèvre-morte jusqu'à Ahuy » (1). Guillaume fut d'ailleurs préoccupé d'accroître son domaine de Fontaines : en octobre 1277, il acheta une pièce de terre des héritiers de feu Humbelin, maire du lieu ; en avril 1282, il acquit un jardin des enfants de Humbert (2).

Jean II eut pareil souci pour la terre d'Aubigny, d'abord comprise dans son partage : en décembre 1276, il racheta de Huguenin de Fleurey, au prix de seize

---

1. Ibid. Titres de famille, E. 123 : « In nomine Domini Amen. Anno Incarnationis ejusdem M. CC. septuagesimo secundo, Mense Martii, ego *Hugo de Blaiscio* miles et ego *Perrellus filius ejus*., notum facimus quod . vendidimus, concessimus et quittavimus in hæreditatem perpetuam *Guillelmo domino de Fontanis* domicello, pro se et ejus heredibus, mansum unum quem habebamus situm in castro de Fontanis et tertiam partem magnæ vigneriæ de Fontanis, et quidquid habemus, in castro, villa, finagiis et territoriis de Fontanis, scilicet in fortherecia, mansis, domibus, furno, hominibus, vigneriis, justitia, dominio, nemoribus,vineis, terris, corveis, emendis, foresfactis, tailliis, censibus, tertiis, decimis, pasturagiis, costumis, redditibus, exitibus, juribus, bonis et commodis quibuscumque, prout hæc omnia se ingerunt a Porta Guillelmi divionensis usque ad finagia de Dez et a molendino de Chèvremorte usque ad Aquæ Ductum, quæ omnia tam nos quam prædecessores nostri a dicto Guillelmo et suis prædecessoribus tenueramus in feodum et casamentum.. »

2. Migne, col. 1452, D, 1490, B.

livres viennoises, trois setiers de blé dûs annuellement sur les tierces de cette terre (1).

La même année, en novembre « Jean de Fontaines, damoiseau » était l'un des témoins de Guillaume de Saudon qui, assisté de sa femme, Lucie Bigot, vendit un quart de la dîme de Clénay, Bretigny et Ogny (2). Guillaume de Saudon, voisin des Saulx-Fontaines par ses possessions, pouvait avoir aussi, par sa femme, quelque affinité avec eux.

Un peu plus tard, au mois de juin 1284, « Jean seigneur de Fontaines » reprit de fief de noble homme Alexandre de Montaigu, seigneur de Sombernon, une corvée du finage de Fontaines (3).

Jean II et Guillaume furent armés chevaliers vers 1280.

L'année suivante, l'épouse de Guillaume, Agnès de Dampierre-sur-Salon, donna, relativement à ses partages de famille, une charte dont voici l'abrégé :

In nomine Domini Amen. Anno Incarnationis ejusdem millesimo ducentesimo octogesimo primo, mense junii, ego *Agnes filia deffuncti domini Odonis domini de Donnapetra super Salor*, militis, notum facio.. quod ego partita sum penitus et divisa a domino *Richardo domino de Donnapetra* et domino *Hugone domino de Charge, fratribus meis*.. in bonis omnibus paternis, maternis et acquisitis... Richardus mihi cessit... quidquid habebat de capite domine Clementie in villa et finagiis de Gemellis.. et Hugo.. quidquid habebat in villa et finagiis de La Chapele que est inter Blex et Charge.. et in magna decima de Sancto-Juliano et alibi in Valle Sancti-Juliani.. Hæc autem omnia.. ego *Guillelmus de Fontanis*,

---

1. Ibid. col. 1453. C.
2. Archiv. de la Côte-d'or, H. 53, S. Bénigne, layette Bretigny, ch. de novembre 1276 : « Ego Guillelmus miles, filius defuncti domini Joberti de Saudon militis, et ego Lucia ejus uxor, filia defuncti domini Dominici Biguot militis dyvionensis.. Actum in presentia Bonetti notarii divionensis et domini Angevini presbiteri curati *d'Eschire* et Stephani de Pruneto clerici divionensis et domini Guidonis curati de Plomberiis presbiteri, ac *Johannis de Fontanis* domicelli. »
3. Migne, col. 1490, C.

miles, maritus dicte Agnetis, laudo.. Testes : dominus Richardus de Montot, *dominus Johannes de Fontanis* et Guillelmus de Saudon, milites (1).

Agnès était petite-fille de Richard, seigneur de Dampierre et de Chargey, dont le sceau présente : *un lion*. Des membres de la même famille portaient *de.. à deux poissons de..*, mais ces secondes armes paraissent adventices, et les premières doivent être les anciennes armoiries patronymiques (2). Les Dampierre-sur-Salon étaient une famille considérable. Richard, aïeul d'Agnès, fut caution en 1230 au traité de mariage d'Hugues fils de Jean, comte de Châlon, avec Alix, fille d'Othe de Méranie, comte de Bourgogne (3). Eudes, père d'Agnès, avait quelque lien avec les Grancey, branche Lucenay-Saint-Julien, car, en 1248, il réclama la moitié de la ville d'Asnières, que le duc Hugues IV avait naguère acquise de Barthélemy le Chanjon et donnée ensuite à Saint-Étienne (4). On voit d'ailleurs ces Dampierre à Saint-Julien et au Val Saint-Julien.

1. Archiv. de la Côte d'Or, G, 123, S. Etienne, layette Saint-Julien.
2. Ibid., Peincedé, XVII, 234. Dans une analyse de titres provenant de l'abbaye de Theuley, Peincedé mentionne, l. c. « l'original d'une lettre de *Richard seigneur de Dampierre et de Chargey* — dominus de Donnapetra et de Charge — sous son scel, dont les *armes sont un lion*; juin 1235. »
En 1232, Richard seigneur de Dampierre vendit à Guillaume de Frites ce qu'il avait à Rouvres, Bretenières, Saint-Phal et Thorey, et reprit de fief du duc tout ce qu'il avait à Denèvres. La pièce est scellée du sceau de Richard, et l'empreinte porte *un lion* avec cette légende : † *S. Ricardi dni de Doepetra*, B. 10471, cote 113.
Richard eut pour fils Eudes et Gauthier : Peincedé, l. c. C'est d'Eudes sans doute que naquirent Agnès, épouse de Guillaume de Fontaines, et ses deux frères, Richard, seigneur de Dampierre, Hugues, seigneur de Chargey. Les armoiries de Richard et d'Hugues portent *deux poissons adossés* : B. 1279, cote 44 ; B. 10486, cote 3 ; E. Petit, V, 456. Ce sont également celles d'Eudes sire de Dampierre, en 1348 : Peincedé XXIV, 388, 405 ; celles de Jeanne de Chargey, XIV° siècle : Bibl. nat. collect. Joursanvault, tome XLVIII, fol. 127.— Sur une tombe des Dampierre-Chargey, de 1592, l'écusson présentait *un lion* : Peincedé, XVII, 244.
Il semble que primitivement cette famille ait eu un lion dans ses armes.
3. Peincedé, II, 601.
4 Cartul. de S. Etienne N° 22, fol. XXXVII.

Jean II de Saulx avait épousé Marie, sœur de Guillaume de Remilly, probablement Remilly-sur-Tille. Marie et son frère possédaient, à Dijon, une maison attenant aux Frères Mineurs, — les Cordeliers — récemment établis dans la ville ducale. Cette maison fut donnée aux religieux, comme le rappelle le titre suivant, d'octobre 1284.

In nomine Domini Amen. Anno Incarnationis ejusdem, M° CC° octogesimo quarto, mense octobris, nos *Guillelmus de Remilleyo, Joannes de Fontanis prope Talentum, milites*, et *Maria, uxor dicti Joannis, soror videlicet prædicti Guillelmi militis*, notum facimus.. quod nos pro remedio animarum nostrarum, damus donatione irrevocabili facta inter vivos.. pro nobis et nostris heredibus, Deo et conventui et fratribus divionensibus ordinis Fratrum Minorum quidquid.. habemus.. in domibus, mansis, pertinentiis, appenditiis et tenementis in quibus morabatur et quæ.. tenebat et possidebat, Aalis dicta li Rossette, filia defuncti domini (Girardi) li Rosset, militis, die qua dicta Aalis viam universæ carnis fuit ingressa : quæ omnia, in præsenti donatione contenta, sita sunt Divione, juxta mansum dictorum Fratrum Minorum ex una parte, et juxta mansum religiosorum virorum abbatis et conventus Albæripæ ex altera.. Actum in præsentia Hugonis de Cabilone notarii divionensis, *Joannis de Arcu, canonici Capellæ ducis* et Joannis li Realet de Belna clerici, testium ad hoc vocatorum, anno et mense prædictis (1).

Jean II et son épouse dirigèrent leurs sympathies, comme leurs aumônes, vers le couvent des disciples de saint François ; ils y choisirent leur sépulture, et leurs descendants imitèrent cet exemple. Guillaume, frère de Jean, et Agnès de Dampierre voulurent reposer à Bonvaux.

D'après les inscriptions jadis relevées sur les pierres tombales de l'église des Cordeliers, Jean, chevalier,

---

1. Archiv. de la Côte d'Or. II, 919, Cordeliers de Dijon, layette maisons.

sire de Fontaines et de Ruffey (1), mourut en 1297, le jour de l'Epiphanie ou pendant l'octave, et Marie, sa femme, au mois d'août 1307.

La dalle tumulaire de Guillaume de Fontaines, sire d'Aubigny, porte la date de 1307, le dimanche après la Trinité, et celle d'Agnès, la date de 1316, le jeudi après la Sainte Croix.

Les Appendices au présent paragraphe contiennent sur toutes ces tombes des notes précises et complètes.

Jean II eut pour enfants Gilles, qui hérita de ses seigneuries ; Marguerite, mariée à Hugues de Buffon ; et Dannot, mariée à Aymonin de Montoillot (2).

Guillaume de Fontaines et Agnès de Dampierre ont-ils laissé une postérité ?

Il se pourrait que Robert, sire d'Aubigny, inhumé près d'eux à Bonvaux, fût leur fils. Robert semble être parent de Dannot, fille de Jean II, pour laquelle il se fait fort dans un démêlé avec le chapitre de Langres, relativement à des intérêts communs sur le territoire de Fixey. Aymon de Dampierre, chanoine de la Sainte-Chapelle, est témoin du traité conclu à ce sujet (3). Plus tard, en 1379, un petit-fils de Robert, Philippe de la Chaume, est pris pour arbitre dans un arrangement de famille entre des descendants de Jean II (4). Robert et ses deux filles, Guillemette et Marie, ont des terres aux mêmes lieux que les Saulx-Fontaines, et de plus, aux environs de Chargey et de Dampierre-sur-Salon. Guillemette et Marie s'allient à des seigneurs riverains de la Tille : cette région est leur centre, plutôt qu'Aubigny. Leur père

1. Voir *Appendice B* la tombe de Jean de Fontaines. — Cf. Archiv. de la Côte-d'Or, H. 78, S. Bénigne, layette Ruffey et Echirey : en août 1295, mention au finage d'Echirey du « pratum domini Johannis de Fontanis ».

2. Migne, col. 1490, C. D.

3. Archiv. de la Côte-d'Or, G. 204, chapitre de Langres, titres de 1332 et 1333.

4. Ibid., B. 11277, fol, 89.

apparaît sur la scène de notre histoire locale, sans qu'on lui trouve d'ancêtres, à moins de ceux que nous supposons. Il est vrai, Robert ne porte pas les armes de Fontaines : *de.. à une fasce de.. avec trois saffres en chef.* La pièce qui figure sur les siennes, est *un lion.* Mais ne serait-ce pas le lion des Dampierre-Chargey ? Il faudrait néanmoins des documents plus explicites, pour donner du poids à cette conjecture.

Gilles, fils de Jean II, épousa Agnès, qu'une analyse de Chifflet appelle « Agnès de Chartrêtes » (1). En mai 1293, Jean, seigneur de Fontaines, et Marie, sa femme, empruntèrent deux cents livres viennoises, dot de leur belle-fille, « Agnesotæ domicellæ, uxoris Gileti domicelli, eorum filii ». En 1299, n. st., Agnès et son mari émancipèrent leur fille Marguerite (2). Depuis 1297, Gilles avait succédé à son père : il prit intérêt à sa maison forte de Fontaines, et obtint du jeune duc Hugues V l'autorisation de la faire créneller. C'est pourquoi, l'an 1310, à raison de la permission obtenue, il reprit en accroissance de fief une grange, avec son meix et dépendances, situés devant l'église. Il était alors chevalier (3). La mort ne tarda pas à le frapper, au milieu de sa carrière. Son testament est daté de novembre 1312, et sa tombe du 29 du même mois. Gilles avait élu sépulture aux Frères Mineurs, près de son père ; il nomma pour principal héritier Huguenin son fils aîné, et à défaut sans hoir Guyot, son autre fils ; il pourvut à l'entretien de ses trois filles, religieuses, Agnès à Saint-Jean d'Autun, une autre à Larrey, et la troisième au Lieu-Dieu (4).

Marguerite, sœur de Gilles, fut mariée à Hugues de Buffon. Des membres de cette famille possédaient des

1. Migne, col. 1490. D.
2. Ibid., C.
3. Archiv. de la Côte-d'Or, B. 10492, cote 45.— Migne, col. 1502, B.
4. Migne, col. 1491, A.

fiefs entre Sombernon et Nuits. En février 1307, n. st., Marguerite était veuve : elle vendit alors à Gilles, son frère, des terres qu'elle avait à Fontaines (1).

Dannot, autre sœur de Gilles, s'était unie à Aymonin de Montoillot. Il y avait une branche des Montoillot à Saint-Julien, qui est proche de Ruffey, dont la seigneurie appartenait aux Fontaines. Dannot fut veuve avant sa sœur, dès le mois d'août 1302. Vers 1310 ou un peu après, ayant acquis une rente de six boisseaux de blé, assise sur des terres du finage de Chaux, elle donna cette rente à « Sœur Marguerite, abbesse du Lieu-Dieu, en reconnaissance du bien que cette religieuse lui avait fait et lui faisait encore journellement » (2). En 1325 « Dannot de Fontaines » figure parmi les légataires de la duchesse de Bourgogne, Agnès, fille du roi saint Louis; elle est qualifiée « demoiselle de la duchesse » (3). Pendant les années 1332, 1333, elle chargea Robert d'Aubigny de la représenter près du chapitre de Langres, pour régler le différend survenu avec les chanoines, au sujet de la justice de Fixey, justice à laquelle participaient Dannot, Robert d'Aubigny, Guillaume de Raconnay demeurant à Arc-sur-Tille, et Marguerite, dame du Brulley près Saint-Romain.

A la mort de Gilles, ses deux fils étaient jeunes encore et leur mère administra la terre et seigneurie de Fontaines avec le reste de l'héritage. Agnès était active et énergique ; elle exerça jusqu'à la fin de sa vie un ascendant bien marqué, et fut, pendant une vingtaine d'années, « la dame de Fontaines », arbitre de toutes les affaires. En 1313, elle cautionna Hugues V, duc de Bourgogne, pour une somme considérable. En 1315, elle fit son

---

1. Ibid., col. 1490, D.
2. Archives de la Côte-d'Or, H. 1061, Lieu-Dieu, layette Chaux. — Les auteurs du *Gall. chr.* ont dû avoir une mauvaise copie de cette charte, tome IV, p. 504.
3. D. Plancher, II, Pr. p. 185.

hommage à Volnay. L'année suivante, ses enfants, Huguenin et Gui, établirent le partage de leurs biens. Voici le résumé de l'acte où est déterminée la part de Gui.

Guiotus, filius defuncti domini Gillonis quondam domini de Fontanis, militis, asserit se, laude et assensu *domine Agnetis matris sue,* esse partitum et divisum ab *Hugonino fratre suo,* in omnibus bonis que, ratione successionis et excessure dicte domine Agnetis, possent ad ipsum Guiotum et ad dominum Hugoninum devenire in futurum.. Importat.. videlicet centum libras turonenses in pecunia legitime numerata.. Item decem libratas terre que annuatim debentur dicte domine Agneti apud *Mercy* percipiende et habende, et tenentur ab ipso Guioto. Item importat quicquid ad ipsum Guiotum et ad fratrem suum devenit apud villam et finagium de *Gemellis* et de *Coigeyo*.. Item quatuor secturas prati sitas in prateria de *Roiffeyo.* Item quamdam domum, videlicet *saulam et tectum pertinens ad ipsam, sitam intra fossatos domus fortis eorum de Roiffeyo, juxta turrim,* cum medietate totius mansi siti intra dictos fossatos et cum medietate ipsorum fossatorum a ponte ipsius domus existente... Hoc laudat dicta domina Agnes. Testes dominus Bernardus presbiter et Perronetus de Corcellis (1).

Ainsi la part de Gui comprenait, avec une somme d'argent, des redevances ou des terres à Mercey, Gemeaux, Couchey, Ruffey, et, dans ce dernier village, la moitié de la maison forte. Huguenin eut donc Fontaines et l'autre moitié de la maison forte de Ruffey. Cette même année 1316, Agnès, en son nom et au nom de ses fils, porta plainte au bailli de Dijon contre les maire et échevins de cette ville, qui avaient forcé les prisons de Fontaines et enlevé deux prisonniers; la ville fut condamnée à réparer les prisons (2). La veuve de Gilles se défendit également contre les habitants de Talant, qui violaient son territoire, et obtint sentence favorable en 1321 et 1326. Dans plusieurs baux à ferme datés de

1. Archiv. de la Côte-d'Or, B, 11222, fol. XVII (anc. pagin.)
2. Archiv. municipales de Dijon, C. 15, cote 2.

juillet et septembre 1327, paraissent « noble dame Agnès, dame de Fontaines, et Huguenin, son fils, damoiseau, ». Agnès mourut vers l'année 1330, et Huguenin lui-même en 1334 ; il fut inhumé aux Cordeliers. Gui avait embrassé l'état ecclésiastique, et était chanoine de Langres.

Huguenin laissait veuve Simonne de Pontailler avec cinq enfants, Jean, Robert, Richard, Isabeau et Jeanne. Ces enfants avaient reçu doublement le sang de saint Bernard. Car Simonne, fille de Gui I de Pontailler, sire de Talmay, descendait de Jobert le Roux de Châtillon, dit de la Ferté, proche parent du saint et l'objet d'un de ses premiers miracles. Le chanoine de Langres prit en mains les intérêts de ses neveux, héritiers pour moitié du patrimoine de leur père. En 1339, il prêta deux cents livres tournois à sa belle-sœur (1). Celle-ci mit fin à son veuvage, au mois d'août de la même année, en épousant Hugues de Prangey, écuyer, seigneur de Beire en partie (2). Simonne s'engagea l'année suivante, en présence de Gui son beau-frère, à partager entre les enfants nés de son premier mariage, au moment où ils la quitteraient, la somme de cent vingt livres tournois représentant leur droit de moitié sur les biens meubles. Au bout de quelque temps, veuve une seconde fois, elle se remaria en troisièmes noces avec Jean d'Arc, seigneur de Chargey, de la maison d'Arc sur Tille (3).

Cependant les enfants de Huguenin de Fontaines atteignaient leur majorité. Au mois d'août 1347, Jean III,

1. Migne, col. 1492, A.
2. Archiv. de la Côte-d'Or, B, 11230, fol. 92 (anc. pagin.) : « Je Hugueninz de Proingey escuyers, sires de Bère en partie, faiz savoir à tous.. le mariage de moy et de Symonote de Pontoillier, feme feu Huguenin de Fontaines près de Dijon. Je lui douhée et douhois ladite Symonote de la moitié de la fort maison de Bère, des granges, vergex, curtils, etc. Témoins messires Eudes de Saulx sires de Ventoux chevaliers, Guillaume d'Arc escuyers et Jehanz Viviens de Saint-Julien, le jeudi après la feste de saint Pierre (ès liens) ». Dans les actes du mois d'août 1339. — Migne, col. 1492, A.
3. Peincedé, XXVII, 39, 172. — Migne, col. 1493, C, D.

TOMBE DE PONCE DE SAULX

agissant en son nom et au nom de ses frères et sœur, Robert, Richard et Isabelle, fit une pension viagère à Jeanne de Fontaines, leur autre sœur, religieuse à Larrey. Jeanne, de son côté, renonçait à ce qu'elle avait eu de la succession de son père et à ce qu'elle espérait de celle de sa mère (1). Dans plusieurs actes des années suivantes on voit Jean et ses frères administrer ensemble leurs biens et ceux de leur oncle Gui, à Fontaines, Ruffey, Couchey (2). En 1350, Jean donna son dénombrement pour « la quatrième partie du château de Fontaines, toute la messerie dudit lieu, et la quatrième partie de la justice » (3). Une moitié de cette seigneurie appartenait alors à Jean d'Arc, à cause de sa femme, et l'autre quart à Robert, frère de Jean III. Simonne étant morte au commencement de 1354, n. st., laissant à son dernier mari trois filles, Jeanne, Marguerite et Marie, un nouveau partage eut lieu entre les enfants des deux lits. Le chanoine de Langres avait sans doute précédé sa belle-sœur dans la tombe, car il n'intervint pas dans ce règlement de famille, dont l'arbitrage fut confié à d'autres parents, Eudes de Saulx, sire de Vantoux, et Aymon de Drambon, celui-ci beau-père de Jean III. C'est alors que Richard participa à son tour à la seigneurie de Fontaines, destinée à lui revenir tout entière, après le décès de ses frères.

Richard se fixa, d'ailleurs, au château de Fontaines, et commença vers 1360 à en être la personnalité la plus en relief. Jean III avait possédé de bonne heure, avec son oncle d'abord, puis seul probablement, la maison forte de Ruffey ; Jeanne, son épouse, était d'un château voisin, fille d'Aymon de Drambon et de Jeanne de Saint-Julien : ainsi Ruffey était-il devenu pour lui le séjour habituel et préféré (4). Au surplus, veuf en 1362, il sur-

1. Archiv. de la Côte-d'Or, B, 11249, fol. 21.
2. Ibid., B. 11241, fol. 38, 47 ; B. 11247, fol. 23, 28 ; B. 11254, fol. 19.
3. Ibid., B. 10506, cote 46. — Migne, col. 1493, D ; 1502, C.
4. L'abbé Guillaume, *Hist. de Salins*, I, pag. 35. — Archiv. de la Côte-d'Or, Peincedé XXVII, 129, 176.

vécut peu de temps à sa femme; et en 1366 ses deux filles, Agnès et Jeannette, étaient sous la tutelle de Richard, leur oncle (1). Quant à Robert, les documents apprennent peu de choses à son sujet : ils ne disent ni s'il fut marié, ni quel centre il put avoir en dehors de Fontaines ; ils ne citent même plus son nom après 1359.

Simples écuyers, comme leur père, les trois fils de Huguenin de Fontaines n'exercèrent aucun commandement dans les compagnies d'armes. Jean et Robert figurent dans la liste des nobles qui allèrent en 1358 au secours de Philippe de Rouvres contre les Anglais. Le 13 juillet 1359, Richard, « prêt à partir pour la guerre qui se faisait alors en France », fit son testament : il ordonna, s'il venait à mourir, que sa terre de Fontaines fût vendue au profit des églises par les soins de Robert, son frère, et de Geoffroi du Meix, son beau-frère, et que ses biens meubles fussent donnés à Robert (2).

La crainte de voir arriver les Anglais jusque sous les murs de Dijon, fit mettre sur pied de défense les châteaux et maisons fortes de la banlieue. Il fut enjoint par le gouverneur de la province à Richard, sire de Fontaines, de fortifier son castel. Richard lui-même donna, en septembre 1360, « une lettre de non préjudice à ses hommes dudit Fontaines qui avaient bien voulu faire garde et emparer sa forteresse » (3).

Dans une reprise de fief du 18 juillet 1366, Richard fit les déclarations suivantes : « Je Richars de Fontaines, seigneur dudit lieu, fais savoir pour moy et mes hoirs que je tiens de très souverain, puissant et excellent prince

---

1. Migne, col. 1503, B. — Archiv. de la Côte-d'Or, B. 10515, cote 338.
2. Archiv. de la Côte-d'Or, B. 11256, fol. 176. Le texte du Protocole, l. c., porte « Richardi du Mes », mais c'est évidemment une faute, pour « Jofridi du Mes ».
3. Ibid, Peincedé, XVII, 391.

Monseigneur le duc de Bourgongne la fort maison et forteresse séant en la ville de Fontaines près de Talant. Item une viez grangeote séant devant le moustier et une masères séant devant ladite grangeote. Item la place du four et la justice et la seigneurie de la dite ville de Fontaines.. — Item neuf meix *en la ville de Varnoul à cause de Philippe ma fame*, qui montent emprès douze livrées de terre, tant en homes taillaubles comme en censes. Item la moitié d'une maison qui est darré le moustier.. » (1). La femme de Richard était sa parente, Philippine de Saulx, de la branche de Vernot, issue de Gérard, frère de Guillaume le Roux seigneur de Fontaines.

En cette même année 1365, Richard, tuteur de ses nièces Agnès et Jeannette, filles de feu Jean de Fontaines, fit hommage en leur nom pour les biens et droits qu'elles possédaient « ès villes de Saulon, d'Aubiné et de Feenay ». Il doit être ici question d'Aubigny-lès-Magny, près Brazey-en-Plaine. Les héritières de Jean III avaient en outre des possessions à Izeure (2), une maison à Dijon et surtout la maison forte de Ruffey-les-Echirey, avec des terres ou redevances à Clénay, Saint-Julien, Lux. Jeannette mourut jeune et sans alliance (3). Agnès épousa Henri Petitjean de Trouhans (4). Ce mariage donna naissance à une nombreuse lignée, dite de Ruffey, que l'on a confondue à tort avec une branche du même nom de l'illustre maison de Vienne. Les Ruffey, issus des Saulx-Fontaines, font l'objet du paragraphe cinquième.

Isabelle, sœur de Richard, s'était mariée à Geoffroi du Meix, seigneur du lieu en partie (5), qui fut capitaine du

1. Ibid., B. 10515, cote 1.
2. Ibid., Peincedé, VII, 67.
3. Ibid., B. 11277, fol. 89 recto.
4. Ibid., l. c. et Peincedé, VII, 92.
5. Ibid., B. 11277, fol. 89 verso.

château de Talant en 1365, puis du fort de Vernot en 1366 (1). Geoffroi portait les armes de Villecomte : *un lion avec une bordure de besans* (2). Cité dès 1359 dans le testament de Richard, il eut en 1370 un démêlé avec Henri Petitjean, au sujet de la succession de Jeannette, fille de Jean de Fontaines. Celle-ci en effet n'avait pas laissé tout son bien à Agnès, sa sœur, mais elle en avait donné une partie à Isabelle, sa tante. L'accord fut établi par « nobles hommes Monseigneur de Magny et Monseigneur Philippe de la Chaume, chevaliers ». Le premier était Jean de Pontailler, seigneur de Magny-sur-Tille. Philippe de la Chaume avait pour aïeul Robert d'Aubigny. Richard de Fontaines figure parmi les témoins. — Au mois d'août 1376, Geoffroi du Meix, qui demeurait alors à Dijon, « dans sa maison dite *es Choignoz*, devant le four de la Croix, près la maison des religieux de Saint-Etienne d'une part et la voie publique de l'autre (3) », céda une partie de cette habitation à sa belle-sœur « Madame Jehanne de Fontaines, religieuse de Larrey ». Comme lui-même et ses enfants avaient reçu d'elle beaucoup de services, il voulut en retour mettre à sa disposition pour sa vie durant une chambre construite en pierre, *cameram lapideam*, située au fond de la maison, du côté du Suzon, avec le terrain avoisinant (4). C'était l'époque où un décret du pape venait de supprimer la communauté de femmes instituée à Larrey, afin de mettre un terme aux scandales que les vocations imposées et le laisser aller moral du temps avaient introduits en ce prieuré (5). Les religieuses pouvaient rester au couvent jusqu'à leur mort ; mais quelques unes furent

---

1. Ibid., Peincedé, XXII, 45, 49, 52.
2. Ibid., Peincedé, XXIV, 165 ; B. 11840, cote 167. — *Armorial de la chambre des Comptes*. — E. Petit, V, 459, 490.
3. La rue du four de la Croix était sur la paroisse Notre-Dame : c'est la partie de la rue actuelle de la Préfecture comprise entre la place Charbonnerie et l'hôtel de la Préfecture.
4. Archiv. de la Côte-d'Or, B. 11237, fol. 132 verso. — Cf. B 11238, fol. 10.
5. L'abbé Jobin, *S. Bernard et sa famille*, p. 523-524, 644-646.

sans doute recueillies par leurs familles, et Jeanne de Fontaines a pu être de ce nombre.

Le titre qui notifie cette donation, parle des enfants de Geoffroi du Meix ; ils devaient être nés d'Isabelle de Fontaines, mais ils sont demeurés inconnus, excepté Guillemette, mariée avant 1384 à Jean de Maisoncomte (1). Geoffroi, veuf d'Isabelle, épousa Jeanne de Blaisy, veuve elle-même de Jacques de Chazan (2). Jeanne étant morte en 1382, Geoffroi s'unit en troisièmes noces à Perrenote des Granges (3). Il vivait encore en 1391.

Richard paraît avoir vécu jusque vers 1388. Il siégea aux États-généraux de 1384 et de 1385 (4). Cousin par sa mère de Gui II de Pontailler, maréchal de Bourgogne, il eut avec lui d'intimes relations. Gui lui emprunta un jour son sceau pour l'apposer sur une quittance (5). Il désigna Richard en 1386, pour être un de ses exécuteurs testamentaires (6).

L'unique héritière légitime du sire de Fontaines, Marie, épousa Guillaume de Marey-sur-Tille. De cette union sortirent les Marey-Fontaines, objet du paragraphe sixième (7).

Ainsi finit la branche de la maison de Saulx insérée dans l'arbre généalogique de saint Bernard. Elle se fondit principalement dans les Ruffey et les Marey, qui transmirent le sang de l'illustre abbé à beaucoup de familles nobles, dont plusieurs subsistent, et sont restées fières de cette parenté. La manifestation de ces

1. Maisoncomte était un fief important du Nivernais, sur la commune actuelle de Corancy. — Peincedé VIII, 53 ; XVIII, 558, 577; XXV, 77 ; XXVII, 361, 364.
2. Archives de la Côte-d'Or, Peincedé, XVII, 132.
3. Ibid., B. 11314, fol. 65. — Cf. B. 11302, fol. 83, 92 ; B. 11277, fol. 130 verso ; Peincedé, VII, 22, 57, 80.
4. Ibid., B. 289. — *La noblesse aux États de Bourgogne.*
5. Ibid., B. 380, cote 47.
6. Ibid., Peincedé, XVII, 46.
7. Ibid., B. 11191. — D. Plancher, II, 435. — Migne, col. 1495, C.

sentiments éclatait, au XVe siècle, chez les Marey. Ceux-ci les avaient puisés surtout au château et dans la paroisse de Fontaines. Sur sa terre natale, en effet, saint Bernard était alors grandement vénéré. On montrait dans les restes du vieux donjon la chambre où il avait vu le jour. Son image, à l'église paroissiale, allait de pair avec l'image du titulaire saint Ambrosinien ; sa fête y était célébrée avec beaucoup de solennité, et une confrérie instituée en son honneur était tout à fait prospère.

APPENDICE A

LES TOMBES DE BONVAUX

En 1863, l'on voyait encore au prieuré de Bonvaux huit tombes des XIIIe et XIVe siècles, dont la Commission des antiquités de la Côte-d'Or prit alors des estampages. Arrachées un peu plus tard du pavé de l'église, ces tombes furent acquises par un amateur, qui en revendit une au Musée du Louvre, et les sept autres, en 1891, à la maison de Saint-Bernard de Fontaines. On trouvera désormais ces dernières, avec un moulage de celle qui est au Louvre, dans l'église dite du Centenaire de saint Bernard, élevée à Fontaines attenant de la chapelle des Feuillants.

Les lithographies de ces huit tombes ornent cet ouvrage. Elles ont été composées d'après la photographie des estampages, l'examen des dalles tumulaires elles-mêmes et quelques documents sûrs pour les parties disparues. On a préféré, puisqu'on le pouvait, donner de ces tombes un dessin complet; mais il est facile de reconnaître à leur ton dégradé les parties restituées.

Les tombes de Bonvaux ont déjà fait l'objet de plusieurs notices, spécialement dans les *Mémoires de la Commission des antiquités de la Côte-d'Or*, tome VI, p. LXXXV-VI et dans l'*Essai historique sur le prieuré de Bonvaux*, par M. Henri Marc, Dijon, 1890. Les détails que l'on va lire sont un peu plus étendus, et contiennent quelques rectifications.

Toutes ces tombes, selon l'usage ordinaire de l'époque, présentent gravées, l'effigie des personnes, au milieu, et l'épitaphe, en bordure.

I.

(Voir Planche 11.)

1270 ou 1272

CALON DE SAULX

Calon est représenté dans une arcature trilobée d'un dessin fort simple et surmontée de deux anges thuriféraires. Il est vêtu du haubert ou cotte de mailles, et porte, par dessus, la jaque serrée par une ceinture, à laquelle est suspendue une large épée. De la main droite, il tient la lance, appuyée sur son épaule ; de la gauche, un écu orné de ses armoiries : *de .. à une fasce de .. avec trois saffres en chef*. Il a les pieds posés sur deux chiens.

Epitaphe

✠ ANNO : DOMINI : M : CC : SE | PTUAGESIMO : II : KL : NOVENBRIS : OBIIT : DOMINVS : KLO : DE : SAUZ | MILES : DOMINUS : DE | FONTANIS : ORATE : PEO : VT ✠ VITE : SOLAMEN : DET : SIBI : XPC : AMEN.

Il faudrait un autre document pour préciser le millésime de l'épitaphe, car on peut lire : *l'an 1270, la veille des calendes de novembre* — 31 octobre — ou bien *l'an 1272, le jour des calendes de novembre* — 1ᵉʳ novembre.

Dom Plancher a donné un dessin de cette tombe, tome II, p. 430.

Posée dans la chapelle de Sainte-Catherine, elle était élevée de terre et soutenue par quatre colonnettes. N'ayant jamais été foulée, elle est dans un parfait état de conservation.

Le paragraphe précédent a fait connaître Calon de Saulx.

2.

(V. Planche 11 bis.)

EUDES DE DOMOIS et AALYS DE SAULX

Cette tombe représente, sous une arcature géminée, Eudes de Domois et son épouse Aalys de Saulx, sœur de Calon. Eudes est à la droite de sa femme, les mains jointes, la tête coiffée du heaume, vêtu du haubert et de la jaque ; ce vêtement de dessus est assujéti autour de la taille par un lien invisible ; une autre ceinture moins serrée soutient l'épée. Aalis a les mains jointes, la tête voilée ; elle porte la robe longue. Au dessus de l'arcature, deux anges balancent leurs encensoirs. Il n'y a point d'armoiries.

Epitaphe

CI GISENT NOBLES : CHEVALIERS : | MES : SIRES : EUDES : SIRES : DE : DEMOIS : ET : NOBLE : DAME : MA : DAME : AALYS : SA : FANME : | DAME : DE : BRECEY : PRIEZ : POUR *LES | ARMES DAUX QUE* DEX : POUR : SA : MISERICORDE : BONNE : MERCI : LOUR : FACE *AMEN*.

En 1276, Eudes était mort ; Aalis n'est plus citée après 1259.

Deux angles de la dalle funéraire sont détériorés et empêchent de lire toute l'inscription : les lignes en italiques de l'épitaphe proposent donc des suppléments, d'ailleurs sans importance. Le premier : *Ci gisent* ne paraît pas douteux. Quant au second, il est vraisemblable. En effet, dans la copie des épitaphes de Bonvaux jadis relevée sur un tableau de l'église du prieuré, — Biblioth. nat. français., 4600, p. 300 — on lit pour celle-ci, à l'endroit du déficit actuel : « priez pour larme que Dex, etc. » ; or cette transcription est incomplète, car elle ne suffit pas à remplir l'espace vide ; et le souhait final « que Dex.. bonne merci *lour* face », appelle un pluriel plutôt qu'un singulier. Les derniers mots *Face amen* sont certains.

Eudes de Domois et Aalis sont connus du lecteur.

3.

(V. Planche 12.)

1307

GUILLAUME DE FONTAINES

Sous une arcature assez ornée et surmontée d'anges thuriféraires, Guillaume tient sa lance de la main droite, et soutient de la gauche son écu, suspendu à son cou. Ses vêtements sont le haubert et la jaque. Une épée est attachée à sa ceinture. Il a les pieds posés sur un chien. Son écu porte *une fasce avec trois saffres en chef, chargés d'un lambel à cinq pendants.*

Epitaphe

✠ CI : GIT : MES : SIRES : *GUILL* | *AUMES DE FONTEINNES* : CHEVALIERS : SIRES : DE : AUBINEY : QUI : TRESPASS | AI : LAN : DE : GRACE : MIL : TRO IS : CENZ : ET : VII : LOU : DIEMOINGE : APRES : LA : TRINITÉ : PRIEZ : DE : POR : LA : SOIE : ARME.

Guillaume mourut le 28 mai 1307.

Un angle de la pierre tombale est détruit, celui où était gravé le nom du personnage inhumé ; mais il ne peut y avoir doute à l'égard du nom, car l'inscription a été plusieurs fois relevée sur la dalle encore intacte. Ainsi, notamment, le registre de la Biblioth. nat. cabinet des estampes, collection Gaignières, P e 4, contient, fol. 14, un dessin à la mine de plomb de la tombe qui nous occupe. Ce dessin est assez exact, et l'inscription renferme le nom de *Guillaumes de Fonteinnes.* La légende qui accompagne le dessin, dit que cette tombe était « devant le grand autel, du costé de lespitre. »

Guillaume de Fontaines, on l'a vu, était le fils puiné de Calon de Saulx, et c'est à raison de cette qualité de puiné qu'il brisa ses armes d'un lambel. Il était seigneur d'Aubigny-lès-Sombernon et de Fontaines en partie.

4.

(V. Planche 12 bis)

1316

AGNÈS DE DAMPIERRE

L'arcature gravée au-dessus du personnage est simple mais gracieuse. Les anges thuriféraires sont à moitié enveloppés de nuages. Agnès est représentée les mains jointes, la tête voilée, les épaules couvertes d'un capuce. Sous un large manteau plissé se dessine une robe traînante, ne laissant voir que l'extrémité des pieds.

Epitaphe

✠ CI : GIT : MADAME : AGNES : | DE : DONPIERRE : DAME : DE : AUBINE : QUI : TRESPASSA : LOUIEU | DI : APRES : LASAINTE : | CROIZ : LAN : DEGRACE : M : CCC : XVI : DEX : AIT : LARME : DE : LI : AMEN.

Agnès de Dampierre mourut le 16 septembre 1316.

Cette tombe, d'une bonne pagination, bien gravée, intacte, est au musée du Louvre, et Fontaines n'en possède qu'un moulage.

Agnès était de la maison de Dampierre-sur-Salon, qui avait la seigneurie du lieu et celle de Chargey-les-Gray. Elle était femme de Guillaume de Fontaines, sire d'Aubigny. Il est question d'elle dans le paragraphe précédent.

5.

(Voir planche 14 A)

1307

PONCE DE SAULX

Sous une arcature avec anges thuriféraires, Ponce tient de la main droite sa lance, et de la gauche son écu, relevé sur sa poitrine, orné *du lion armé et couronné,* de la maison de Saulx. Il porte le haubert et la jaque; une épée est attachée à sa ceinture; ses pieds reposent sur un lion.

Epitaphe

✠ CI : GIST : NOBLES : CHEVALIERS : MES : | SIRES : POINZ : DE : SAUZ : SIRES : DE : VANTOUS : *ET TRESPASSA LAN DE GRACE M CCC* | *ET VII LA VEGILE DE SAINT ANDRÉ* | PRIEZ : POR : LA SOIE : AME : QUE : DEUS : AN : AIT : PIDIÉ : AMEN : DITES : TESTUT : DEX : LI : AIT : OUTOIE.

Ponce mourut le 29 novembre 1307.

Les mots de l'épitaphe imprimés en italiques sont ceux qu'on ne peut plus lire, à raison du mauvais état de la pierre; mais ils sont fournis par la copie des épitaphes de Bonvaux — Biblioth. nat. français, 4600, p. 300 — et par l'ouvrage de Dom Plancher, II, 444-445, où l'on trouve même un dessin de la tombe de Ponce. La fin de l'épitaphe : *Dites testut Dex li ait outoie,* peut signifier : Dites tous : Que Dieu ait pour lui une demeure. *Testut* semble être en effet une forme bâtarde de *tretuit* « trans-toti, » pluriel primitif renforcé de *tout.* De plus le mot *ostoier* a, entre autres significations, celle de *loger* « hospitare, » et le terme *outau* n'a pas encore disparu du langage vulgaire, pour désigner la principale pièce de la maison des paysans.

Suivant D. Plancher, la tombe de Ponce était devant le maître-autel.

Ponce de Saulx, seigneur de Vantoux, était frère puiné de Jacques, seigneur de Saulx, qui mourut à la croisade, en 1248. Leur père, Barthélemy, était né de Gui, frère de Guillaume le Roux, tige des Saulx-Fontaines. Leur mère était fille d'un seigneur dit de Ruffey, ce qu'il faut entendre de Ruffey-lès-Beaune, car c'est en ce village que Ponce avait des biens. — Peincedé, XVIII, 171, ou B. 11525.

Ponce tenait des sires de Saulx sa seigneurie de Vantoux, avec des droits ou redevances à Asnières, Ahuy, Val-Suzon, Saussy, Villecomte, Diénay, etc. On le trouve en affaires, au sujet de plusieurs de ces possessions, avec les abbayes de Saint-Etienne et de Saint-Bénigne, en 1264, 1287, 1289. — Cartul. de S. Etienne 26, fol. 179 et suiv. ; D. Plancher II, 444-445. — H. 86, Saint-Bénigne, Villecomte, ch. d'Eudes de Frolois, 1287.

La veuve de Gérard de Tintry, Isabelle dame du Deffend et de Thoreille — deux dépendances de Viévy — était remariée en 1271 à Ponce de Saulx (domina Ysabella relicta domini Girardi de Tintre, militis defuncti, nunc uxor domini *Pontii de Saux, domini de Ventous* — Archiv. de la Côte-d'Or, H, 529, abbaye de La Bussière, layette Bellenod sous Pouilly.) Ponce intervient dans les arrangements et donation faits par Isabelle et Jean, son fils, né de Gérard de Tintry, en faveur des moines de La Bussière, 1271, et des Templiers de Beaune, 1272 (Ibid., l. c. et H. 1224, layette Thoreille le Deffend — E. Petit, V. 317 et 326.)

Ponce est la tige des Saulx-Vantoux.

C'est aux Saulx-Vantoux que se rattachent les Saulx-Tavannes. En effet, Eudes, petit-fils de Ponce, ayant épousé Jeanne d'Arc-sur-Tille, il se forma une branche des Saulx-Vantoux dite d'Arc-sur-Tille, et au XVIe siècle le principal représentant de cette branche, Jean de Saulx, seigneur d'Orain, Arc-sur-Tille, Le Pailly, gruyer et louvetier de Bourgogne, épousa Marguerite de Tavannes. De ce mariage est né Gaspard de Saulx, maréchal de France.

On sait que les Saulx-Tavannes ont subsisté jusqu'à nos jours, et qu'ils ont encore des représentants dans les familles Digeon, Greppi et de Gonzague.

6.

(V. Planche 14 B.)

1314

RENAUD D'ETAULES

L'arcature est fort simple, mais de bonne allure, et toujours avec anges thuriféraires. Renaud, écuier, est représenté nu tête, vêtu du haubert et de la jaque. Des deux mains, il soutient son écu, suspendu à son cou : ses armoiries sont *une bande avec trois molettes d'éperon en chef*. Une épée est attachée à sa ceinture.

Epitaphe

✝ CI : GIT : NOBLES : ESCUIERS | : RENAUZ : DE : ESTAULES : QUI : TRESPASSAI : LAN : DE : GRACE : COURANT : | M : CCC : ET : XIIII : LOU : SEPTI | ME : IOUR : DOU : MOIS : DE : MAY : PRIEZ : POR : SARME : QUE : DEX : MERCI : LIFACE.

Renaud mourut le 7 mai 1314.

Le millésime M.CCC, assez effacé, est donné par la copie déjà citée des épitaphes de Bonvaux.

Cette tombe est, avec celle d'Agnès de Dampierre, une des meilleures au point de vue de la pagination et de la gravure.

On ne rencontre pas dans les titres de nos archives le nom de Renaud, mais ceux de beaucoup d'autres membres de la famille d'Etaules, famille qui avait quelque lien avec les Saulx-Vantoux.

7.

(V. Planche 14 C.)

1345

MARIE DE BYOIS

Dans une arcature plus ornée que les précédentes, mais d'un style déjà moins pur, Marie de Byois est représentée sous des traits expressifs, les mains jointes, la tête voilée, portant un manteau doublé de fourrures et la robe longue. Ses pieds reposent sur deux chiens. A la hauteur des épaules sont gravés deux écussons : à dextre *de.. à une bande coticée de.. avec un lambel à cinq pendants*; à sénestre *de.. au sautoir de.. avec un lambel à cinq pendants*.

Epitaphe

✝ CI : GIT : MADAME : MARIE : DE : BY | OYS : DAME : FUIT : DAUBYNEY : FAME : FUIT : MONSOIGNONR : GUILLE : DE : | CHASSAM : CHRL : QUI : TRESP | ASSAY : LOU : MARDI : DEVENT : LA : SIENT : MICHIE : LA : DE GRACE : M : CCC : XLV.

Marie de Byois mourut le 27 septembre 1345.

On l'a observé précédemment, Byois fut sans doute un arrière fief dont la trace est perdue. Quelques membres de la famille qui en portait le nom, apparaissent aux XIV° et XV° siècles, sans que l'on aperçoive quel lien de parenté ils avaient avec Marie.

Il n'est pas possible de dire à quelle maison noble se rattachent les seigneurs de Byois. Marie avait pour armes, ainsi que sa tombe le fait voir : *de.. au sautoir de.. avec un lambel à cinq pendants.* Les armes qui ornent l'autre écusson : *de.. à une bande coticée de.. avec un lambel à cinq pendants*, sont celles de Chazan. — B. 372, cote 178; Peincedé XXIII, 531, 788.

Marie de Byois dut épouser d'abord un seigneur d'Aubigny, fils peut-être de Guillaume de Fontaines. Veuve, elle s'unit en secondes noces, vers 1315, à Guillaume de Chazan, veuf lui-même de Sibylle de Menans. Jacques de Chazan, né de Guillaume et de Marie, fut marié à Jeanne de Blaisy, fille de Geoffroi I. — Peincedé XXVII, 7, 21, 85.

Au Nécrologe de Saint-Etienne de Dijon — G 4, n° 36 bis — une Marie de Biois est inscrite le 22 novembre : « x. kl. decembris.. domina Maria de Biois, que dedit nobis xx solidos censuales sitos supra domum Falquerii Bolancherii, extra portam comitis ». La porte des murs d'enceinte de Dijon dite du comte, ou au comte de Saulx, fut appelée plus tard porte Saint-Nicolas.

8.

(V. Planche 14 D)

1351

ROBERT D'AUBIGNY

L'arcature est d'un style lourd, et l'effigie est tracée sans art ni proportion. Vêtu du haubert et de la jaque, Robert a les mains jointes, la tête coiffée du heaume ; il porte des jambières. Sa lance est appuyée contre l'épaule droite ; son écu, orné d'*un lion*, est suspendu au bras gauche ; son épée, attachée au flanc gauche, tend la pointe en arrière du côté droit. Un lion est sous ses pieds.

Epitaphe.

✠ CI : GIT : NOBLES : CHEVALIE | RS : MESSIRES : ROBERZ : D'AUBIGNEY : QUI : TRESPASSAI : LOU : SA | MBBADI : VOILE : DES : BR.A | NDONS L.AN : DE GRACE : M : CCC : LI : DEN : AIT : LARME : AMEN.

Robert mourut le 5 mars 1351.

Le millésime, un peu effacé, est donné par la copie des épitaphes de Bonvaux et par les *Mémoires de la Commission des antiquités de la Côte-d'Or*.

Les titres de nos Archives ne font pas connaître l'origine de Robert d'Aubigny. Il était seigneur d'Aubigny-lès-Sombernon, car cette terre appartenait à ses descendants, ainsi qu'on le verra tout à l'heure. Ses rapports avec les Saulx-Fontaines permettent de présumer qu'il était leur parent, et peut-être fils de Guillaume de Fontaines et d'Agnès de Dampierre. Le lion qui figure dans ses armes, pourrait être celui des Dampierre-Chargey. Les héraldistes blasonnent les armoiries de Robert : *de gueules au lion d'hermine*.

Avec sa terre d'Aubigny, Robert avait des possessions à Chazan, Chaux, Flavignerot, Brochon, Fixey, Fixin, Neuilly, Longecourt, Arc-sur-Tille.

Il eut deux filles, Guillemette et Marie.

Guillemette, en 1320, était déjà veuve de « Roberz, sires cay en arrière de Bère, chevaliers » (1). Ce premier époux de Guillemette d'Aubigny avait pour aïeul Robert, sire de Beire, qui testa en novembre 1279, mourut au mois de février suivant, et fut inhumé à Saint-Bénigne (2). Ces seigneurs de Beire étaient de la maison de Saffres, comme on l'a vu dans les *Notes préliminaires*.

Guillemette épousa bientôt en secondes noces un cousin de son premier mari, Hugues, fils de Jean de Champlitte et d'Isabelle de Beire, seigneur de Beire-la-Ville et de La

---

1. Archiv. de la Côte-d'Or, H. 1052, Bernardines, layette Rouvres.
2. Ibid., H. 119 A, cartul. de Saint-Bénigne, non folioté, 1ʳᵉ partie ch. 317, 340; 2ᵐᵉ partie, ch. 111 et 114. — *Épigraphie Bourguignonne*, p. 121.

TOMBE DE RENAUD D'ETAULES

Chaume en partie (1). Deux enfants naquirent de ce mariage : Agnès, dite de La Chaume, de Saint-Seine, et d'Arc à cause de son mari, Gui d'Arc-sur-Tille; Philippe dit de La Chaume et de Saint-Seine, époux d'Agnès du Pailly (2).

Veuve de nouveau, Guillemette s'unit en troisièmes noces à X. de Cromary, dont elle eut Othon, dit de Cromary et de La Chaume (3).

En 1406, Jean de Choisey, écuyer, sire d'Oyrières, déclarait tenir « le chatel d'Aubigny-lès Sombernon, du chef de sa femme, Jeanne de Saint-Seine », fille de Philippe de La Chaume (4).

Auparavant, en 1369, Othon de Cromary avait assigné quelque redevance à Alexandre de Blaisy, « sur les villes de Saint-Anthot et d'Aubigny-en-Auxois » (5).

Ainsi les enfants de Guillemette d'Aubigny possédaient le chatel et une partie de la terre d'Aubigny-lès-Sombernon. De plus ils avaient des terres ou redevances féodales à Agey, à Beire, La Chaume, Arc-sur-Tille, Pichange, Spoix, Saint-Seine, Champlitte, Montot-sur-Salon, Boncourt-la-Fontaine, hameau disparu de Corgoloin.

L'autre fille de Robert d'Aubigny, Marie, eut pour premier époux Hugues d'Arc-sur-Tille, seigneur du lieu en partie, qui devait tenir en fief d'un de ses aînés sa part de la terre patrimoniale (6). Hugues mourut le 4 septembre 1343, suivant l'épitaphe gravée sur sa tombe, qui se voit encore à Saint-Bénigne : CY GIT MESSIRES | HUGUES D'ARC SU TILLE : CHEVALIERS : QUI : TRESPASSY : LE : JUEDI : DEVANT : LA : NATIVITEY : NOSTRE : DAME LAN DE : GRACE : M : CCC : XL III. On ne lit plus maintenant que les mots en caractères romains ; mais l'inscription entière a été conservée par Dom Aubrey (7). Hugues d'Arc est représenté vêtu du haubert et

---

1. Ibid., Peincedé, XXVII, 22. — H. 1186, Templiers, Epailly, ch. d'avril 1267. — H. 1213, La Madeleine, ch. de Guillemette dame de la Chaume, 1353 et 1361.
2. Peincedé, VII, 68 ; XXVII, 79, 111, 112.— B. 11249, fol. 14 r° et v°.
3. Peincedé XXVII, 104, 106, 111.
4. Peincedé XVII, 66, 85, 87 ; XXVII, 251.
5. Peincedé XXVII, 163.
6. Peincedé XXVII, 33, 39.
7. *Epigraphie Bourguignonne*, p. 129.

de la jaque ; sa lance est appuyée sur l'épaule droite ; à son bras droit est suspendu l'écu de ses armes : *bandé de.. et de.. de six pièces, avec un lambel à cinq pendants.* C'est le blason d'Arc-sur-Tille, avec une brisure. — A côté d'Hugues d'Arc, sur la même tombe, on voit l'effigie d'une femme, dont l'épitaphe n'a jamais été gravée. Cette femme est évidemment Marie d'Aubigny, qui avait fait préparer sa sépulture près de son époux, et fut sans doute inhumée ailleurs. Marie est représentée la tête voilée ; sa robe, dont les manches sont boutonnées jusqu'aux coudes, est très ample. Elle porte comme Marie de Byois, un manteau doublé de vair, et ses deux mains, jointes sur sa poitrine, soutiennent des patenôtres.

De Hugues d'Arc et de Marie d'Aubigny étaient nés quatre enfants : Jean, un autre Jean, Hugues, Robert, tous dits d'Arc-sur-Tille (1). Le premier fut seigneur de Saulon.

Leur mère, après un court veuvage, se remaria, en 1344, à Jean de Rougemont (Franche-Comté), seigneur de Tilchatel (2). Ce second mari était mort en 1359, et Marie lui survécut assez longtemps (3).

Comme sa sœur, Marie avait une partie d'Aubigny-lès-Sombernon : en effet, l'an 1362 « Marie d'Arc, relicte de Messires Jean de Rougemont » confessait avoir délivré à Guillaume du Pailly « cent livrées de terre sur la ville d'Aubigny » (4). Elle avait beaucoup d'autres biens à Chazilly, à Arc-sur-Tille, Spoix, Brochon, Fixey, Fixin, Neuilly-lès-Dijon, Longecourt, Comblanchien, Corgoloin, Athée, Avrigney, Autoreille.

La descendance de Robert d'Aubigny se propagea principalement sous les noms d'Arc, de Saint-Seine et de Cromary.

Pour connaître le nombre exact de points qui séparent les mots des inscriptions, il faut consulter les *Planches*.

---

1. Peincedé XXVII, 33, 126. — B. 11242 et B. 11264, fol. 8.
2. Peincedé XXVII, 39. — B. 11249, fol. 22 v°. — Sainte-Chapelle, cartul. 40, acte du 3 novembre 1360. — Jean de Rougemont avait eu pour première femme Isabelle de Tilchatel, Peincedé XXVII, 23, 99.
3. Peincedé, XXVII, 123.
4. Peincedé, XXVII, 103, 107. — B. 11260.

APPENDICE B

QUELQUES TOMBES DES CORDELIERS

Le couvent des Cordeliers ou Franciscains de Dijon était attenant de la place qui en a conservé le nom, dans l'angle formé par les rues Turgot et Saint-Pierre. Les restes de ce monastère sont actuellement occupés par les Dominicains. Mais l'ancienne église est complètement détruite, et avec elle ont disparu les tombes qu'elle renfermait.

Sous quatre de ces tombes reposaient des seigneurs de Fontaines. Les dessins de celles-ci existent à la Bibliothèque nationale : Cabinet des Estampes, collection Gaignières, P e 4, fol. 20-23, et — Cabinet des manuscrits, Fonds de Bourgogne, IX; fr. 8226; le Fonds de Bourgogne est composé en majeure partie des documents rassemblés par Dom Plancher et ses collaborateurs.

Les notes suivantes sont dressées d'après les dessins de la Bibliothèque nationale et quelques indications brèves qui les accompagnent.

1.

(V. Planches 11ter et 13).

1297

JEAN DE FONTAINES

On a trois dessins de cette tombe, un dans le tome IX du Fonds de Bourgogne, reproduit *Planche 13*, et deux dans la collection Gaignières : de ceux-ci un seul est reproduit, *Planche 11ter*.

La *Planche 13* présente une lithographie très exacte d'une épreuve photographique prise sur le dessin original du tome IX, Fonds de Bourgogne. On a laissé subsister toutes les incorrections de ce dessin : le manque de proportion, les traits ombrés, bien qu'il s'agisse de gravure simple, enfin l'épitaphe en écriture courante, et non distribuée.

La *Planche 11ter* reproduit, d'après copie, un dessin meilleur : P c 4, fol. 20. Il n'y a de différence entre la lithographie et l'original que dans les caractères employés pour toute l'inscription. Sur l'original, la ligne supérieure de la bordure renferme le commencement de l'épitaphe en majuscules indice des lettres onciales usitées dans les inscriptions funéraires de l'époque ; puis les autres lignes contiennent, en écriture courante, le reste de l'épitaphe, distribuée comme dans la lithographie. L'indication donnée dans la ligne supérieure commandait d'employer partout les lettres onciales.

Sous une arcature triangulaire d'assez pauvre style, accostée de deux anges thuriféraires moitié enveloppés de nuages, Jean de Fontaines tient sa lance de la main droite, et de la gauche l'écu de ses armes, suspendu à son cou. L'écu porte *de.. à une fasce de.. avec trois saffres en chef*. Jean est vêtu du haubert et de la jaque; une épée est attachée à sa ceinture.

Epitaphe

✠ CI : GIT : MES : SIRES : JE | HANZ : DE : FONTAINES : CHEVA-
LIERS : QUI : TRESPASSA : LAN : | DE : GRACE : M : CC : IIII XX : |
ET : XVII LE : JOUR : DE : LA : TIEAIGNE : DEX : AIT : L'AME : AMEN.

Le troisième dessin : P c 4, fol. 22, que l'on a évité de reproduire, est assurément fantaisiste. Pas d'arcature ; le personnage seulement, avec l'épitaphe en bordure, mal distribuée et incomplète. L'écusson est exactement, pour la forme et les pièces, celui que donne Chifflet, sous la rubrique « Joannis et Gileti de Fontanis » — Migne, col. 1536. Il porte *une fasce et cinq saffres, trois en chef, deux en pointe*. Ce blason doit être regardé comme faux pour le nombre des saffres ; car les deux autres dessins sont assurément plus fidèles. Voici l'inscription donnée dans le troisième dessin :

Ci gist messire Jehan de Fontenne, chevallier, qui trépasa l'an de grâce mil deux cent quatre vingt et 17 le...

Le dessin reproduit *Planche 13* indique une lacune dans l'inscription, à propos du jour mortuaire de Jean de Fontaines. Ce fut l'un des jours de « la Tifaigne — *theophania* — ou apparition de N. S. », aujourd'hui l'Epiphanie, que l'on célèbre avec octave.

Ainsi Jean de Fontaines mourut pendant les solennités de l'Epiphanie, l'an 1297, ou, n. st., 1298.

Il s'agit de Jean II de Fontaines, fils de Calon de Saulx, et qui est connu du lecteur.

Sa tombe était dans la nef de l'église, devant la chapelle des martyrs.

2.

(V. Planche 11 quater.)

1307

MARIE DE REMILLY

Le manuscrit de la Bibliothèque nationale, fr. 8226, contient, fol. 76, un premier dessin de la tombe de la femme de Jean II de Fontaines. Ce dessin est reproduit *Planche 11 quater* d'après une photographie de l'original. La seule amélioration introduite dans la lithographie est, comme pour la tombe précédente, l'emploi des lettres onciales dans toute l'inscription. L'auteur du dessin s'est borné à en faire usage dans la ligne supérieure, et il a donné le reste en écriture courante, indiquant toutefois les sections de chaque ligne.

Cette tombe semble avoir été d'une bonne pagination. On y retrouve l'arcature ogivale et les anges thuriféraires. Sous la pointe de l'ogive s'étend vers l'effigie une main dont l'index et le medius sont déployés et les deux autres doigts fermés. La défunte, vêtue du manteau et de la robe trainante, a les mains jointes et la tête voilée.

Epitaphe

† CI : GIST : NOBLE : DAME : MARG | UERITE : JADIS : FEMME : MONSEIGNOUR : JEHAN : CHEVALIER : CAI : EN : ARRIES : SIRES : DE : FON | TEINES : ET : DE : ROIFE : QUI : TRES | PASSA : LAN : DE : GRACE : M : III C : ET VII : HOU : MOIS : DAOUST : PRIEZ : POUR : LARME : QUE : DEX : EN : AIT : MERCI.

Au folio 23 du recueil P e 4 de la collection Gaignières est un autre dessin de la tombe de la femme de Jean II de Fontaines.

Ce dessin n'a pas été reproduit, car il n'est ni complet ni exact. Il représente seulement, encadrée par la bordure où se déroule l'épitaphe, l'effigie de la personne inhumée, avec deux fleurs de lis de chaque côté, à hauteur de la ceinture. Ce n'est pas un simple tracé, modelé sur la gravure du lapicide, mais ce sont des traits et des ombres fantaisistes, figurant plutôt de la sculpture. La défunte ne porte pas de manteau, mais un long voile qui descend, comme la robe, jusqu'à terre.

L'épitaphe est ainsi conçue :

Ci . gis . dame . Marie . qui . fut . famme . de . Monseigneur . Jean . chevallier , en . aries . seigneur . de . Fontenne . et . de . Roise . — lisez Roifé — qui trepasa . lan . de . grace . . . . . au . mois daut.

Un autre relevé de la même épitaphe se lit en note, folio 21, dans la teneur suivante :

Cy gist noble et honorable Dame N femme Monseignor Jehan, chevalier, cai en arries sire de Fontaines et de Roifé, qui trespassa l'an de grâce 1307 hou mois d'aoust. Priez por l'âme que Dex ait. Amen.

Les trois copies de l'épitaphe sont identiques pour le fond, sauf le nom de la femme de Jean II. « Marie » est le nom que lui donnent les documents que nous avons reproduits ou cités dans le paragraphe quatrième.

Jean II fut certainement seigneur de Fontaines et de *Roifé*, c'est à dire de Ruffey-lès-Echirey, près Dijon : des titres authentiques en fournissent la preuve.

Marie mourut donc au mois d'août 1307. Sa tombe fut posée auprès de celle de son époux, « dans la nef de l'église des Cordeliers, devant la chapelle des martirs ». Comme on l'a vu précédemment, Marie était sœur de Guillaume de Remilly — probablement Remilly-sur-Tille, à en juger par les relations de Jean II de Fontaines et de ses descendants.

3.

1312

GILLES DE FONTAINES

Un dessin de cette tombe se trouve, folio 21, au recueil P e 4 de la collection Gaignières, mais comme ceux des tombes de Jean II et de Marie de Remilly, folios 22 et 23, il n'est ni complet ni exact. L'auteur, qui est le même pour les trois dessins, s'est contenté encore d'esquisser le personnage et de l'encadrer dans une bordure contenant une partie de l'épitaphe. D'après cela cependant, on se fait une idée de l'effigie gravée sur la dalle funéraire.

Gilles était représenté, vêtu du haubert et de la jaque, l'épée attachée à la ceinture, tenant une lance de la main droite, et de la gauche l'écu de ses armes relevé sur sa poitrine.

On retrouve dans ce dessin les armoiries communiquées à Chifflet, dont il vient d'être parlé à propos de la tombe de Jean II de Fontaines : *une fasce accompagnée de cinq saffres, trois en chef, deux en pointe*. Suivant la remarque déjà faite, il doit y avoir erreur pour le nombre de saffres. L'erreur est certaine en ce qui concerne le blason attribué à Jean II. Or les deux dessins étant de la même main, fort peu exacts l'un et l'autre, le second n'inspire pas plus de confiance que le premier. D'ailleurs il est peu probable que Gilles ait modifié les armes de Jean II son père, puisque son fils et son petit-fils ont porté « une fasce et trois saffres en chef ».

L'erreur est si vite commise en pareille matière que dans le tome V de M. E. Petit, l'écusson de Gilles a subi une nouvelle modification : il présente six saffres, trois en chef, *trois en pointe*. (1) Le dessin du recueil P e 4, fol. 21, auquel renvoie M. Petit, ne porte que *deux saffres en pointe*. Les armes éditées par Chifflet sont un calque très fidèle de ce dessin.

L'épitaphe fournie par le même document est mal orthographiée et incomplète :

Si . gise . mesieurs . Gilles . de . Fontenne . chevallier . de... qui . trepassa . l'an . de . grâce...

1. *Hist. des Ducs de Bourgogne*, V, 478.

Une note ajoutée au dessin donne cet autre texte :

Cy gist X. sire de Fontaines, chevalier...... duchesse, qui trespassa l'an de grâce 1312, la voille de saint Andries. Dex ait larme.

La date de 1312 peut être acceptée : elle concorde avec les données des titres authentiques. Gilles, comme sa sœur Dannot, aura pu faire partie du service particulier de la duchesse Agnès de France, qui, veuve de Robert II en 1305, géra la tutelle de ses fils Hugues V et Eudes IV.

Gilles mourut le 29 novembre.

4.

(V. Planches 13 bis et 14)

1334

HUGUENIN DE FONTAINES

La *Planche 13 bis* reproduit exactement le dessin du recueil P e 4, fol. 20, avec cette seule différence que les lettres onciales sont partout employées au lieu de l'être seulement dans la ligne supérieure.

La *Planche 14* présente, sans le moindre changement, le dessin du tome IX, Fonds de Bourgogne.

Hugues vulgairement dit Huguenin, écuyer, est représenté dans une arcature avec anges thuriféraires. Il est coiffé du heaume, porte le haubert, la jaquet et des jambières. Il tient sa lance de la main droite, et de la gauche l'écu de ses armes : *de.. à une fasce de.. accompagnée de trois saffres en chef.* Son épée est attachée au flanc gauche.

Epitaphe

† *CI : GIST : HUGUENINS : SI | RES : DE : FONTAINNES : QUI : TRESPASSA : LAN : DE : GRACE : MIL : CCC : XXX : ET : IIII : | LA VOILLE : DE : SAINT : LORAN : DEX : HAIT : LARME : AMEN.*

Huguenin, fils de Gilles, est connu du lecteur. Il mourut le 9 août 1334.

Sa tombe était « dans la nef de l'église, à l'entrée, au milieu ».

APPENDICE C

LES ARMOIRIES DE FONTAINES

Calon de Saulx, seigneur de Fontaines, et tous ses successeurs jusqu'à Richard inclusivement ont porté *de.. à une fasce de.. accompagnée de trois saffres de.. en chef*.

Telles sont les armoiries de Fontaines certainement connues. Celles que l'on attribue vulgairement à saint Bernard, et qui, par extension, sont parfois dites de Fontaines, ont été discutées par Chifflet (Migne, col. 1533 et suiv.), qui les regarde comme douteuses : aucune découverte n'est venue réformer cette conclusion.

Quelle est l'origine du blason certain de Fontaines ?

Il n'est point celui de la maison de Saulx, à laquelle appartenait Guillaume, père de Calon. Cette maison portait *d'azur au lion d'or, couronné de même, armé et lampassé de gueules* : c'était une brisure, par le renversement des émaux, du blason de Grancey *d'or au lion d'azur, couronné, armé et lampassé de gueules*.

Selon toute vraisemblance, Guillaume le Roux tenait le blason de Fontaines de son épouse, Belote de Sombernon. Ainsi un de ses neveux, Gauthier de Saulx, seigneur de Courtivron, mort en 1267, adopta, probablement par suite d'alliance, et transmit à sa postérité : *bandé de.. et de.. au franc quartier chargé d'un créquier*. D. Plancher, II, 431 et 437. — *Epigraphie Bourguignonne*, p. 174. — E. Petit, V, 442, 460. Ainsi la branche des Saffres, seigneurs de Beire, échangea l'écusson *de (gueules) à cinq saffres d'(argent)*, qui est de Saffres, contre celui *de.. à l'étoile de.. placée en cœur*, qui est de Beire. *Epigraphie Bourguignonne*, p. 121. C'était en effet assez l'usage que les puînés des familles féodales, arrivés par alliance à une seigneurie étrangère, en prissent les armes.

La conjecture que le blason adopté par les Saulx-Fontaines vient des Sombernon leurs prédécesseurs est tout à fait plausible, on va le voir.

Au mois de juin 1230, Hervé, seigneur de Sombernon, délivrant une déclaration à propos du château de Mâlain, y apposa le sceau de ses armes, dont voici la fidèle reproduction :

Figure 1.
Sceau d'Hervé de Sombernon, 1230.

Le titre, conservé aux Archives de la Côte-d'Or, B. 10471, cote 82, commence par ces mots : « Ego Herveus dominus Sunbernonis omnibus notum facio quod ego teneo in plano feodo castrum meum de Moolein a domino rege Francie ».

Ordinairement les oiseaux figurés de profil regardent à dextre, et non à sénestre, mais cette anomalie offre plus d'un exemple.

Les armes d'Hervé étaient celles de sa maison, car elles se retrouvent — et alors les oiseaux tournés à dextre — sur le sceau et la tombe de Pierre de Montoillot, descendant d'un oncle paternel d'Hervé. Les empreintes du sceau sont conservées : B. 1057, cote 21 ; B. 10414, cote 81 ; les oiseaux ont leur bec et leurs jambes. — La tombe est dans l'église de Saint-Julien près Dijon: *Bulletin d'histoire et d'archéologie religieuses du diocèse de Dijon*, novembre-décembre 1883.

Le sceau d'Hervé de Sombernon présente évidemment l'oiseau héraldique appelé *saffre*.

Cet oiseau est l'orfraie ou aigle de mer, représentée de profil, un peu hissante, souvent les ailes levées. Régulièrement le bec et les pattes ne sont point supprimés. Tels sont les caractères certains par lesquels les saffres diffèrent des merlettes, plus passantes et ordinairement sans bec ni pieds. L'avidité bien connue de l'orfraie l'a fait surnommer en Bourgogne *safre* (goulu).

On reconnaît aisément cet oiseau sur l'empreinte du sceau d'Hervé de Sombernon. Mais afin d'en fournir une preuve plus convaincante, nous reproduisons le sceau d'Hervé, seigneur de Saffres, apposé sur un titre du mois de mai 1247.

FIGURE 2.
Sceau d'Hervé de Saffres, 1247.

La pièce marquée de cette empreinte est aux Archives de la Côte-d'Or, B. 10472, cote 57 : « Ego Herveus, dominus saffrarum.. »

Cette confrontation ne laisse subsister aucun doute : les oiseaux des armoiries de Sombernon sont des saffres.

Or, les oiseaux des armoiries de Fontaines sont les mêmes. Les héraldistes les ont toujours appelés « saffres ». Tels on les voit sur la tombe de Calon, tels également, sur la tombe de Gui de Saffres, 1279, à l'hospice de Vitteaux ; et sur celle de Jean de Drées, 1314, à l'église de La Bussière : les Drées étaient une branche de la maison de Saffres. Cette similitude a même beaucoup contribué à accréditer l'opinion erronée qui confond les maisons de Saffres et de Fontaines.

On peut encore, afin de multiplier les preuves, rapprocher le sceau de Richard de Fontaines de ceux de quelques seigneurs de la maison de Saffres.

Le sceau de Richard se trouve aux Archives de la Côte-d'Or, B. 380, cote 47, dans cette forme exacte :

Figure 3.
Sceau de Richard de Fontaines, 1381.

Voici maintenant le sceau de Jean de Saffres, fils d'Hervé VI, apposé sur un dénombrement de 1372 ; B. 10521, cote 81 ; — et le sceau de Thomas d'Eguilly, écuyer d'écurie du comte de Nevers, apposé sur des certificats de 1402 ; B. 370, cotes 100 et 169 : les d'Eguilly auxquels appartenait Thomas, descendaient d'Hervé III de Saffres, seigneur d'Eguilly.

Figure 4.
Sceau de Jean de Saffres, 1372.

Figure 5.
Sceau de Thomas d'Eguilly, 1402.

De part et d'autre les oiseaux sont figurés de la même manière et tout justifie le blasonnement adopté pour les armoiries de Fontaines.

La conclusion de l'examen qui précède, doit se formuler ainsi :

Les armes de Sombernon étaient de.. à une fasce de.. accompagnée de six saffres de.. trois en chef, trois en pointe.

Les armes de Fontaines étaient de.. à une fasce de.. accompagnée de trois saffres en chef.

La ressemblance est frappante.

Il est donc probable que Barthélemy de Sombernon, puiné de sa maison, aura importé dans la seigneurie de Fontaines ses armes patrimoniales avec une brisure, et que les enfants de Guillaume de Saulx et de Belote les auront conservées. Une brisure des plus simples consistait à supprimer quelque pièce. C'est ainsi — on l'a vu — que les Chaudenay, seigneurs de Châteauneuf, supprimèrent du blason de Chaudenay trois coquilles, et retinrent seulement *une fasce accompagnée de trois coquilles en chef*. De la même façon, Barthélemy aura supprimé trois saffres dans les armes de Sombernon et gardé *une fasce accompagnée de trois saffres en chef*.

Telle est la conjecture la plus plausible touchant l'origine des armoiries de Fontaines.

On se demande, après avoir confronté les armes de Sombernon et de Saffres, si les deux familles seraient du même sang ?

La présence du même oiseau sur l'un et l'autre blason n'est pas une raison suffisante pour conclure affirmativement. L'orfraie ou aigle de mer, chez nous vulgairement appelé *safre*, convenait naturellement à la maison de Saffres pour se faire des armes parlantes : c'est la juste remarque de Chifflet. Mais cet oiseau figure dans beaucoup d'autres blasons. Parmi nous, il est appelé du nom vulgaire et local *saffre* ; ailleurs, du nom plus répandu *aiglette*, *faucon*. Quelquefois même on le confond avec un autre oiseau de proie, le *corbeau*. Des familles absolument étrangères les unes aux autres ont cet oiseau dans leurs armoiries.

Toutefois, les Sombernon et les Saffres étaient voisins ; ils avaient des possessions sur les mêmes finages ; nous les avons vus s'assister dans leurs actes. D'après cela, il se peut qu'il y ait eu entre eux quelque lien de parenté.

Mais seraient-ils deux rameaux d'une même souche ? Il n'y a rien d'explicite à cet égard.

GÉNÉALOGIE DES SAULX-FONTAINES

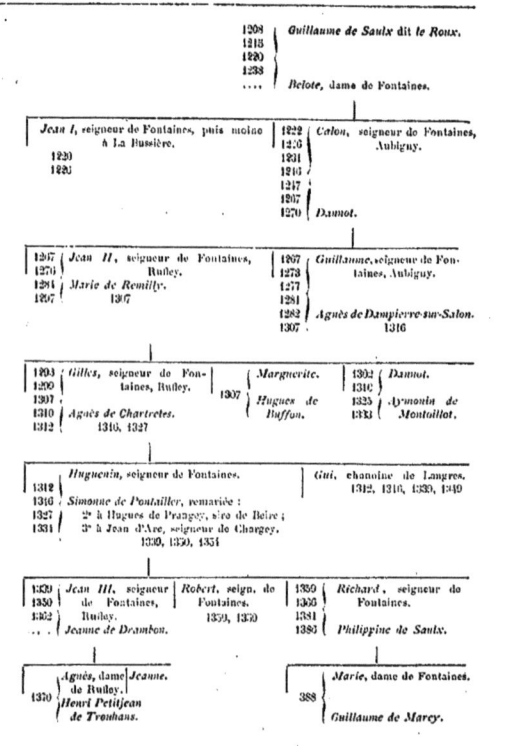
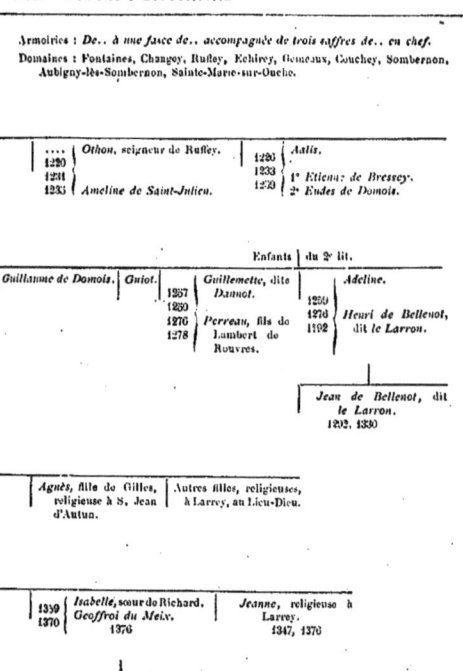

§ 5.

LES RUFFEY ET LES CHISSEY

Le *Journal des Saints de l'ordre de Citeaux* et le *Gallia christiana* donnent le titre de parentes de saint Bernard à plusieurs abbesses et à une prieure de Tart, du nom de Chissey, qui vécurent au XVI° siècle.

L'alliance des Chissey de Franche-Comté avec les Ruffey, issus des Saulx-Fontaines, n'est pas contestable. Ces Chissey tirent leur nom d'un village du Jura, canton de Montbarrey. Ils se divisent en plusieurs branches : Chissey-Vannoz, Chissey-Buffard, Chissey-Varanges, etc. Le paragraphe cinquième fera connaître les premières générations de la double lignée des Ruffey et des Chissey, insérés dans la famille de saint Bernard.

Henri Petitjean de Trouhans, seigneur en partie des Maillys, avait épousé d'abord Jeanne dite de Moisey, — hameau de Marigny lès Reulléc. En 1359, Henri et Jeanne faisaient leur testament, et élisaient sépulture en l'église de l'abbaye de Tart. La guerre avec les Anglais avait sans doute été l'occasion de ce testament. Quatre ans après, les deux époux donnaient aux religieuses de Tart dix livrées de terre annuelles, assises sur la terre de Longeault ; des lettres du roi Jean, datées de Talant, mois de juin 1363, amortissaient la donation ; et les religieuses s'engageaient, par reconnaissance, à faire célébrer tous les ans, pendant la vie du roi, une messe du Saint-Esprit pour la prospérité de sa Majesté et de son Royaume, puis, après son décès, une messe des morts à son intention (1). Les sympathies pieuses de Henri Petitjean étaient donc pour l'abbaye mère des Cisterciennes ou Bernardines.

Veuf de Jeanne de Moisey, Henri Petitjean épousa en secondes noces Agnès, fille de Jean III de Fontaines, seigneur du lieu en partie et de Ruffey-lès-Echirey. Henri mourut vers 1382. Il eut d'Agnès de Fontaines Gui ou Guiard Petitjean, mineur encore en 1391, et ayant alors pour curateur Gui de Pontailler, maréchal de Bourgogne (2).

Gui Petitjean est la tige des Ruffey, issus des Saulx-Fontaines.

Vers la fin du XIV° siècle, les seigneuries d'Orsans, d'Arconcey, de Villers, de Fangy, lieux compris dans la commune actuelle d'Esbarres — anciennement Les Barres d'Orsans, — appartenaient en partie aux Chissey-Buffard, qui portaient *d'argent à trois émanchures de sable, mouvantes du chef, chargées de trois quintes feuilles percées d'or* (3). Guillemette de Chissey, épouse de Jean de Vaite (4), était dame de Fangy et autres lieux précités, 1365-1388. Catherine de Vaite, fille de Jean et de Guillemette, fut mariée à Gui de Ruffey : les deux familles avaient des domaines voisins, sur les rives de la Tille et de la Saône. Ainsi commença l'alliance des Chissey avec les Ruffey, alliance qui dans la suite devint plus

---

1. Archiv. de la Côte-d'or, H. 1051, Bernardines, layette Pluvault.
2. Ibid. Peincedé, XXVII, 64-67, 140, 160, 181, 265, 293.
3. *Galerie héraldo-nobiliaire de la Franche Comté*, p. Suchaux, Paris, 1878, tome I, p. 158-159. — Peincedé VII, 106.
4. Archiv. de la Côte-d'or, Peincedé, VII, 65, 78, 260, 437, 442; Titres de famille E. 382.

étroite, et porta le sang de saint Bernard aux Chissey eux-mêmes.

A la même époque, Guillaume de Varanges venait de laisser son héritage à ses neveux Jean et Richard de Chissey. Par là, s'était formée chez les Chissey de Franche-Comté la branche qui eut désormais son centre patrimonial dans le duché (1). Elle reçut le nom de Chissey-Varanges, et prit pour armes : *D'azur à trois tours d'or posées 2 et 1.* Ce devait être celles de Guillaume de Varanges, que ses neveux de Chissey adoptèrent.

Gui Petitjean dit de Trouhans et de Ruffey, cité comme écuyer en 1410, comme chevalier en 1413, était décédé en 1419 (2). Catherine de Vaite lui survécut, et ne mourut qu'après 1430 (3).

Leurs enfants furent : Nicolas, seigneur de Ruffey; Guillaume, seigneur de Fangy; Marguerite, femme de Jean Barrot de Beaune; Guillemette et Henriotte, dont les noms seuls sont connus; enfin, Marie, religieuse à Molaise (4).

L'an 1419 « Colas (Nicolas) de Trouhans dit de Ruffey, écuyer, fils de feu Messire Guiart de Trouhans, chevalier, seigneur de Ruffey-lès-Dijon en partie, et de Catherine de Vaites »; Marguerite de Ruffey, sa sœur; en leur nom et au nom de leurs sœurs mineures, Guillemette, Henriotte et Marie, confirmèrent la vente jadis faite par leurs père et mère « à Messire Jean de Chissey, leur oncle et cousin remué (issu) de germain d'icelle dame leur mère, ès villes et finages de Buffart et Chissey en la Comté de Bourgogne ». Jean de Chissey, cité dans

1. Ibid., Peincedé, XXVII, 173, 187, 192, 327.
2. Ibid., l. c. et Peincedé, VII, 103 ; E. 386.
3. Ibid., E. 1419, titre de 1427; Peincedé, XVIII, 511 ; XXVII. 519; XXIX, 679.
4. Ibid., Peincedé XVII, 123 ; XXVII, 437, 488; B. 11331, fol. 215 v°.

cet acte, était seigneur en partie de Buffard et de Fangy; il fut chambellan du duc. Il avait épousé Marguerite de Salins (1).

Après la mort de Catherine de Vaite, au mois de février 1434/5, « Colas et Guillaume de Ruffey, écuyers, se partagèrent l'héritage de feus Gui de Ruffey-lès-Dijon et dame Catherine, leurs père et mère ». Colas eut la majeure partie des biens paternels à Ruffey, Mailly-Curtil, Mailly-le-Port, Mailly-la-Ville, Champdôtre, Tillenay, Collonges-lès-Longeault. Guillaume eut la plupart des biens provenant de sa mère : aux Barres d'Orsans, à Brazey, Saint-Jean de Losne, Champdivers, Chamblanc, Trugny, Jallanges, Seurre, ainsi qu'à Echevannes et autres lieux voisins de Tilchatel. Les deux frères devaient « payer à Marguerite, leur sœur, femme de Jean Barrot de Beaune, sa dot de 60 livres de rente, et une pension à dame Marie, leur autre sœur, religieuse à Molaise » (2).

Nicolas de Ruffey demeurait d'ordinaire au village de ce nom, dans la maison forte naguère habitée par ses aïeux les Saulx-Fontaines. Il acheta de Guillaume son frère, les biens que celui-ci possédait à Ruffey, Bellefond, Saint-Apollinaire, Echevannes, ainsi qu'aux Barres d'Orsans. Il fonda une chapelle dans l'église des Maillys, dont il était seigneur en même temps que de Ruffey. Il mourut l'an 1438 (3).

Guillaume était seigneur de Fangy, et résidait aux Barres. Il se dessaisit d'une grande partie de ses biens,

---

1. Ibid., Peincedé, XXIII; 25 ; E. 389, titre de 1468. — Bibliot. de M. Droz des Villars (Doubs), Notes de Varin d'Audeux: Testament de Jean de Chissey époux de Jeanne d'Usie, fils de feu Jean de Chissey, chevalier, seigneur de Buffard, et de Marguerite de Salins ; 1468. Cette note, ainsi que les suivantes de même source, nous ont été obligeamment communiquées par M. de Beauséjour.
2. Ibid., Peincedé, XXVII, 519.
3. Ibid., Peincedé XXV, 479, XXVII, 505-506, ou B. 11378.

Marié après 1435 à Catherine d'Autoreille, il mourut vers l'an 1460 : on ne lui trouve pas de postérité (1).

C'est donc dans la descendance de Nicolas qu'il faut chercher l'alliance d'un seigneur dit de Chissey avec une héritière des Ruffey, parente de saint Bernard.

En 1427, Nicolas avait pour épouse Jeanne Perron fille de Jean Perron de Beaune et d'Alix de Baissey. Au décès de son mari, Jeanne eut la tutelle de leurs enfants : Etienne, Jeanne, Henriette et Nicolas II. Un document donne encore à Nicolas I deux autres enfants : Jean et Etiennette, soit qu'il les ait eus d'une première femme, soit que Jeanne Perron n'ait pas géré la tutelle de ceux-ci (2).

Jeanne Perron se remaria l'an 1444 à Jean de Chissey, écuyer, seigneur de Varanges. C'était le fils de Jean, cité plus haut, qui avec Richard, son frère, forma la tige des Chissey-Varanges (3). Ce mariage créait une nouvelle affinité entre les Chissey et les Ruffey.

Etienne, fils de Nicolas I de Ruffey, fut seigneur de Collonges-lès-Longeault. Il tenait des fiefs à Pluvault, Pluvet, Aubigny-lès-Molinot : la terre d'Aubigny lui venait de sa mère, Jeanne Perron. Il épousa en 1462 Marie de Seigny, fille d'Antoine de Seigny et d'Amyotte de Marey. Amyotte était fille de la dernière héritière des Saulx-Fontaines (4). Ainsi les enfants d'Etienne de Ruffey et de Marie de Seigny reçurent et de leur père et de leur mère le sang de saint Bernard. Ces enfants furent :

---

1. Ibid., l. c., et E. 370, titres de 1454, 1465.
2. Ibid., Peincedé, XXVII, 488, 505-506 ; — Ste Chapelle, cartul, n° 51, p. 186.— Bibliot. de M. Droz des Villars, Notes de Varin d'Andeux: Testament d'Etiennette de Ruffey.
3. Ibid., Peincedé, XXVII, 353, 402, 417, 471.
4. Ibid. Peincedé VII, 124. — Migne, col. 1497, C.— Archiv. de M. d'Haussonville, Gurcy-le-Chatel (Seine-et-Marne). — Voir le tableau généalogique des Marey-Fontaines.

1° Jean de Ruffey, seigneur de Collonges (1), marié à Jeanne Poinceot d'Eguilly, dame de Drées en partie, d'où naquirent, Antoine et Philippe ; — 2° Pierre de Ruffey, seigneur de Collonges ; — 3° Catherine de Ruffey, mariée à Pierre de Coublanc (2).

Catherine est expressément dite fille d'Etienne de Ruffey et de Marie de Seigny, d'abord en son traité de mariage (3) daté de 1482, puis dans un acte de 1487 portant, à propos de la dot de sa mère « Marie de Seigny dame de Collonges », un règlement de compte avec Othenin de Cléron (4). Elle est citée l'an 1511, ainsi que son fils Claude de Coublanc. Jean et Pierre de Ruffey, qui succèdent à Etienne dans la seigneurie de Collonges, ne peuvent qu'être ses fils (5). La postérité de Pierre, s'il en eut une, n'apparaît pas. Jean fut en relations fréquentes et intimes avec Bonaventure et Christophe de Vingles, maris de ses deux belles-sœurs, Chrétienne. et Agnès Poinceot d'Eguilly ; également avec Pierre de Mailleroncourt, époux en deuxièmes noces de Jacqueline de Cléron, fille d'Othenin (6). Par sa mère et par sa femme, Jean avait de multiples liens de parenté avec ces seigneurs. Le château de Drées était devenu leur commun héritage. Après 1540, on trouve à Collonges Antoine de Ruffey et son frère Philippe, ayant mêmes relations que Jean de Ruffey, avec les Vingles et les Cléron ou leurs alliés. Antoine et Philippe devaient donc être fils de Jean. La fille d'Antoine, Jeanne de Ruffey, dame de Collonges, épousa en 1585 Sébastien

1. Jean de Ruffey, d'après Courtépée, eut sa tombe à Premières, et cette tombe portait la date de 1532.
2. Bibl. de Dijon, MS de Palliot, Mém. gén. I, p. 121,142,267,519,901. — Archiv. de la Côte-d'or, Titres de famille, E, 802, 849, 1055 ; Peincedé VII, 196 ; XXVIII, 626. — Invent. som. Saône et Loire, E. 1051. Migne, col. 1497, C ; 1499, C.
3. Migne, col. 1497, C.
4. Archiv. de M. le comte d'Haussonville, Gurcy-le-Châtel.
5. Jean l'était certainement ; voir plus loin, p. 234.
6. Palliot, ms I, 508 et suiv., et locis cit.

de Hénay, seigneur de Thostes, dont elle était veuve en décembre 1588.

Nous ne suivrons pas ces divers rameaux tenant aux Ruffey issus des Saulx-Fontaines. A cette époque, l'arbre généalogique de la famille de saint Bernard devient si touffu, qu'il faut se borner à signaler seulement les greffes nouvelles.

Jean et Etiennette, enfants de Nicolas I de Ruffey, nous sont connus par cet unique document :
« Testament d'Etiennette de Ruffey, veusve de feu Jean Mellet de Frontenay, escuier, seigneur de Joux-lès-Vercelz : elle faict mention de Jean de Ruffey, escuier, son frère, et faict héritiers Nicolas de Ruffey, son frère, Jeanne de Ruffey, dame de Mailli, sa sœur, 1487 (1). »

Nicolas II, fils de Nicolas I, fut seigneur de Ruffey. Il est cité encore en 1489. Il eut pour enfants : Jean de Ruffey, prêtre, curé de Membrey, seigneur de Ruffey en partie ; Alexandre, également seigneur de Ruffey ; Antoinette, mariée à Charles de Mailly (2). — Alexandre mourut sans postérité. L'époux d'Antoinette était coseigneur de Mailly-le-Château, l'un des quatre villages formant la commune actuelle des Maillys. Son habitation était à Mailly-l'Eglise. Il était fils de Simon de Mailly, chevalier, seigneur d'Arc-sur-Tille et des Maillys, en partie. Sa sœur, Claude, était mariée à Philippe Baudot, seigneur de Crecey-sur-Tille et de Chaudenay. Charles de Mailly mourut en 1422 ou 1423, laissant sa veuve Antoinette avec un fils unique, Jean, âgé d'environ 13 ans, qui eut pour curateur son oncle, le curé de Membrey. Le fils d'Antoinette reçut lui-même les saints Or-

---

1. Bibliot. de M. Droz desVillars (Doubs), Notes de Varin d'Audeux.
2. Archiv. de la Côte-d'Or, Peincedé, VII, 194; XVIII, 160; XIX, 124; XXIX, 671, 679.

dres, et en 1560 il était chapelain de Notre-Dame de la Levée lès Auxonne, hospice pour les passants, voisin de la chaussée qui aboutissait au pont de la Saône (1).

L'an 1489 « damoiselle Henriette de Ruffey et noble homme Nicolas de Ruffey, son frère, tenaient fief au Chastelet, dans la seigneurie de Pagny. » Henriette n'est pas connue davantage (2). Elle était décédée en 1495.

Jeanne de Ruffey, sœur d'Henriette et des précédents, épousa Jean de Chissey, écuyer. Par ce mariage un rameau des Chissey se rattache donc à l'arbre généalogique de la famille de saint Bernard. Les documents ne donnent pas la filiation du mari de Jeanne de Ruffey : il est qualifié seigneur de Mailly, sans doute du chef de sa femme, qui était « dame de Mailly-le-Moustier » — l'église ; et il devait, de son propre chef, être seigneur du Deschaux, car, dans son veuvage, Jeanne était dame du Deschaux en même temps que de Mailly. En 1474, Jean de Chissey était mort. Un titre daté de 1487 lui donne pour fils Jean, né de Jeanne de Ruffey. Jeanne fit son testament l'an 1495. Elle institua héritier son fils Simon de Chissey, écuyer. Elle légua à son « neveu Jean de Ruffey, écuyer, seigneur de Collonges, sa portion de la dîme des Barres d'Orsans, à raison de ce qu'elle lui devait de la succession de feue damoiselle Henriotte de Ruffey, jadis sa sœur » (3).

Il n'existe aux Archives de la Côte d'Or que le relevé de cette clause du testament de Jeanne de Ruffey. La pièce entière eût probablement fait connaître ses autres enfants, parmi lesquels il faut compter un moine de

1. Ibid. Peincedé, l. c. ; Sainte-Chapelle, G, 282, layette Les Maillys, titres de 1522, 1524; cartul, n° 51, p. 150, 292, 545, 553, cartul. n° 53, p. 244.
2. Ibid. Peincedé, XVIII, 160.
3. Ibid., Peincedé, VII, 123; E. 384, titre de 1495. — Biblioth. de Besançon, Testaments de l'officialité par Dom Berthod, C. 1742: « Jean de Chissey, seigneur de Mailley, eut de Jeannette Ruffey, Jean, 1487. »

Saint-Seine. D'après les titres émanant de l'abbaye ce moine se nommait « Girard de Chissey ». Une inscription le concernant, rapportée par Palliot, l'appelle « Richard », erreur peut-être, due à une mauvaise lecture.

Girard de Chissey, religieux de Saint-Seine, paraît en 1496, 1501, 1504. Un titre de 1507 fait mention de lui comme étant décédé. L'an 1501, il était sacristain. Le 11 novembre 1504, revêtu de la même charge, il fonda dans l'église du monastère « une messe en l'honneur des cinq plaies de N. S., à dire chaque vendredi de l'année pour le salut de son âme et des âmes de défunts Jean de Chissey et Jeanne de Ruffey, ses père et mère, et de ses frères et sœurs et autres parents ». Cette messe fut appelée « la messe de Chissey (1). »

C'est à l'occasion de cette fondation qu'une « inscription gravée sur une lame d'airain fut posée en l'église de Saint-Seine, à la croisée gauche, contre le pilier de la chapelle Sainte-Anne ».

Voici le texte de l'inscription (2) :

Nobilis et devotus religiosus frater Richardus ? de Chisseyo hujus egregii cœnobii sacrista summam centum quinque librarum Turoñum per domicellam Joannam de Ruffeyo ejus matrem sibi legatarum pro fundatione unius missæ singulis diebus Veneris in præsenti altari de quinque Christi plagis ppetuo celebrandæ annualiter conventui erogavit anno Domini M. V^c. IX. (lisez IV ; 1504)

1. Archiv. de la Côte-d'Or, Inventaire de S. Seine, n° 98 fol. 426-427 443, 445-446. — *Mém. de la Com. des Antiquités de la Côte-d'or*, années 1884-1885, p. 65.
2. Bibl. de Dijon, ms. de Palliot, I, p. 1105.

Simon, héritier de Jeanne de Ruffey sa mère, lui succéda dans les seigneuries du Deschaux et de Mailly-l'Eglise. L'an 1507 mention est faite de « Simon du Deschaux, coseigneur de Mailly » (1). En 1510, « Jean de Ruffey, prêtre, coseigneur du lieu, en son nom et au nom de son frère Alexandre de Ruffey, écuyer, vendit à Simon de Chissey, écuyer, seigneur du Deschaux et de Mailly, une portion de la dîme des Barres d'Orsans »(2). Simon mourut peu de temps après, et, le 30 août 1514, sa veuve, Antoinette de Salins, se remariait à Claude de Rouvray, en présence de Richard et de Jean de Chissey, seigneurs de Fangy (3). — Jean et Richard étaient arrière petits-fils de Jean de Chissey, seigneur de Buffard et de Fangy, chambellan du duc, époux de Marguerite de Salins et cousin de Catherine de Vaite, tous mentionnés plus haut.

Une fille de Simon de Chissey, Antoinette, épousa Adrien Bouton, seigneur de Pierre. Elle est citée avec son mari en 1539. Christophe Bouton, leur fils, testa l'an 1594 (4).

Par les Ruffey et les Chissey plusieurs familles, comme les Coublanc, les d'Hénay, les Bouton, les Frontenay, se trouvent reliées à celle de saint Bernard.

---

1. Archiv. de la Côte-d'Or, Peincedé, VII, 196.
2. Ibid., E. 384, titre de 1510.
3. Maison de S. Bernard, à Fontaines, Notes Chastellux.
4. P. Anselme VII, 648.

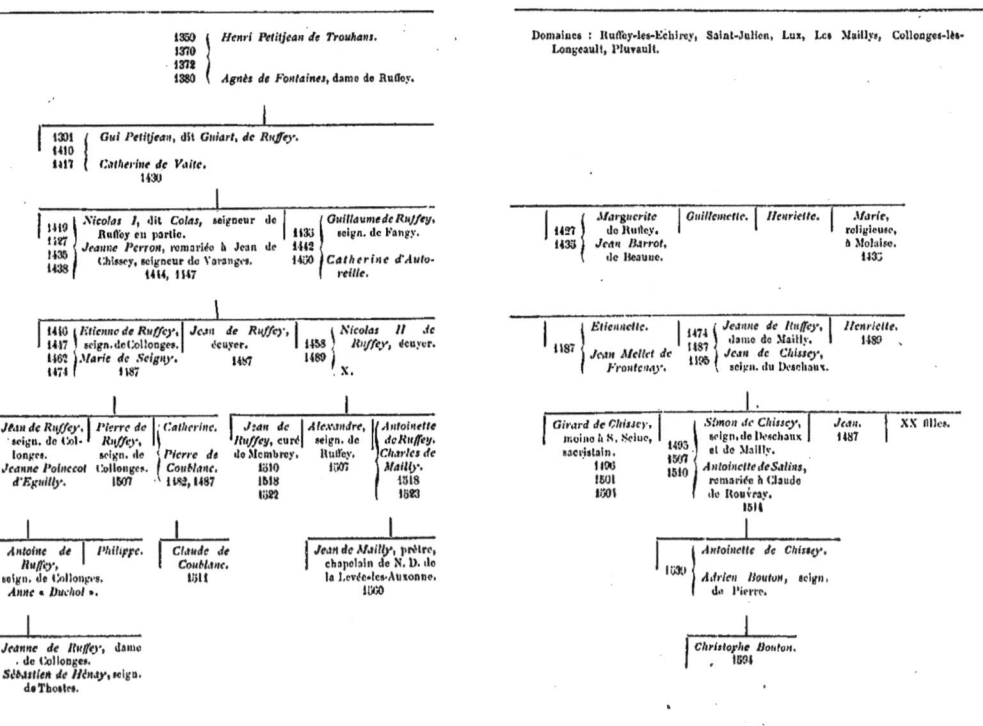

TOMBE DE MARIE DE BYOYS

§ 6.

LES MAREY-FONTAINES ET LEURS DESCENDANTS

Au commencement du XVI⁰ siècle, Marey-sur-Tille avait trois maisons fortes. L'une d'elles venait d'être construite, dans la partie Sud-Est du village, par les Baudot, seigneurs de Crecey. Une autre, très ancienne, possédée alors par les Mazilles, était située au centre, près du pont ; le « pré Mazilles », dont le nom s'est conservé, en dépendait. La troisième, également ancienne, et déjà en ruine, était dans la partie Ouest, non loin de la montagne ; elle appartenait à Othenin de Cléron, seigneur de Saffres et de Fontaines.

Cette dernière maison avec ses dépendances était le fief patronymique des Marey qui reçurent le sang de saint Bernard. L'emplacement qu'elle occupait, se reconnait encore. Bâtie sur une motte, entourée de fossés et munie d'une basse cour, c'était néanmoins une de ces nombreuses habitations féodales qui se rapprochaient plus du manoir que de la forteresse.

Le 19 janvier 1389/90, Gérard et Guillaume de Marey frères, damoiseaux, se partagèrent les successions de Messire Philippe de Marey, seigneur du lieu en partie, et de Jeanne de Thianges, leurs père et mère. Gérard eut la maison forte de Marey, la maison de Châteauneuf au V¹ de Bargis, la rente sur la maison des Lombards à

Châtillon ; Guillaume eut ce que ses père et mère possédaient en maisons ou autrement à Giry, Gippy, etc. Les deux frères étaient tenus de fournir une dot de mariage à Pierrette, leur sœur, et une pension à Guiotte et Marguerite, leurs autres sœurs, religieuses à Tart (1).

Guillaume de Marey qui paraît dans cet acte, est la tige des Marey-Fontaines.

Que sait-on des origines de cette famille ?

Son blason était *de.. à un lion de.. avec un bâton brochant sur le tout.*

Telles en effet étaient les armoiries gravées sur le sceau de Guillaume de Marey, seigneur de Fontaines, et sur la tombe de Pierrette, sa sœur, épouse du chancelier Jean de Saulx, sire de Courtivron (2). On peut voir en Dom Plancher, tome II, p. 431, un dessin complet de la tombe commune de Jean de Saulx et de Pierrette de Marey. Nous ne reproduisons que le dessin des armoiries de Pierrette.

Figure 6.
Armoiries de Pierrette de Marey.
1423

La partition de sénestre donne les armoiries de Pierrette, et la partition de dextre, celles de son mari.

1. Archiv. de la Côte-d'Or, Peincedé, XXVII, 221.
2. Jean, époux de Pierrette de Marey, n'appartient pas à l'ancienne maison de Saulx, dont les Saulx-Fontaines forment une branche, mais à une autre maison dite de Saulx et de Courtivron, qui a sa souche dans Robelin le Guerrier, prévôt des anciens sires de Saulx. — *La vérité sur les deux maisons de Saulx-Courtivron*, par J. d'Arbaumont, Dijon, 1882. — Veuve en 1420, Pierrette se remaria en 1421/2 à Guillaume de Grancey, seigneur de Larrey. Ibid., et Archiv. de la Côte-d'or, B. 11705, famille de Grancey. — Peincedé, XXVII, 420.

Voici maintenant une empreinte du sceau de Guillaume de Marey, d'après les titres des Archives de la Côte-d'Or, cotés B. 11823, cotes 6, 129, 143 ; B. 11869, cote 88. Il s'agit certainement du seigneur de Fontaines : plusieurs de ces titres l'attestent expressément. Ce sont des quittances délivrées par Guillaume pour les gages qu'il perçut comme châtelain d'Apremont-sur-Saône.

FIGURE 7.
Sceau de Guillaume de Marey.
1408, 1413, 1419

Le lion est ici *accosté de deux besans*. Cette brisure peut être particulière à Guillaume, ou venir de son père. L'unique empreinte que l'on ait du sceau de Gérard (1), frère aîné de Guillaume, est trop effacée pour qu'on puisse distinguer si la même brisure s'y trouvait. Elle n'existe pas dans le sceau d'un de leurs parents, Jean de Marey, prédécesseur immédiat de Guillaume dans l'office de châtelain d'Apremont.

FIGURE 8.
Sceau de Jean de Marey.
1392

1. Archiv. de la Côte-d'Or, B. 11286, cote 200. Voici les premiers mots du titre, daté de 1385 : « Je Girart de Mairey, escuier, fils de feu messire Philippe de Mairey chevalier, fais savoir à tous que je tant en

L'empreinte reproduite *Figure 8* est visible sur plusieurs quittances de Jean de Marey : B. 11823, cotes 16 et 41.

Jean devait être frère ou cousin de Philippe, père de Gérard et de Guillaume.

Philippe de Marey possédait plusieurs terres et maisons dans le Nivernais : à Châteauneuf-Val-de-Bargis, à « Chastings », Giry, Gippy. Une partie de ces biens venaient de son mariage avec Jeanne de Thianges. En 1376, la duchesse Marguerite de Flandres le nomma châtelain de Châteauneuf (1). Il obtint également, dans la Franche-Comté, l'office de capitaine de Châtillon-sur-Lizon (2). Il mourut avant 1385.

Richard de Marey qui fut châtelain de Gray en 1330, est un ancêtre direct ou collatéral de Jean et de Philippe : son sceau présente en effet les armoiries déjà décrites, *un lion avec un bâton brochant sur le tout* (3).

L'an 1312, on comptait parmi les seigneurs de Marey « Aymonin et Richard, frères, fils de Messire Jean Beauvau ». Richard est peut-être le même que le précédent. Du moins, les deux frères appartiennent à la lignée des Marey qui nous occupent, car ils avaient pour fief à Marey la maison forte située dans la partie Ouest du village (4).

Jean de Marey dit Beauvau fut probablement l'un des

---

mon nom que comme au nom et pour Guillaume mon frère... » De la légende du sceau on lit encore. « S.GER... » La langue vulgaire, plus usitée dans les légendes des sceaux que dans le texte des titres, ramenait, comme on le voit, à « Gérard » vraie forme française, le nom « Girardus ».

1. Archiv. de la Côte-d'or, B. 4033. — *Inventaire des titres de Nevers.*
2. Archiv. de la Côte-d'or, B. 11286, cote 200.
3. Ibid., B. 11828, cote 32.
4. Ibid., Peincedé, VII, 5. — Aymonin et Richard étaient seigneurs de Marey, demeurant au dit lieu, en même temps que Eudes le Piz. Or celui-ci tenait la maison forte située près du pont ; l'autre maison forte appartenait donc aux fils de Jean Beauvau.

exécuteurs testamentaires (1) d'Hugues de Dampierre-Chargey, frère d'Agnès de Dampierre dont la tombe est reproduite *Planche 12 bis*. Hugues de Dampierre testa en 1294.

Le même Jean de Marey dit Beauvau, écuyer, paraît au cartulaire d'Auberive en 1270, avec son frère, Simon dit Bogues, chevalier. Il semble qu'il soit fils de Pierre de Marey, dit Beauvau, cité au même cartulaire, en 1250 et 1228, avec sa femme, Blanche, et leurs enfants, Simon, Aalis et Marguerite (2).

Les Marey qui recueillirent l'héritage des Saulx-Fontaines, étaient donc d'ancienne date à Marey-sur-Tille. Mais, dès le commencement du XIII° siècle, cette terre féodale appartenait à plusieurs seigneurs, et l'on ne voit clairement ni s'ils formaient une même famille, ni à quelle maison plus illustre ils pouvaient se rattacher. Pierre et Jean de Marey, surnommés Beauvau, avaient des biens à Grancey, Courlon, Chalmessin.

Guillaume de Marey, avant 1338, épousa Marie de Saulx-Fontaines, fille et héritière de Richard (3). C'est alors que les Marey prennent rang parmi les arrière-neveux de saint Bernard. Jusque là on ne découvre aucune alliance qui leur ait apporté ce titre. Si quelques membres des générations précédentes en sont parfois gratifiés, c'est par extension rétrospective ; c'est en conséquence de la conjecture de Chifflet, conjecture basée uniquement sur le travail si défectueux de F. de la Place.

Guillaume figure dans beaucoup de documents : reprises de fief, dénombrements, hommages pour ses

1. Ibid., XVII, 235. — Le texte, qui n'est qu'une copie, porte : « Jean de Marey dit Briannaux. » Nous pensons que c'est une mauvaise transcription de « ... dit Bicauvaux. »
2. Archiv. de la Hte-Marne, cartul. d'Auberive, Livre II, 52, 53, 62.
3. Archiv. de la Côte-d'or, Peincedé, XVII, 76.

domaines en Bourgogne et dans le Nivernais; quittances pour ses gages de la chatellenie d'Apremont; débats avec la ville de Dijon à propos des droits de justice à Fontaines; contrats de vente, etc. (1).

Il acheta de Gérard, son frère, la terre patrimoniale de Marey; mais il ne la conserva point, et la revendit à Guillaume Poinceot de Saint-Seine, le 18 octobre 1404, pour le prix de 420 francs d'or (2).

De l'héritage de sa femme, Guillaume n'aliéna qu'une petite part, spécialement les redevances féodales assises sur Gemeaux. La vieille demeure de Tescelin lui fut particulièrement chère.

Au temps de Guillaume de Marey, commencèrent à éclater plus bruyamment entre Dijon et les seigneurs de Fontaines, ces querelles déjà anciennes concernant la haute justice, qui ne devaient se terminer que trois siècles plus tard.

En 1391, les maire et échevins de la ville, se prétendant haut-justiciers de Fontaines, voulurent agir en cette qualité. Guillaume de Marey et Marie de Saulx, sa femme, firent aussitôt rédiger une protestation (3). Après maint débat, une transaction fut passée, le 7 janvier 1406/7, par laquelle, les droits en litige étant divisés, une part était attribuée à la ville, et l'autre laissée au seigneur. Il fut stipulé « que les maire et échevins de Dijon auraient toutes prises en tous cas de haute justice, pour amener les prisonniers à la ville et les juger; que les malfaiteurs pris sur un terrain délimité pourraient être incarcérés à Fontaines, mais sans que le seigneur pût commencer leur procès avant trois jours, afin de permettre aux sieurs de Dijon de les réclamer; que, les trois jours écoulés, faculté restait aux maire et échevins

---

1. Ibid., E. 124, plusieurs titres à partir de 1391; B. 11601, cote 42; B. 11869, cote 88; B. 11823, cote 143; B. 11334, f° 8.
2. Ibid., Peincedé, XVII, 82.
3. Archiv. de la Côte-d'Or, B. 11601 cote 43; Peincedé, XXV, 21.

de redemander les prisonniers, lors même que le procès serait commencé ; que toute exécution était réservée aux maire et échevins ; que les droits du seigneur de Fontaines sur les biens du condamné restaient fixés conformément aux déclarations des conseillers de feu Monseigneur le duc, etc. » (1).

Cette transaction fut rarement acceptée, soit des successeurs de Guillaume de Marey, soit des représentants de la ville.

A la suite de la ligue de Gien, formée contre Jean-sans-Peur, ce prince fit mettre sur pied de guerre toutes les places fortes de ses États. Le château de Fontaines, malgré son peu d'importance, fut l'objet des mesures prescrites, et en 1414 Guillaume de Marey déclarait que les habitants de Fontaines avaient « travaillé aux réparations de sa forteresse », curant les fossés, consolidant les murailles ; et qu'ils avaient exécuté ces travaux de leur plein gré et bon vouloir, le seigneur n'ayant pas droit de les y contraindre. Guillaume délivra plusieurs déclarations de ce genre, concernant ses droits seigneuriaux et les franchises des habitants ; en 1416, il reconnaissait que « la cour des Templiers ne devait point de taille, mais était seulement de la justice de Fontaines »(2).

Marie de Saulx donna à Guillaume deux fils et trois filles : Alexandre, Bernard, Amyotte, Oudotte ou Odette et Perrenotte. Elle était décédée en 1423. Son mari lui survécut jusqu'après 1430.

Le 12 janvier de l'année 1424, Alexandre et Bernard de Marey se partagèrent l'héritage de leur mère. Ils eurent chacun moitié du château et de la terre de Fontaines. En outre, Alexandre obtint les fiefs et redevances situés à Ogny, au Val-saint-Julien, à Clénay, le moulin

---

1. Ibid., seigneurie de Fontaines, E. 123 et suiv.
2. Ibid., B. 11329, fol. 37, 115 ; B. 11330, fol. 23 ; Peincedé, XXVII, 413, 419.

Raffeneau, le quart du bois de Saint-Julien, la moitié de la vigne de Ruffey. De son côté Bernard eut les fiefs et revenus de Vernot, de Ruffey, moins la moitié de la vigne réservée à son frère; le quart du bois de Saint-Julien. Le père des copartageants, Guillaume de Marey, retint la moitié de ce bois. Dans l'acte de ce partage mention est faite de « l'hôtel » que Bernard possédait à Ruffey. C'était l'hôtel ou manoir dit Le Cloître, différent de la maison forte qui appartenait alors aux héritiers de Henri Petitjean et d'Agnès de Fontaines (1).

Le partage ne fut point définitif, on le verra par la suite.

Parmi les témoins se trouvaient Gérard de Marey, chevalier, oncle d'Alexandre et de Bernard, et Jean de Champlitte, écuyer, mari de leur sœur Oudotte.

Alexandre épousa Marguerite de la Plectière (2); Bernard, Alais Perron, sœur de la femme de Nicolas de Ruffey (3); Amyotte, Antoine de Seigny, seigneur de Saffres (4); Oudotte, Jean de Champlitte, seigneur de Vonges (5), qui descendait d'Eudes de Champagne et de Sibylle de la Ferté. Perrenotte fut mariée deux fois, d'abord à Philippe de Crecey-sur-Tille, ensuite à Jean de Chavanges (6).

A cette époque, florissait à Fontaines la confrérie de Saint-Bernard, dont la date d'institution est inconnue. Au mois d'août 1410, Jean-sans-Peur donna des Lettres d'amortissement aux membres de cette association, à l'effet d'acquérir une rente de cinquante livres tournois,

---

1. Ibid., B. 11332, fol. 91; Peincedé, XXVII, 469-471.
2. Migne col. 1495, C.
3. Ibid., l. c. — Voir aussi précédemment § 5, p. 231.
4. Ibid., col. 1495, B, C; 1496, A.
5. Ibid., col. 1495, C.
6. Ibid., col. 1496, B. — Peincedé, XXVII, 514, 521.

pour la fondation de deux messes quotidiennes, dans l'église de Fontaines (1).

On voit quelle était l'organisation de la confrérie, en lisant les Comptes (2) des années 1426 et 1427. Les associés, hommes et femmes, dont le nombre dépassait 1200, appartenaient à environ 100 localités, en tête desquelles viennent Fontaines, Dijon, Talant, Plombières, Ahuy, etc. (3) Un conseil d'administration, composé de quelques membres résidant à Fontaines, gérait le temporel de la confrérie, et veillait à l'observation des statuts. C'est à ce conseil que revenait le soin de s'assurer chaque année deux chapelains pour la célébration des deux messes quotidiennes. Une de ces messes se disait au point du jour, et le chapelain qui en était chargé recevait 28 francs pour l'année. La seconde messe se disait à l'heure de prime, et le chapelain touchait 23 francs.

Le but particulier de l'association était d'honorer et d'invoquer « Monseigneur saint Bernardt Abbey et Docteur », et de solenniser dignement sa fête. Les confrères s'assemblaient à Fontaines le dimanche après la fête, ou le jour même, si elle tombait un dimanche. Ils se revêtaient d'une robe qui était la livrée distinctive de leur

---

1. L'abbé Jobin, *S. Bernard et sa famille*, p. 646.
2. Archives de l'église de Fontaines.
3. Voici la liste de toutes ces localités ou paroisses :
Dijon, paroisses Saint-Nicolas, Notre-Dame, Saint-Michel, Saint-Médard, Saint-Pierre, Saint-Jean, Saint-Philibert ; Talant, Plombières, prieuré de Bonvaux, Daix, Hauteville, Ahuy, Asnières, Vantoux, Messigny, Curtil, Saussy, Villecomte, Vernot, Is-sur-Tille, Lamargelle, Tarsul, Courtivron, Molois, Salives, Avot, Villers-les-Pots, Remilly-en-Montagne, Agey, Saint-Seine, Saint-Martin, Cestres, Bordes-Bricard, Fromenteau, Trouhaut, Malain, Chenôves, Marsannay-la-Côte, Couchey, Perrigny, Prenois, Pasques, Darois, Etaules, Val-Suzon, Le plain d'Ahuy, Francheville, Bellefond, Ruffey, Chaignay, Norges, Bretigny, Ogny, Clénay, Saint-Julien, Brognon, Orgeux, Chaignot, Varois, Couternon, Arceau, Tanay, Beire, Vesvrotte, Mirebeau, Magny-Saint-Médard, Pontailler, Binges, Montmançon, Cuiserey, Lamblin (ferme), Chazeuil, Saint-Apollinaire, Pouilly-les-Dijon, Trochères, Lux, Baulme-la-Roche, « Marigny-en-Champagne, Roches », Saulon-la-Rue, Epagny, Cessey-sur-Tille, Remilly-sur-Tille, Savigny-sous-Malain, Saint-Broing, Bures, Pouilly-en-Auxois, Salres, Ancey, Fixey, Villers-la-Forêt, Pesmes, « Les Forains », Til-Châtel, Echirey, Vonges, Mesmont, « Taisuy », Pichanges, Prâlon, Arçon. — Morey et Bligny-le-Sec sont inscrits comme ayant fourni précédemment des membres de la confrérie.

confraternité. Outre les offices et le sermon, prêché par un religieux, il y avait le banquet commun, chose essentielle au moyen âge dans toutes les associations. Le trésor de la confrérie subvenait à la dépense, et les tables étaient dressées dans une « maison ou hostel » appartenant aux sociétaires et appelée « la Confrérie ».

Le repas devait être accompagné de prières, selon l'usage du temps ; mais déjà sans doute la dévotion était moins ardente, car parmi les détails des Comptes de 1427, on relève cette note : « Pour les poingnes et salares de Alexandre de Mairey escuier, qui impetra une dispensacion devers Monseigneur de Langres de patenostres, Ave Maria, etc. dont les confrères et consœurs estoyent chargiés, — 20 gros ». Le menu était simple : bœuf, riz au lait, poires pour le dessert. La vaisselle se composait d'un peu d'étain, mais surtout de plats et d'écuelles en bois.

Le dimanche soir, les vêpres de la fête étaient suivies des vêpres des morts. Le lendemain matin l'office des morts et la messe solennelle étaient célébrés pour les confrères défunts. Les prêtres et les clercs qui y prenaient part, étaient invités à dîner, et recevaient chacun un gros : ils étaient au nombre de 17, l'an 1426.

Aux enterrements des confrères, le pain et le vin de l'offerte étaient fournis par la confrérie ; l'un des administrateurs avait mission d'y assister.

Le 14 septembre, 1427, les noms des associés dernièrement décédés furent portés au chapitre général de Citeaux, « pour obtenir absolucion et suffrages ».

Le trésor commun était alimenté par les contributions des associés. En se faisant inscrire on versait 1 franc. Au jour de la fête, l'offrande de chacun était de six blancs, qui représentent un peu plus de 12 centimes. Le bâtonnier faisait un don plus important, et ordinairement en nature. Au décès d'un confrère, sa meilleure robe ou la somme de 6 gros, équivalente à 50 centimes, revenait à l'association.

Avec ces ressources, la confrérie achetait soit des rentes, soit des vignes et des maisons qu'elle donnait à ferme ou à loyer.

Dans les Comptes de 1426, « Très haut et excellant prince Monseigneur le duc de Bourgongne » figure en tête de la liste des confrères. C'était Philippe le Bon. A sa suite viennent « Guillaume de Mairey, Bernard de Mairey, Damoiselle Alaix sa femme, Alexandre de Mairey ». Plus loin : « Anthoine de Saigney seigneur de Saffres, Damoiselle Amiote sa femme ».

Ces noms reparaissent dans les Comptes de 1427, excepté celui du duc de Bourgogne. Parmi les confrères « receus en ladite confrarie depuis l'audicion des comptes de l'an mil cccc et xxvi — 25 février 1427 n. st. — jusqu'au jour de ladite confrarie l'an mil cccc xxvii — 24 août », se trouvent : « Monseigneur Jehan de Champllite chevalier seigneur de Vonges, et Dame Odote sa femme ».

Ainsi les Marey-Fontaines s'enrôlèrent la plupart dans la confrérie.

De plus ils durent vénérer particulièrement saint Bernard dans sa maison natale, devenue leur héritage. En effet les actes de l'époque mentionnent avec soin « La Tour Monsieur saint Bernard », ou grosse tour du château, ainsi que le « cellier ou chambre » de cette tour, dans lequel la tradition plaçait la naissance du saint.

Un nouveau partage du château et de la terre de Fontaines eut lieu l'an 1430. Amyotte en fut exclue, comme ayant reçu sa dot lors de son mariage avec Antoine de Seigny, en 1418. La répartition se fit donc entre Jean de Champlitte agissant au nom de sa femme, Alexandre de Marey, Bernard et Perrenotte (1). C'est alors que la Grosse tour, attribuée à Bernard en 1424, passa à Per-

1. Migne, col. 1495, C.

renotte, qui la vendit, peu d'années après, à l'évêque de Chalon, Jean Rolin, fils du chancelier.

Ici commence l'aliénation du château de Fontaines par les arrière-neveux de saint Bernard, et c'est le bâtiment le plus précieux au point de vue des traditions qui passe le premier en des mains étrangères.

Le 16 mars 1434/5, Jean Rolin prit possession par procureur d'un quart du château et de la terre de Fontaines qu'il avait acquis de noble damoiselle Perrenotte de Marey, veuve de Philippe de Crecey, et remariée à Jean de Chavanges. A cet effet, le procureur de l'évêque, Odot le Bediet de Dijon, se rendit « en la cour dudit chastel où estaient noble et puissant seigneur Messire Nicolas Rolin, chevalier, chancelier de Monseigneur le duc de Bourgogne ; Bernard de Marey, écuyer, seigneur en partie dudit Fontaines, etc. ». Après lecture des lettres établissant l'acquisition, « Gérard Bolon, maire du lieu et gouverneur de la justice pour les seigneurs, prit le verrou de la porte basse de la Grosse tour quarrée, en laquelle, comme l'on dit, fut nez saint Bernard, et le bailla à Odot le Bediet » (1).

Le 22 du même mois, Jean Rolin acheta d'Alexandre de Marey, pour la somme de 564 francs, le quart que celui-ci possédait dans le château et la seigneurie de Fontaines (2). Les bâtiments du château compris dans ce nouvel acquêt étaient la tour d'entrée et ses annexes. Ils se reliaient à la Grosse tour, et formaient avec elle presque toute la façade orientale, ayant vue sur Dijon, dont les restes, rajeunis et embellis, subsistent encore.

L'évêque Jean Rolin, transféré de Chalon à Autun l'an 1436, remit peu après à son père ce qu'il avait à Fontaines. Cet héritage resta dans la famille du chancelier jusqu'en 1502. C'est durant cette période, seconde

1. Archiv. de la Côte-d'or, E. 124.
2. Migne, col. 1495-1496.

moitié du XVe siècle, que le cellier septentrional de la Grosse tour dit « chambre natale de saint Bernard », fut converti en chapelle. Toutefois, cet hommage rendu à l'abbé de Clairvaux en sa maison paternelle n'est pas dû seulement aux Rolin, mais en partie à l'initiative de Bernard de Marey.

En effet, dans son testament du 20 février 1462/3, Bernard léguait à Cîteaux sa portion du château et du territoire de Fontaines, à charge pour l'abbaye d'ériger dans le château même une chapelle en l'honneur de Dieu et de saint Bernard (1). Cet acte lui était inspiré par sa dévotion envers le grand moine dont il était l'arrière neveu, et par ses sympathies pour le monastère de Cîteaux. Une résidence qu'il possédait à Épernay, du chef de sa femme, le constituait dans des relations de voisinage avec ce monastère (2).

Le décès de Bernard de Marey, écuyer, arriva quelques semaines après cette donation, et Humbert, abbé de Cîteaux, entra en jouissance d'un quart du château et de la terre de Fontaines. La partie de l'habitation féodale qui échut de la sorte à l'abbaye, comprenait les bâtiments du midi, c'est à dire la Grande salle avec ses dépendances.

La Providence semblait offrir ainsi aux religieux de Cîteaux l'occasion de transformer en un monastère la maison natale du plus illustre patriarche de l'ordre. Ne surent-ils pas en profiter ? Rencontrèrent-ils d'insurmontables obstacles ? Le duc de Bourgogne, suivant leur déclaration de 1614, refusa les Lettres d'amortissement, et ils vendirent, pour le prix de 400 livres tournois, ce que leur avait légué Bernard de Marey (3).

On ignore en quelle année précise eut lieu cette vente, et combien de temps l'abbaye de Cîteaux resta en

---

1. Ibid., col. 1454, C.
2. Archiv. de la C. d'Or, Sainte-Chapelle, cartul. n° 42, p. 59, 63, 65, 70, 83.
3. Migne, col. 1455, B. C.

possession d'un quart du château de Fontaines. Le 8 janvier 1463/4, l'abbé Humbert donna sa procuration pour la suite d'un procès entre les seigneurs du lieu et la ville de Dijon. La sentence, rendue le 2 juin 1464, maintint la haute justice de Fontaines, telle qu'ils la prétendaient, aux maire et échevins de Dijon, contre Guillaume Rolin, Odot de Champlitte et Humbert, abbé de Cîteaux, coseigneurs dudit Fontaines (1).

Pendant la courte durée de cette possession, les religieux auraient-ils obtenu de Guillaume Rolin l'autorisation d'ériger un autel dans le cellier natal de saint Bernard? Auraient-ils contribué de leurs deniers à cet aménagement, et rempli de la sorte la condition du testament de Bernard de Marey? Le feuillant Louis Gellain l'affirmait en 1770; on regrette qu'il ne fournisse pas du fait une preuve documentaire.

Bernard de Marey était mort sans enfants. Alexandre, son frère, ne laissa lui-même pas de postérité. Mais par leurs sœurs, l'aînée surtout, s'est perpétuée une longue et nombreuse lignée d'arrière neveux de saint Bernard.

Perrenotte eut de son premier mariage avec Philippe de Crecey deux fils et une fille: Jean, Robert et Antoinette (2).

Philippe et ses deux frères Jean et Oudot, petits-fils de Jean de Crecey et d'Isabelle de Blaisy, avaient déjà reçu par leur aïeule le sang de saint Bernard. Le lien de parenté fut double pour la descendance de Philippe et de Perrenotte de Marey. Mais il serait difficile de démêler cette descendance particulière parmi les générations successives des seigneurs dits de Crecey, dont on suit longtemps la trace.

Les héritiers de Perrenotte n'ont rien possédé à Fon-

1. Archiv. municipales de Dijon. C, 21, cote 64.
2. Archiv. de la Côte-d'or, Peincedé. XXVII, 514, 521. — E. 1387, titre de 1432.

taines, leur mère ayant vendu aux Rolin la part qu'elle avait eu en cette seigneurie.

Odette de Marey et son époux Jean de Champlitte étaient morts l'un et l'autre avant 1439, laissant de leur mariage Oudot, Jean et Huguette (1).

Oudot et Jean de Champlitte, seigneurs de Vonges et de Fontaines en partie, cités pour la dernière fois en 1474, n'eurent pas de postérité (2). Mais leur sœur Huguette mariée à N. de Choisey, eut quatre enfants, qui étaient seigneurs et dames de Fontaines en 1484 : Louis de Choisey, écuyer; Simonne, femme de Guillaume Calandre, écuyer; Marguerite, femme de Thomas de Mandres; une troisième fille X., mariée à Jean de Coublanc (3).

La descendance d'Odette de Marey fut donc disséminée en ces diverses familles, qui se greffèrent à la fin du XVe siècle sur l'arbre généalogique de saint Bernard. Nous nous bornons à indiquer la formation de ces rameaux éloignés, sans les suivre dans leurs développements.

Dans le château de Fontaines, Odette avait eu pour sa part les bâtiments du Couchant, dont la tour dite du Treuil formait la pièce principale. Le tout menaçait déjà ruine, et n'avait d'autre prix, outre celui des souvenirs, que d'être un titre à redevances féodales. Les petits-enfants d'Odette s'en dessaisirent. Ils possédaient chacun un seizième du châtel et de la seigneurie.

Le 8 février 1489/90, Guillaume Calandre, autorisé de sa femme, vendit son seizième, pour la somme de 110 livres tournois, « à noble homme maître Laurent Blanchart, conseiller du Roy en la chambre de ses comptes à Dijon » (4).

1. Migne, col. 1496. A. B.
2. Archiv. de la C.-d'Or, Peincedé, VII, 119-123; B. 11722, p. 94-95.
3. Ibid., E. 123, 124.
4. Ibid.

Le 4 juillet 1490, Louis de Choisey, qui avait réuni les trois autres seizièmes en acquérant la portion de deux de ses sœurs, vendit le tout, moyennant 330 livres, au même Laurent Blanchart (1).

Cette double vente eût consommé la transmission de la maison paternelle de saint Bernard à des mains étrangères, si un fils d'Amyotte de Marey n'avait eu soin auparavant de racheter la partie que Cîteaux ne put conserver.

Amyotte de Marey avait épousé Antoine de Seigny, fils de Huot de Seigny et d'Isabelle de Saffres, héritière en majeure partie de la seigneurie du lieu. Les Seigny paraissent avoir eu pour armes *fascé de... et de...* (2). Leurs domaines étaient surtout dans l'Auxois et le Châtillonnais.

Du mariage d'Antoine et d'Amyotte naquirent deux fils et trois filles : Pierre, Jean, Anne, Jeanne et Marie.

Antoine possédait, à titre d'héritage paternel, une partie de la terre patronymique de Seigny, une part également des seigneuries de Quincerot-lès-Montbard et de Bissey-la-Pierre. Sa mère lui laissa d'autres seigneuries plus importantes : Saffres, Mosson, Vivey, Mouilleron. Les deux dernières venaient des Choiseul-Grancey (3).

Amyotte n'eut rien à Fontaines, mais les terres de Giry et Gippy, en Nivernais (4).

Le 29 janvier 1456, Antoine de Seigny, veuf d'Amyotte de Marey, passait le traité d'un second mariage avec Catherine de Montbéliard (5).

1. Ibid.
2. Le sceau de Guiot de Seigny oncle d'Antoine, présente en effet, plusieurs fasces, avec un croissant au canton dextre. Celui d'Antoine avait subi des modifications, mais on y distingue comme un franc quartier fascé. — Peincedé, VIII, 38 ; XXIII, 188. — B. 10574, cote 145. — Dans les titres des Archiv. de Gurey-le-Chatel, les armes de Seigny sont blasonnées : *de gueules à trois fasces d'argent*.
3. Migne, col. 1491, C.
4. Ibid. col. 1496, B.
5. Ibid., C.

Commencèrent alors, entre les enfants d'Antoine et d'Amyotte, une série de partages qui ne se terminèrent qu'après la mort de leur père, vers 1468, et en vertu desquels Pierre eut Saffres, Mosson, Vivey et Mouilleron; Jean, Giry et Gippy; leurs sœurs, Seigny, Quincerot et Bissey-la-Pierre.

Cependant le seigneur de Saffres mariait successivement ses enfants. Le 12 mars 1458/9, Anne et Jeanne épousaient les deux frères, Bernard et Geoffroi du Brouillard, fils d'Erard du Brouillard, écuyer, seigneur d'Aizanville, et de Philippine de Digoine, dame d'Arcy-sur-Cure. — Le 1er décembre 1462, Marie épousait Etienne de Ruffey, seigneur de Collonges. — Le 18 mars 1466/7 fut écrit le traité de mariage de Pierre avec Roline de Choiseul, fille de Guillaume, seigneur de Clefmont (1). Les documents ne parlent point du mariage de Jean.

Anne de Seigny et Bernard du Brouillard n'ont pas laissé de postérité connue. La descendance de Marie de Seigny et d'Etienne de Ruffey a été signalée au paragraphe précédent. Celle de Jeanne de Seigny et de Geoffroi du Brouillard, celle de Pierre de Seigny et de Roline de Choiseul vont nous occuper désormais.

DESCENDANCE DE JEANNE DE SEIGNY. — Les enfants de Geoffroi du Brouillard et de Jeanne de Seigny furent Antoine et Pierrette (2).

Geoffroi est cité encore en 1491, mais en 1494 son fils lui avait succédé.

Antoine du Brouillard, marié à Catherine de La Per-

---

1. Ibid. col. 1407 B. C. D. — Archiv. du château de Crépan près Châtillon-sur-Seine, Titres des Karandefex. Les généalogies comprises dans ces titres font naître Erard du Brouillard de Gauthier du Brouillard et de Marguerite, fille d'Erard du Four, chevalier, conseiller et chambellan ordinaire du roi de France, Jean le Bon.
2. Archiv. du château de Crépan.

rière, paraît jusqu'en 1530-1535, seigneur en partie d'Arcy-sur-Cure, Quincerot-lès-Montbard, Pouligny-lès-Semur, Bissey-la-Pierre. Ce qu'il tenait à Bissey lui venait de son père et peut-être aussi de sa femme, car la portion de Jeanne de Seigny, dans cette même seigneurie, fut donnée à Pierrette, sœur d'Antoine (1).

Parmi les enfants d'Antoine, nous ne rencontrons que Jeanne du Brouillard, épouse de Claude d'Aulnay, et mère d'Etienne, Edmée et Madeleine, celle-ci mariée à Antoine de « Veillan » (2).

Pierrette du Brouillard, fille de Geoffroi et de Jeanne de Seigny, épousa en 1490 Antoine de Montigny, seigneur en partie de Villeberny, Thoires, Mosson, Brion, et lui apporta en dot une part des seigneuries d'Arcy-sur-Cure, Bissey-la-Pierre, Colombey-la-Fosse, Aizanville (3). Antoine était arrière petit-fils de Fouquet de Montigny, écuyer d'écurie de Philippe le Hardi, châtelain de Jully-le-Châtel (Aube), dont le sceau présente *deux fasces avec un lambel* (4).

Fouquet, seigneur de Montigny, Arquian (Nièvre), Rochefort-sur-Mer, Tonnay-Charente, s'était uni, en 1402, à Jeanne de Broindon, fille d'Etienne de Broindon et d'Isabelle de Seigny, seigneur et dame de Broindon, Villeberny, Chaumont-le-Bois, Thoires, Mosson, Brion, Chamesson, La Chapelle-sous-Sehnevoy, Montigny-sur-Vingeanne, La Tour de Saint-Seine, Saint-Broing-le-Bois (Haute-Marne). Etienne de Broindon se rattache aux Vergy-Blaisy, comme on l'a vu au § 3. Ainsi les descendants de Fouquet de Montigny et de

---

1. Ibid. et Archiv. de la Côte-d'Or, Peincedé, VIII, 119, 136, 150; IX, 153, 160, 185; XIII, 6. — E. 1078. La femme d'Antoine du Brouillard appartenait peut-être aux La Perrière du Châtillonnais, qui avaient dans leurs armoiries *deux moutons*.

2. Peincedé, IX, 194, 325, 337; XIII, 25, 41.

3. Archiv. du château de Crépan.

4. Ibid. et Archiv. de la Côte-d'Or, H. 1001, Val des Choux, layette Brion; B. 369, cote 30; B. 370, cote 119; B. 374, cote 77, Peincedé, XXIII, 501, 548, XXIV, 13, 21, 421.

Jeanne pouvaient déjà se glorifier d'un lien avec la famille de saint Bernard. Le mariage d'Antoine, leur arrière petit-fils, avec Pierrette du Brouillard, fille de Jeanne de Seigny, doublait ce lien pour les générations suivantes.

De ce mariage sont nés Jacques, Jeanne et Marguerite (1).

Jacques de Montigny, seigneur de Villeberny, Thoires, Colombey-la-Fosse, Aizanville, eut de son épouse Charlotte de Brabant, fille de Claude, seigneur de Marault, Villiers-sur-Marne et Vesaignes :

Pierre de Montigny, seigneur de Villeberny, Colombey-la-Fosse, etc., marié à Suzanne de Bourbévelle (Hte-Saône) : pas de postérité connue (2) ;

Charlotte de Montigny, mariée en 1555 à Jean de Karandefex, seigneur de Chaudenay, Rosoy et Corgirnon (Hte-Marne) ;

Jeanne de Montigny, mariée à Charles « d'Esiobart », seigneur de Méligny et Abainville (Meuse).

C'est alors que les Karandefex entrent dans la lignée des arrière neveux de saint Bernard. Un de leurs descendants, au XVIIe siècle, rassembla les preuves de cette parenté. On lit sur les feuilles qui contiennent ses notes, et qu'il remit à un membre de sa famille : « Je vous ay faict ce Recueil afin que vous voyes comme nous sommes descendus du frère aîné de sainct Bernart, d'une de ses filles. »

Ces papiers font aujourd'hui partie des archives du château de Crépan, près Châtillon-sur-Seine, dont les nobles hôtes se rattachent aux Karandefex, et prolongent la chaîne des parents de l'abbé de Clairvaux.

En effet, le 9 janvier 1655, Octavian du Boutet, seigneur de Censy (Yonne), épousa, à Veuxhaules, Marie

---

1. Archiv. du château de Crépan.
2. Ibid. et Peincedé, IX, 236, 241, 242.

de Karandefex, petite-fille de Jean-Pierre de Karandefex et de Jeanne d'Hallewin, qui descendent tous deux de Jeanne de Seigny. Jean-Pierre était fils puîné de Jean de Karandefex et de Charlotte de Montigny, nommés plus haut. Jeanne, cousine de son époux, avait pour aïeule paternelle une tante de Charlotte, Marguerite de Montigny, déjà citée aussi et dont le nom va reparaître. Le petit-fils d'Octavian du Boutet, Alexandre-Joseph-François, marquis de Maranville, acheta en 1778 des Chastenay-Lanty, le château et la terre de Crépan. Or, le marquis de Maranville est le trisaïeul de l'héritière actuelle du château de Crépan, madame Marie-Caroline-Joséphine du Boutet, mariée, à Paris, en 1852, au comte Fernand de Cossé-Brissac, fils d'Emmanuel et d'Henriette de Montmorency (1).

Jeanne de Montigny, sœur de Jacques, épousa Claude de Blondefontaine, seigneur de Musseau, dont elle était veuve en 1549. Elle eut pour fils Jean de Blondefontaine, écuyer, homme d'armes de la compagnie du comte d'Aumale (2).

Marguerite de Montigny, deuxième sœur de Jacques, fut mariée à Pierre d'Hallewin de Rochequin, écuyer, seigneur de Barain en Auxois, fils de Hugues de Rochequin et de Catherine de Marcilly. Pierre et Marguerite donnèrent naissance à Jacques, Alexandre, Claire et Catherine (3).

1. Archiv. du château de Crépan.—Du mariage de M. le Cte de Brissac et de Mme M. C. Joséphine du Boutet sont nés :
1° Christian de Cossé-Brissac, marié à Paris, 1884, à Laurence de Mandat-Grancey, d'où trois enfants : Henri 1885 — Françoise 1887 — Georges 1889 ;
2° Geneviève, mariée en 1874 à Théodore Cte de Gontaut-Biron ;
3° Gabrielle, mariée en 1883 à Charles-Henri Cte de Clermont-Tonnerre, d'où trois enfants : Aynard 1884 — Jean 1885 — Catherine 1886.
2. Archiv. de la Côte-d'Or, Peincedé, VIII, 149, 155, 170. — Blondefontaine, fief sur le territoire de Musseau, était sans doute une importation de Blondefontaine (Haute-Saône).
3. Ibid., Titres de famille, E. 344 ter, 344 quater.

Pierre d'Hallewin de Rochequin paraît pour la dernière fois en 1535.

Alexandre, son fils puîné, épousa — 1° Guigonne de Montormentier, dont il eut Engilbert, Edmée et Jeanne; — 2° Catherine de Fleury, veuve du seigneur de Vielchamp, qu'il laissa veuve une seconde fois en 1573, au bout d'un an de mariage (1).

Jeanne d'Hallewin, fille d'Alexandre, ayant perdu son premier mari Claude de Brunet, s'unit en secondes noces à Jean-Pierre de Karandefex, l'an 1586.

Les d'Hallewin de Rochequin, devenus parents de saint Bernard par leur alliance avec les Montigny, portèrent ce titre à plusieurs autres maisons, spécialement aux Fontette.

L'an 1545, en effet, Jean de Fontette, seigneur du lieu en partie, épousa Claire de Rochequin, fille de Pierre et de Marguerite de Montigny (2).

Jean de Fontette, et ses frère et sœur, André et Jeanne, étaient nés de Guillaume de Fontette et de Madeleine d'Oiselet. Leur bisaïeul, Jean de Fontette, seigneur du lieu et de Verrey-sous-Drée, était frère de Pierre de Fontette, qui succéda comme abbé de Saint-Seine à Jean de Blaisy (3).

C'est donc la lignée de Jean de Fontette et de Claire de Rochequin qu'il faut suivre, si l'on veut connaître les Fontette reliés à la famille de saint Bernard.

DESCENDANCE DE PIERRE DE SEIGNY. — Pierre de Seigny, chevalier, avait eu en partage Saffres, Mosson, Vivey, Mouilleron. Ces biens provenaient de son père. Après la mort de ses oncles maternels, il hérita de quel-

---

1. Ibid. et Archiv. du château de Crépan.
2. Archiv. de la Côte-d'Or, Titres de famille, E. 344 ter. 799, 802, 812, 814. — Bibl. de Dijon, Fonds Baudot 140, p. 307 et suiv.
3. Ibid.

ques dépendances, soit de la seigneurie de Fontaines, à Vernot, Saint-Julien, Ogny, Clénay, soit de celle de Marey, au lieu même et à Châtillon-sur-Seine. Il s'empressa de racheter le quart du château et de la terre de Fontaines, que Cîteaux ne put conserver. Il racheta aussi la terre patrimoniale de Marey, aliénée par Guillaume, son aïeul (1). Les traditions de famille devaient donc lui être chères.

Pierre de Seigny n'eut que des filles : Marie, Anne, Jeanne aînée, Jeanne puînée, Marguerite et Guillemette.

Le 18 novembre 1487, au château de Saffres, fut passé le contrat de mariage entre Othenin, fils de Simon de Cléron, seigneur du lieu et de beaucoup d'autres terres en Franche-Comté — et Marie, fille de Pierre de Seigny. Pierre et Roline de Choiseul, son épouse, donnèrent tous leurs biens à leur fille Marie et à leur gendre, sauf réserve d'usufruit pour eux et d'une dot pour Anne et Jeanne aînée ; les autres filles devaient être mises en religion (2).

Ce mariage apportait à Othenin de Cléron et à sa postérité le sang de saint Bernard, avec quelque reste de l'antique domaine de Tescelin. De 1490 à 1580, les Cléron furent seuls parmi les arrière neveux de l'abbé de Clairvaux, à porter encore le titre de seigneurs de Fontaines. Cette circonstance les mit plus en relief que tous les autres, et les fit regarder comme les premiers repré-

---

1. Archiv. de la C.-d'Or, B. 11722. — Le registre auquel nous renvoyons, est le « Livre des fiefs et arrière fiefs du duché de Bourgogne en 1473/4 ». A la p. 84. on voit que Pierre de Seigny est rentré en possession de Fontaines et de Marey. Cf. p. 94-95. — Les Seigny-Saffres possédèrent à Fontaines, dans la rue des Puits, un bâtiment que l'on appelait encore vers 1750 « le pressoir de Saffres ». Ce bâtiment est resté à peu près intact jusqu'en 1886. Alors il fut reconstruit, et a perdu tout son cachet. On ne le reconnaît plus que par une niche de saint Antoine qui en ornait la façade et que l'on a conservée. Le Dr Lepine, dans son opuscule intitulé *Vie de saint Bernard*, Dijon, Jobard, en a donné un croquis avant la reconstruction.

2. Archiv. de Gurcy-le-Châtel. — Migne, col. 1498, A.

sentants de la famille. Eux-mêmes, d'ailleurs, attachèrent du prix à leur nouvel héritage, à raison des souvenirs qu'il rappelait. Unissant au fief primordial de Fontaines des apports successifs d'origine diverse: Vernot, Saint-Julien, Clénay, Ogny, Marey, la maison des Lombards à Châtillon-sur-Seine, Saffres lui-même, ils s'accoutumèrent peu à peu à considérer l'ensemble comme « la seigneurie de saint Bernard » (1). Si ce titre laisse à désirer en fait de précision historique, il témoigne cependant d'un véritable culte pour le saint, culte traditionnel dans toute cette lignée des de Saulx, Marey, Seigny, Cléron, etc.

La postérité d'Othenin de Cléron et de Marie de Seigny est si considérable qu'un volume entier suffirait à peine à en contenir l'histoire généalogique. Obligé de nous restreindre, nous n'ajoutons que quelques données sommaires.

Le 4 juin 1494, Pierre de Seigny fit son testament, où il ratifia le contrat de mariage mentionné tout à l'heure: Othenin de Cléron et Marie sa femme furent institués héritiers universels (2).

Le 15 octobre 1497, l'office de capitaine et châtelain de Talant, vacant par la mort de Robert de Montgommery, fut donné par provisions du roi Charles VIII à Othenin de Cléron, écuyer, seigneur de Saffres, précédemment capitaine de Salmaise (3).

L'an 1500, Othenin de Cléron, écuyer, seigneur de Saffres, Baroin, Fontaines, Ogny, Val-Saint-Julien, Vernot, Marey, Mouilleron, Vivey, Mosson, Grésigny, fit renouveler le terrier de toutes ses terres. C'est dans ce terrier que l'on rencontre la première mention de *la chappelle* de saint Bernard *estant dessoubs la grosse tour* du château de Fontaines (4).

1. Archiv. de Gurcy-le-Châtel.
2. Ibid., et Migne, col. 1498, C.
3. Archiv. de Gurcy-le-Châtel, et Peincedé XVI, 195.
4. Archiv. de Gurcy-le-Châtel, et Archiv. de la C.d'or, E. 129.

Le 18 mars 1511, Catherine de Ruffey, veuve de Pierre de Coublanc, et Claude de Coublanc, son fils, firent donation de la terre de Seigny, près Grignon, à Othenin de Cléron et à Marie de Seigny, sa femme (1).

Après la mort de Marie de Seigny, Othenin de Cléron abandonna la jouissance des seigneuries de Saffres, Fontaines et Marey à ses fils Claude et Gui (2).

Il fit son testament à Besançon le 28 novembre 1540. On y trouve les noms de la plupart de ses enfants, au nombre de onze, mais Claude et Gui furent les principaux héritiers (3). Saffres en partie, Fontaines et Marey avec leurs dépendances furent attribués à Gui. Dans le règlement fixé pour la célébration de ses obits, Othenin prescrivit un luminaire de douze torches: six devaient être ornées de l'écusson de Cléron, quatre de l'écusson écartelé de Cléron et de Saffres, deux de l'écusson écartelé de Cléron et de Longeville (4). Il donna aux confréries de Saint-Bernard de Fontaines et de Saint-Loup de Marey la somme de deux francs chacune. Il voulut être enterré dans le charnier de l'église de Cléron, près de ses père et mère.

Gui de Cléron, fils d'Othenin, avait épousé en 1533 Philiberte de Moisy, dame de Villy-le-Moutier. Il entra au service de François Ier et fit partie des expéditions de Champagne, de Picardie et de Luxembourg. Brisé par les fatigues de la guerre, il quitta l'armée et mourut peu après son retour. Philiberte, en 1544, était veuve et tutrice de ses enfants, Joachim et Bernarde (5).

Le 4 décembre 1546, Philiberte, remariée à Guillaume de Cicon, seigneur de Richecourt, vendit à réméré à Nicolas Jachiet, notaire de Dijon, un quart de la sei-

---

1. Migne, col. 1499, C.
2. Archiv. de Gurcy-le-Châtel.
3. Ibid.
4. Il y a eu plusieurs alliances entre les Cléron et les Longeville.
5. Archiv. de Gurcy-le-Châtel. — Migne, col. 1500.

gneurie de Fontaines, héritage de son premier mari. Nicolas Jachiet ne conserva pas longtemps cette acquisition. Il la revendit, le 29 avril 1548, à Claude de Rochefort-Pluvault, déjà seigneur des trois autres quarts de la même seigneurie (1).

Le contrat de vente du 4 décembre 1546 stipulait pour Philiberte de Moisy et ses enfants la faculté de racheter la terre de Fontaines ainsi aliénée. Joachim et Bernarde essayèrent de bénéficier de cette condition. Les Rochefort refusèrent. Il s'en suivit un long procès. Cependant forts de leur droit, escomptant le succès de leurs démarches, les demandeurs continuèrent à se regarder comme seigneurs de Fontaines. Ainsi le 13 mars 1561/2, dans un partage entre Joachim de Cléron, seigneur de Saffres, et Bernarde, sa sœur, femme de François de Pontailler, celle-ci emporta les terres de Marey, Vivey, Mouilleron, *Fontaines*, Vernot, Ogny, Val-saint-Julien, et la maison située à Châtillon-sur-Seine. Un acte du 24 avril 1580 fait encore mention des terres de la seigneurie de Fontaines appartenant à Bernarde de Cléron. C'est la dernière protestation que l'on rencontre (2).

Après cela les Rochefort paraissent tranquilles possesseurs de leur acquisition, et la transmission de la terre natale de saint Bernard à des mains étrangères est consommée.

Les arrière neveux du saint abbé l'avait conservée, au moins en partie, durant près de quatre siècles.

Un descendant de Gui de Cléron, Antoine, grand maître d'artillerie, épousa, vers le milieu du XVIIe siècle, l'héritière de la terre d'Haussonville en Lorraine : d'où le nom de Cléron d'Haussonville, porté désormais par cette famille illustre (3).

1. Archiv. de Gurcy-le-Châtel, et Archiv. de la C.-d'Or, E, 124; Peincedé, VII, 252. Cicon était un ancien château près d'Ornans.
2. Archiv. de Gurcy-le-Châtel.
3. Ibid.

Le principal représentant actuel est M. le comte d'Haussonville.

Par suite d'alliance immédiate ou médiate avec les Cléron peuvent se glorifier, comme eux, du titre de parents de saint Bernard diverses branches des familles de Clermont-Tonnerre, d'Evry, de Divonne, de Perthuis, de la Guiche, de Saint-Priest, de Charpin, de Virieu, de Lastic, de Mérode, de Montalembert, de Meaux, etc.

Anne, deuxième fille de Pierre de Seigny, fut mariée, le 23 septembre 1493, à Warin de Saint-Baussant « sieur d'Ymonville, fils d'Ancelin d'Essey sieur de Saint-Baussant ». La maison noble de Saint-Baussant est connue en Lorraine et en Champagne. Son fief patronymique est situé non loin de Thiaucourt, dans l'arrondissement de Toul (1). C'était sans doute comme fils ou comme époux de quelque héritière en partie de ce fief qu'Ancelin dit d'Essey, du nom d'une seigneurie voisine, en possédait une part.

Jeanne aînée, troisième fille de Pierre de Seigny, épousa en février 1492 Girard de Chappes (2), écuyer, seigneur de Romanet (3), demeurant à Flavigny. Au moment de la célébration du mariage, les terres et seigneuries de Barain, Fontaines, Saint-Julien, Ogny, Clénay, furent cédées à Jeanne de Seigny, pour lui tenir lieu de sa dot réglée à 600 francs, mais avec faculté de rachat perpétuel en faveur d'Othenin de Cléron. Plus tard la somme convenue fut soldée à Jeanne, et les terres engagées appartinrent à Othenin.

---

1. Migne, col. 1498, C. — Le village de Saint-Baussant tient son vocable du saint qui en est patron, saint Balsème (Balsemius), martyr d'Arcis-sur-Aube, vulgairement dit saint Baussange. Voir *Saint Baussange apôtre d'Arcis*, par H. Labourasse, Troyes, 1889.
2. Migne, col. 1498, B. — Peincedé, IX, 113, 139, 158 — Chappes, canton de Bar-sur-Seine, Aube.
3. Romanet, dépendance de Saint-Germain-de-Modéon.

Jeanne, veuve prématurément, dès 1503, eut de son mari : Jacques, Jeanne et Catherine.

Catherine s'unit à René de Choiseul (1).

Jacques de Chappes, seigneur de Romanet et Villers-Dompierre, épousa Agnès Robée, fille de Louis Robée, seigneur de Domecy-sur-le-Vaux (2). Ils n'eurent que des filles : Jeanne, mariée à Jean de Montormentier ; Philiberte, mariée à Nicolas Saquespée, seigneur de la Tour de Prey ; Claudine, mariée à René de Breuilhélyon ; Marguerite, mariée à Pierre d'Avout, seigneur de Tormassin (3).

Dans cette multiple lignée, la famille la plus connue en Bourgogne est la famille d'Avout, qui, depuis le mariage de Pierre d'Avout avec Marguerite de Chappes (1573), se rattache à la ligne paternelle de saint Bernard : on a vu aux *Notes préliminaires* qu'elle peut se relier aussi à la ligne maternelle. Il faut citer parmi ses gloires le maréchal prince d'Eckmühl. Nous citerons également, parmi ses très nombreux représentants actuels, M. le baron Auguste d'Avout, si dévoué à la restauration du sanctuaire de Fontaines. Les d'Avout ont pour armes : *De gueules à la croix d'or, chargée de cinq molettes de sable.* C'est l'écusson que l'on trouve, en 1396, sur le sceau de Jean d'Avout, chevalier (4).

Les trois dernières filles de Pierre de Seigny furent mises en religion, ainsi qu'on l'avait stipulé au contrat de mariage de l'aînée avec Othenin de Cléron. Jeanne puînée entra au Puits d'Orbe, et en fut abbesse de 1504 à 1535. Marguerite et Guillemette furent admises à Crisenon.

1. Peincedé, IX, 213.
2. Ibid., 209.
3. Ibid., 224. — L'abbé Jobin, *S. B. et sa famille*, 673.
4. Archiv. de la C.-d'Or, B. 1276. — Du mariage de M. le baron Auguste d'Avout avec Mme Anna le Bron de Vexela sont nés Ferdinand 1872 — Anne Marie 1885 — Bernard 1889.

Nous terminons ici ce qui regarde les arrière neveux de saint Bernard. Cet article, malgré son étendue, est loin assurément d'être complet. On ne l'ignore point, beaucoup de membres des générations passées demeurent inconnus : ainsi l'arbre dont nous avons signalé tant de rameaux, a dû en porter plusieurs autres. Nous l'espérons cependant, la plupart des familles qui inscrivent le nom de saint Bernard en leur généalogie, liront dans ce travail leur propre nom ou du moins celui de leur ancêtre qui les rattache à la lignée de Tescelin de Fontaines. Si l'on avait à constater quelque oubli, il n'en faudrait accuser que l'insuffisance du chercheur, nécessairement incapable d'avoir tout découvert malgré de longues et actives recherches.

GÉNÉALOGIE DES MAREY-FONTAINES

Armoiries : *De.., au lion de.., avec un bâton brochant sur le tout.*
Domaines : Fontaines, Vernot, Ruffey, Saint-Julien, Ogny, Clénay, Marey-sur-Tille, Châtillon-sur-Seine, Giry et Gippy en Nivernais.

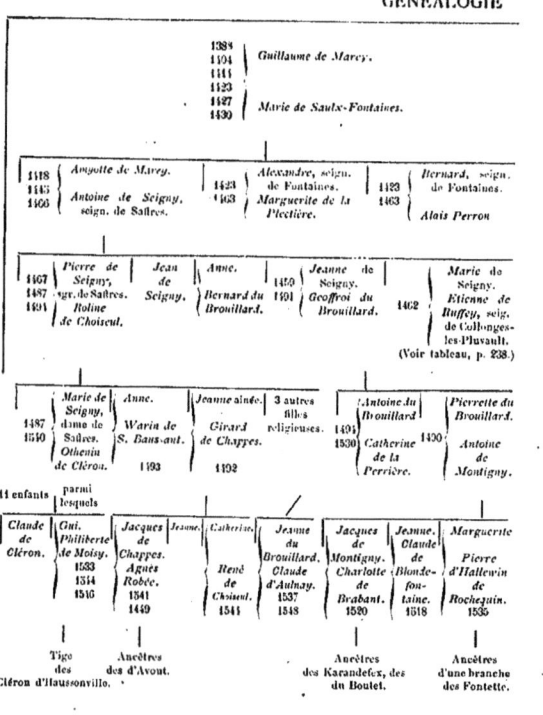

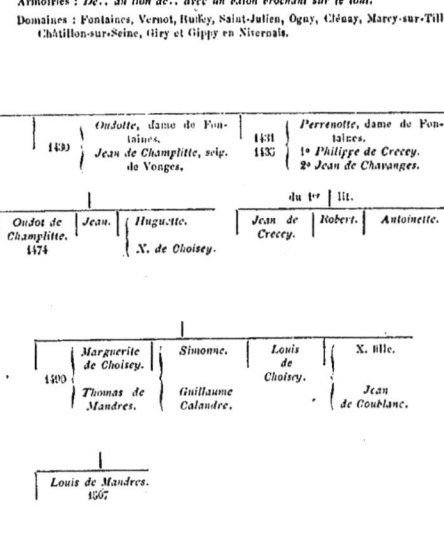

PL.14 D

TOMBE DE ROBERT D'AUBIGNY

V

LES SEIGNEURS DE FONTAINES
ÉTRANGERS A SAINT BERNARD

La famille Rolin, originaire de l'Autunois, est la première famille étrangère à saint Bernard qui eut une part du château et de la seigneurie de Fontaines (1). L'an 1435 — on l'a vu précédemment — Jean Rolin, évêque de Chalon-sur-Saône, acquit la moitié de ce domaine féodal, par deux contrats de vente successifs, que lui passèrent Perrenotte et Alexandre de Marey. Nicolas Rolin, père de l'évêque, était alors chancelier de Philippe le Bon. Il géra les intérêts de son fils à Fontaines, et en fut le seigneur putatif. Bientôt même, il le devint réellement, par quelque transaction avec son fils.

Tandis que l'évêque Jean Rolin jouissait du titre de seigneur de Fontaines, il y eut maint procès entre lui et la ville de Dijon, au sujet des droits de justice. En

---

1. *Notice sur N. Rolin et sa famille*, par J. d'Arbaumont, 1865. — Jean Rolin fut transféré de Chalon à Autun, l'an 1436, et nommé cardinal en 1445. Il mourut en 1483.

1436, les échevins de Dijon ayant fait la visite des paisseaux à Fontaines, Jean Rolin porta plainte contre eux, et les obligea à reconnaître qu'ils avaient empiété sur ses droits, vu que le contrôle des échalas de Fontaines appartenait aux officiers de la justice du lieu. Le droit de la visite des pains pour en vérifier le poids, contesté aux mêmes officiers, fut également réclamé et maintenu (1).

L'an 1439, plusieurs habitants de Fontaines affermèrent diverses parties du territoire de ce village, « de noble et honoré seigneur messire Nicolas Rolin, chevalier, seigneur dudit Fontaines en partie » (2).

Nicolas Rolin figure, en 1456, parmi les vassaux de la seigneurie du Val-Saint-Julien, à raison des dépendances en ce lieu de sa seigneurie partielle de Fontaines (3).

Le célèbre chancelier mourut le 18 janvier 1462.

A son décès, Guillaume Rolin, seigneur de Beauchamp, l'aîné des trois fils qu'il eut de Marie de Landes, sa première femme, hérita de la terre de Fontaines. C'est attesté par le partage du 27 avril 1462, entre Guigonne de Salins, deuxième femme du chancelier, d'une part, et d'autre part Guillaume Rolin et Antoine, son frère. D'ailleurs, durant les années 1462-1464, dans une action intentée à la ville de Dijon intervient « Guillaume Rolin, chevalier, seigneur de Ruffey et de Fontaines », conjointement avec Oudot et Jean de Champlitte, ainsi qu'avec Bernard de Marey d'abord, puis Humbert, abbé de Cîteaux, donataire et successeur de Bernard (4).

1. Archiv de la Côte-d'Or, titres de la seigneurie de Fontaines, E. 123 et suiv. — La plupart des documents que nous aurons à citer dans cet article V, se trouvent dans les liasses ici indiquées. Nous nous bornerons désormais à y renvoyer par cette simple indication : Srie de Fontaines. Voir aussi les titres des Justices seigneuriales.
2. Srie de Fontaines.
3. Archiv. de la C.-d'Or, B. 10577, et Peincedé, VII, 171.
4. Archiv. municipales de Dijon, G. 21, cote 64.

Une transaction entre Guillaume et Antoine Rolin fit passer temporairement la terre de Fontaines aux mains de celui-ci. L'an 1473/4, Antoine, seigneur d'Aymeries, déclare tenir en fief de Charles le Téméraire, à Dijon, l'hôtel du chancelier son père; à Fontaines, la moitié du châtel et seigneurie, y compris certaines redevances à Vernot et à Ruffey (1). Mais, au mois de mai 1484, Guillaume était rentré en possession du domaine aliéné (2).

Les débats au sujet de la justice de Fontaines renaissaient perpétuellement entre les seigneurs du lieu et la ville de Dijon. Le 17 mai 1484, par sentence de maître Jean Le Blond, conseiller du roi au parlement, la haute justice avait été adjugée à la ville, dans une proportion qui parut exorbitante. Les seigneurs en appelèrent. Au cours de « diverses procédures qui s'ensuivirent, Messire Guillaume Rolin, alla de vie à trépas ». Il mourut au château de Monestoy, le 15 mai 1488. Ses héritiers acceptèrent la continuation du procès. Aussi, le 8 février 1489, furent assignés à cet effet Marie de Levis, veuve de Guillaume, et leurs enfants: François Rolin, chevalier, seigneur de Beauchamp; Colette Rolin, épouse de Pierre de Bauffremont, seigneur de Soye; Isabeau et Marguerite Rolin. Le 20 juin 1492, le lieutenant général au bailliage de Dijon rendit une sentence qui confirmait à la ville les droits de justice. Toutefois la sentence n'atteignit que deux des trois seigneurs qu'il y avait alors à Fontaines : François Rolin et Pierre de Seigny.

Le troisième seigneur était maître Laurent Blanchard, conseiller à la cour des Comptes, qui venait d'acheter — 1490 — par double contrat passé avec les héritiers des Champlitte-Vonges, le quart de la seigneurie de Fontaines provenant d'Odette de Marey. Comme ce nouvel acquéreur n'avait pas figuré dans les débats,

1. Archiv. de la C.-d'Or, B. 11722, p. 80.
2. Srie de Fontaines.

la sentence ne fut point exécutoire contre lui (1). On le ménageait, du reste, dans l'espoir d'en tirer bientôt un meilleur parti.

François Rolin et Pierre de Seigny en appelèrent de nouveau, immédiatement après la sentence rendue. Nonobstant cet appel, les maire et échevins de Dijon firent exécuter le jugement, à Fontaines, le 5 juillet 1492.

Un incident réveilla quelques années plus tard les chicanes à demi assoupies. En voici le récit presque mot à mot emprunté aux plaidoiries du XVII° siècle. L'an 1497, le 17 mai, trois boute-feu furent arrêtés à Fontaines; il y eut aussitôt litige pour savoir qui ferait le procès. Laurent Blanchard avait encore, comme sans restriction, la haute justice pour un quart, et le mandataire par lui commissionné pour en exercer les droits était maître Jean Le Blond, entièrement dévoué à la ville. Les sieurs de Dijon prétendaient avoir, d'après leur jugement, les trois autres quarts. Or, le maire de Fontaines, officier des seigneurs du lieu, avait fait enfermer les trois boute-feu dans les prisons dont il avait la garde. Arrivent les sieurs de Dijon, suivis de Le Blond, de plusieurs sergents et d'une bonne assemblée. Ils disent qu'ils doivent, eux échevins, faire le procès pour les trois quarts, et Le Blond pour l'autre quart. Le Blond donne les mains. Mais le procureur d'office de Fontaines résiste avec force; il se plaint de l'attroupement, reproche aux sergents de porter les verges droites; il soutient que ses maîtres sont seigneurs haut justiciers. Là dessus le maire de Fontaines refuse de rendre les prisonniers. Alors le sieur maire de Dijon le prend au collet pour le mener en prison, et les sergents le saisissent. Devant cette contrainte, dont il demande acte, le maire de Fontaines livre enfin les prisonniers. » (2)

1. Srie de Fontaines.
2. Ibid.

La cour, saisie de la question pour ce fait, la termina au complet avantage de la ville. Non seulement les Rolin et les Seigny-Saffres furent déboutés de leurs prétentions, mais Laurent Blanchard lui-même transigea, le 26 juillet 1498, et se contenta de la moyenne et de la basse justice.

François Rolin possédait-il seul, ou avec ses sœurs par indivis, la moitié du château de Fontaines? Les documents ne le disent pas. Quoiqu'il en soit, Marguerite Rolin, mariée en secondes noces à Gaspard de Talaru, finit par disposer de cet héritage. Elle le vendit, l'an 1503, à « noble et puissante dame Marie Chambellan », épouse du chancelier Gui de Rochefort, seigneur de Pluvault, Labergement, etc. Peut-être cette vente n'était pas absolue et stipulait pour le vendeur et ses hoirs la faculté de rachat. Car, en 1550, Jocerand de Talaru se donne comme seigneur de Fontaines (1).

Les Rolin ont le mérite d'avoir contribué à l'érection de la chapelle Saint-Bernard au château de Fontaines. La Grosse tour en effet leur appartenait. Dès lors, leur concours fut nécessaire pour dédier au culte du saint le cellier natal compris dans cette tour. La chapelle existait l'an 1500.

Alors le château n'était plus habité. Bernard de Marey est le dernier des arrière neveux de saint Bernard qui en ait fait l'une de ses résidences. Après sa mort — 1463 — la vieille maison féodale resta déserte ; aucun des seigneurs étrangers à la famille du saint abbé n'y vint demeurer, et cet abandon persista jusqu'à l'arrivée des Feuillants.

Le 18 mars 1505, Hugues Ragot, bourgeois de Dijon, et Guillaume Blanchard, sa femme, vendirent à puissant

1. Srie de Fontaines, E. 130, fol. 20.

seigneur messire Gui de Rochefort, et noble dame Marie de Chambellan, sa femme, un huitième de la seigneurie et maison-fort de Fontaines, qui appartenait à ladite Guillaume par indivis avec les autres héritiers de feu maître Laurent Blanchard et feue demoiselle Odette Robot, sa femme (1). — Parmi ces autres héritiers figurait sans doute Jean Blanchard, fils de Laurent. Le huitième qui leur revenait dans la même seigneurie, fut acquis également, dans la suite, par Gui de Rochefort et son épouse ou leurs enfants.

Par cette double acquisition et celle qu'ils avaient faite auparavant de Marguerite Rolin, les Rochefort-Pluvault devinrent possesseurs des trois quarts du château et de la seigneurie de Fontaines.

Cette famille n'a rien de commun avec les Rochefort-sur-Brevon, dont nous avons parlé aux *Notes préliminaires*. Elle tire son nom de Rochefort-sur-le-Doubs. Dans un rôle de 1469, au ressort du bailliage de Dôle, sont cités « Messire Guillaume de Rochefort, docteur en lois, âgé d'environ trente ans, homme fort et vite, et Guiot de Rochefort, frère dudit messire Guillaume, âgé de vingt-deux ans, homme fort et vite » (2). Celui-ci est Gui le chancelier, seigneur de Fontaines. On voit leurs ancêtres enrôlés dans les compagnies militaires, ou revêtus de charges administratives en Comté. Les armes des Rochefort-Pluvault étaient : *D'azur semé de billettes d'or, au chef d'argent chargé d'un lion léopardé de gueules.*

Marie Chambellan, épouse de Gui de Rochefort, appartenait à une famille de Dijon, qui fournit plusieurs vicomtes mayeurs à la ville. Henri Chambellan, son père, exerçait cette charge en 1491, lorsque le roi Charles VIII lui accorda les titres et privilèges de la noblesse,

---

1. Ibid., E. 123.
2. Peincedé, XXIV, 744.

Marie eut pour mère Alix Berbisey. Un de ses frères, Antoine, fut le XXVIe et dernier abbé régulier de Saint-Etienne. Elle eut l'honneur d'être gouvernante de Claude de France, fille aînée du roi Louis XII.

Gui de Rochefort, en 1506/7, fit établir à Fontaines une foire annuelle et un marché hebdomadaire. A cet effet, il obtint du roi des Lettres patentes dont voici la teneur, un peu abrégée :

Louis, par la grâce de Dieu Roy de France, savoir faisons à tous présens et advenir. Nous avons receu humble supplication de notre amé et féal chancelier, Gui de Rochefort, chevalier, seigneur de Pluvault, de Labergement et de Fontaines près notre ville de Dijon, contenant que ladite terre et seigneurie de Fontaines est une belle et noble seigneurie, où il a toute justice, haulte, moyenne et basse; assise en un bon et fertile pays, où affluent et passent chaque jour plusieurs marchandises ; mais, comme il n'y a ni foire ni marché, n'y est fait que bien peu de distribution desdites marchandises, et pour ce serait chose bien nécessaire et convenable, comme aussi pour ressouldre et repopuler ledit lieu de Fontaines et pays d'environ, qu'il y eût en icelluy foire et marché; et nous requérant humblement que, ayant regard à ce que dit est, notre plaisir soit y créer et establir une foire franche par chacun an et ung marché par chaque semaine, et sur ce notre grâce et libéralité luy impartir. Pour ce est-il que Nous, ces choses considérées, inclinans libéralement à la supplication et requeste de notre dit chancelier, avons audit lieu de Fontaines créé, ordonné et estably, de notre grâce espéciale, pleine puissance et autorité royale, par ces présentes, une foire franche chacun an, *le jour de lundy prochain en suivant la feste Monseigneur saint Bernard*, et ung marché le jour de vendredy par chaque semaine, pour les y tenir dorénavant et à toujours aux dits jours. Et voulons que tous marchands et aultres qui les fréquenteront et y afflueront, y puissent vendre, eschanger, achepter toutes manières de marchandises licites et honestes ; et que notre chancelier et ses successeurs, seigneurs dudit lieu de Fontaines, ensemble lesdits marchands et aultres venant ès dits foire franche et marché, puissent jouyr et user de tels droits, prérogatives, franchises et libertés, qu'il est accoustumé de faire ès autres foires franches et marchés du pays d'environ, pourveu qu'à quatre lieues à la ronde de Fontaines n'y ait auxdits jours aucuns foires et marchés.

Si donnons en mandement par ces mêmes présentes Lettres au Bailly de Dijon ou à son lieutenant et à tous nos aultres justiciers et officiers, que, de nos présentes grâce, création et establissement ils laissent notre chancelier suivi de ses successeurs seigneurs de Fontaines, jouir et user librement et paisiblement et à toujours perpétuellement.

Donné à Blois, du mois de janvier de l'an de grâce mil cinq cent et six, et de notre règne le neuvième (1).

Ces Lettres patentes, sur la présentation qu'en fit Jean Charpy, procureur de Gui de Rochefort, furent entérinées le 26 février 1506/7.

L'année suivante, 15 janvier, le chancelier mourut à l'âge de soixante ans, et deux ans après, sa femme, qui n'en avait que trente neuf, le rejoignit dans la tombe. Ils furent inhumés à Cîteaux, dans un même mausolée, portant cette épitaphe : *Hic jacet D. Guido de Rochefort, integerrimus Franciæ cancellarius, qui obiit 15 januarii 1507, et illustrissima D. Maria de Chambellan uxor ejus, cujus fidei, tutelae ac regimini credita est juvenilis aetas Serenissimae Principis D. Claudiae a Francia, majoris natu e filiabus piissimi Regis Ludovici XII* (2).

Jean de Rochefort, fils aîné de Gui, lui succéda dans les seigneuries de Pluvault, Fontaines, etc. Le 8 février 1507/8, Marie Chambellan, sa mère, « en qualité de bailliste », avait repris de fief pour lui ; et le 28 novembre 1511, Jean accomplit à son tour cette formalité. Il

---

1. Srie de Fontaines, E. 123.
2. Migne, col. 1623.

était alors « chevalier, valet tranchant ordinaire du roy et gouverneur de sa chancellerie de Bourgogne ». Il devint plus tard bailli de Dijon (1). Sa mort arriva en 1536.

Jean de Rochefort laissait veuve Antoinette de Châteauneuf, fille d'Antoine, seigneur de Luçay-le-Mâle, en Berry. Elle géra la terre de Fontaines au nom de ses enfants : Jean, Claude, René, Charlotte.

Claude eut Fontaines dans son partage. Ce fut lui qui réunit entre ses mains toute la seigneurie. Il acheta en effet de Nicolas Jachiet, notaire à Dijon, le quart que celui-ci avait acquis naguère de Philiberte de Moisy, veuve de Gui de Cléron ; et au mois de mai 1548, il fit sa reprise de fief (2).

En 1550, Claude de Rochefort, seigneur de Fontaines, donna en amodiation aux habitants du village, pour une durée de 29 ans, trois treuils ou pressoirs banaux : celui de la Maison-Blanche, — celui de la rue Basse, proche la maison Charpy — celui du Perron, réserve faite de de la prison et du four attenant à ce dernier pressoir. La charge imposée aux amodiateurs était de livrer sept queues de vin et de les conduire au cellier de la *Confrérie*. — Un quatrième pressoir, « celui de Messieurs de Saffres, assis en la rue des Puits », n'était pas à fin de bail. Il fut convenu qu'à l'expiration du terme, « si Claude de Rochefort tenait toujours la portion de seigneurie qu'avaient à Fontaines les dits seigneurs de Saffres », les amodiateurs jouiraient de ce pressoir, sans augmentation de prix (3).

La teneur de cette transaction fait voir que les Cléron n'avaient pas perdu le titre de seigneurs de Fontaines.

---

1. Peincedé, VII, 201, 206.
2. Srie Fontaines, E. 124. — Peincedé VII, 252.
3. Srie de Fontaines.

En effet, la vente consentie par Philiberte de Moisy n'avait pas été absolue ; elle impliquait faculté de rachat.

Les droits de justice étaient toujours un sujet de contestations entre la ville de Dijon et les seigneurs de Fontaines. Gui de Rochefort en avait dû ressaisir la jouissance à peu près intégrale. Cependant, en 1551, les sieurs maire et échevins de Dijon voulurent « tenir les jours à Fontaines, et leurs sergents y portèrent les verges droites ». Claude de Rochefort fit opposition immédiate. Ce ne fut pas sans succès : la ville, cette fois, perdit sa cause.

Claude fut tué à la bataille de Saint-Quentin, l'an 1557.

Sa veuve, Catherine de La Madeleine, dame de Beauvais-en-Auxois, eut le bail de leurs enfants : Joachim, Claude et Humbert. Troublée par les sieurs de Dijon dans ses droits de justice à Fontaines, celui de messerie principalement, elle suivit l'exemple de son mari, résista vigoureusement aux prétentions de la ville, et obtint du bailli de Dijon, le 7 janvier 1561/2, une sentence où elle était qualifiée « dame en toute justice ». Nonobstant ce jugement, les maire et échevins revinrent à la charge. A la suite de nouvelles tentatives de leur part, le 9 octobre 1570, Joachim, Claude et Humbert de Rochefort, en qualité de seigneurs de Fontaines, soutinrent appel contre la ville de Dijon (1).

En même temps, les Rochefort étaient en procès avec les Cléron, pour un quart de la seigneurie de Fontaines, que cette branche des arrière neveux de saint Bernard ne cessait de revendiquer. A quoi tenait la persistance du litige ? Comment se terminèrent les débats ? Nous

1. Ibid.

ne savons, sauf que Humbert de Rochefort demeura enfin unique seigneur de Fontaines.

Mais les querelles continuèrent avec la ville. Le 13 juillet 1582, un arrêt renvoya au parlement toutes les instances pendantes au bailliage. Humbert n'eut pas l'influence de ses devanciers. Ayant négligé de faire hommage en temps convenable pour sa terre de Fontaines, une saisie s'en suivit. La saisie ne fut pas maintenue, car le 2 juin 1584, maître Laurent Brechillet, procureur au parlement, fondé de pouvoir de Humbert de Rochefort, fit en son nom la reprise de fief exigée (1). Néanmoins les choses se retournèrent à l'avantage de la ville, et, en mars 1589, les maire et échevins de Dijon furent maintenus par jugement en possession de la haute justice à Fontaines.

Quand ce jugement fut rendu, Humbert ne possédait plus la terre de Fontaines, il l'avait vendue depuis deux ans à Guillaume de Damas, seigneur de Sanvignes (2).

La nouvelle famille qui arrivait au château paternel de l'abbé de Clairvaux, devait concourir à l'affectation définitive du lieu à une œuvre pie.

« Damas » est un surnom qui n'est point emprunté à une terre. Il désigne une famille noble, divisée en branches nombreuses. On y joint ordinairement la particule, indice de noblesse.

Les Damas, seigneurs de Fontaines, appartiennent aux Damas d'Athie, qui portaient : *D'or*, alias *d'argent*, *à une hye ou poteau de mer de sable, accompagnée de six roses de gueules, mises en orle*.

Ce rameau des Damas est moins connu que les autres. Sa généalogie existe cependant : on la rencontre

1. Peincedé, VII, 326.
2. Migne, col. 1501, A.

notamment dans le recueil de Peincedé (1). Elle a été dressée d'après des documents conservés au château d'Agey, chez le comte de Fuligny, et, en général, elle trouve confirmation dans les titres des Archives départementales de la Côte-d'Or.

Né de Claude de Damas, seigneur d'Athie-lès-Flavigny, Sanvignes, Communes, etc., et de « dame Jeanne Duboz, fille d'Hugues, seigneur du Rousset et de Savianges », Guillaume, acquéreur du château de Fontaines, avait deux frères aînés, Jean et Joachim, avec trois sœurs, Françoise, Bénigne et Claudine. Jean eut Athie dans son partage ; Joachim eut Communes, partie du Rousset, Clomot, Bussillon ; Guillaume eut Sanvignes et partie du Rousset. Claudine épousa Thomas de Pontailler, baron de Vaugrenant.

Bien que cette famille ne soit pas mise au nombre de celles qui sont du sang de saint Bernard, elle pourrait cependant n'y être pas tout à fait étrangère. Perronelle de Crecey, dont le nom figure, au XVe-XVIe siècle, dans ses tables généalogiques, tenait peut-être aux Chaudenay-Blaisy, à qui, d'ailleurs, des Damas s'étaient alliés.

Guillaume de Damas reprit de fief la seigneurie de Fontaines le 13 juillet 1587, et donna son dénombrement le 15 mars de l'année suivante.

Selon ce dénombrement, « il tenait des vignes, terres et prés qui de toute ancienneté ont été réputés du domaine et dépendances de la seigneurie de Fontaines ». Or, dans l'énumération, se trouvent des prés sur Fauvernay, Magny, Tart, Varanges. C'étaient plusieurs quartiers de la vaste prairie dite de Lampone.

Sous les Damas, comme sous leurs prédécesseurs, les conflits avec la ville à propos de la justice ne cessèrent

1. Peincedé, XVII, 847.

de se reproduire. En 1590, un homme ayant volé des paisseaux à Fontaines, on lui fit son procès en la justice du lieu : de là premier appel au bailliage, et second appel au parlement.

A la mort de Guillaume — 1596 ou 1597 — ses héritiers n'acceptèrent sa succession qu'à titre bénéficiaire, et ses terres furent saisies par décret, à la demande d'Etienne Billocard, marchand à Dijon. En ce qui concerne Fontaines, d'après l'exposé des plaidoiries, Guillaume n'avait point soldé, ou du moins qu'en faible partie, le prix convenu avec les Rochefort dans le contrat d'acquisition de 1587. La veuve de Humbert de Rochefort, Françoise de Cravant, en son nom personnel et au nom de ses enfants, essaya de ressaisir cette seigneurie. L'éviction fut prononcée contre elle, et la terre de Fontaines, mise en criée, fut délivrée par décret du 29 mars 1602, à Joachim de Damas, frère de Guillaume, moyennant trois mille cinq cents écus (1).

Le 27 avril suivant, Joachim de Damas fit hommage pour Fontaines, et le 9 septembre eut lieu la prise de possession, institution d'officiers : juge, procureur, greffier, etc. (2) L'amodiation des pressoirs banaux fut renouvelée.

Les représentants de la justice de Dijon avaient profité du désarroi de la succession de Guillaume de Damas pour faire exécuter l'arrêt de 1589. Cet arrêt fut publié à Fontaines, au son de la trompette, le 1er octobre 1601 : les sieurs de Dijon y étaient proclamés haut-justiciers, pour tout le finage de Fontaines, et comme ayant droit d'instituer les vigniers ou gardes du vignoble et de recevoir leur serment (3). L'arrêt était porté contre la

---

1. Srie de Fontaines.
2. Peincedé, VII, 349. — Migne, col. 1501, B.
3. Ces vigniers, nos gardes-champêtres actuels, étaient nommés par les habitants assemblés, mais ils n'entraient en charge qu'après institution officielle par les justiciers.

dame de Cravant et les héritiers de Messire Humbert de Rochefort ; contre Jean et Joachim de Damas, héritiers bénéficiaires de Guillaume, leur frère ; contre le procureur d'office de Fontaines ; enfin contre Étienne Billocard, qui avait obtenu le décret autorisant la saisie des biens de Guillaume de Damas. La dame de Cravant et les héritiers Rochefort n'étant plus, en fait, seigneurs de Fontaines, ceux qui avaient jadis été leurs procureurs refusèrent les copies de l'arrêt qu'on leur présenta, et ces copies furent affichées à leurs portes.

Joachim de Damas, devenu seigneur de Fontaines, protesta de nouveau contre les entreprises des maire et échevins. On le vit, en particulier, le 26 mars 1610, soutenir que l'arrêt de 1589 n'était pas valable, qu'il avait été rendu pendant les troubles de la Ligue, tandis que Guillaume, son frère, était notoirement au service du roi.

Cependant que devenait le château paternel de saint Bernard et surtout la chapelle que l'on y avait érigée en l'honneur du saint abbé ?

Cette chapelle attirait de plus en plus l'attention. On la désignait vulgairement sous le nom de *Monseigneur* ou *Monsieur saint Bernard*. Ce nom s'appliquait même en général à l'emplacement du château. Ainsi d'après une déclaration de l'étendue du finage de Daix, datant de 1521/2, ce finage commençait « au lieudit le désert de Monsieur saint Bernard », c'est à dire à la charme située au pied de la colline de Fontaines, en face de Daix (1). Ceux qui établirent des fondations dans l'église paroissiale, prirent l'habitude de prescrire une « procession à Monsieur saint Bernard ». Le testament de Pierre Chauchier, dicté en 1545, fournit un exemple de cet usage, et il s'en rencontre plusieurs autres, soit dans le

---

1. Archiv. de la Côte-d'Or, ms. *Notes inédites*, I, n° 97, p. 17.

Calendrier de Fontaines, conservé aux Archives de la paroisse, soit dans les titres de fondations, actuellement aux Archives départementales de la Côte-d'Or (1).

La confrérie de Saint-Bernard continuait d'ailleurs à entretenir, avec la dévotion envers le saint lui-même, la vénération traditionnelle pour le vieux donjon témoin de sa naissance. En 1537/8, le chargé d'affaires de Jacquette Bouesseau, mère de Nicolas Chambellan, écuyer, dame de Pichange, Oisilly, Perrigny, Domois, etc., paya « six blancs pour la confrérie de Madame au lieu de Fontaines, fondée en l'honneur de Monsieur saint Bernard » (2). Nous avons vu, en 1540, Othenin de Cléron se souvenir de la même confrérie dans son testament : il est probable que son nom était inscrit sur les registres. L'association était donc toujours vivante.

La procession générale de Dijon, qui se faisait annuellement le 1er mai, avait sa station avec sermon à la chapelle du château de Fontaines. En dehors de cet usage officiel, le peuple y accourait de lui-même dans des circonstances importantes, comme au lendemain de la suspension des hostilités de la Ligue, le 18 août 1593. Alors, dit le chanoine Pépin, « le roy de Navarre a commencé d'aller à la messe, et a protesté et juré de faire exercice de la vraie et saincte religion catholique, apostolique et romaine » (3). C'est pourquoi, afin de rendre grâces à Dieu, l'on se rendit en foule à Saint-Bernard (4).

A cette époque, la banlieue de Dijon eut beaucoup à souffrir tantôt des troupes de la Ligue, tantôt de celles du parti royaliste. Les Suisses du vicomte de

---

1. L'abbé Jobin, *S. Bernard et sa famille*, p. 656. — Archiv. de la Côte-d'Or, G, fonds 40, liasse 603.
2. Archiv. de la Côte-d'Or, E. 504.
3. *Analecta divion.* I. 107.
4. Ibid., 366.

Tavannes, ardent ligueur, avaient été logés à Fontaines. Ils furent congédiés au moment de la trêve, mais après avoir « tout gâté et porté grands dommaiges », dit Gabriel Breunot. L'année suivante, le 24 décembre 1594, les royalistes accoururent à leur tour, et besognèrent odieusement. Ce jour donc, raconte le chanoine Pépin, « les habitants de Fontaines, estant à l'église aux matines de la feste (de Noël), furent surpris par les hérétiques et canailles de Saulx-le-Duc, lesquels entrant en ladite église environ l'heure de minuit qu'on faisait le service divin, prirent le prestre tout revestu voulant célébrer la messe, les calices, reliquaires, tous habits et tout ce qu'ils purent, et enmenèrent la pluspart des meilleurs habitans avec grand scandale et désordre très grand (1). » C'était sans doute des représailles contre l'accueil fait aux Ligueurs ; mais c'était aussi une de ces scènes de brigandage, que l'on voit à toutes les époques de troubles, et qui sont le fruit de l'effervescence populaire exploitée par les mauvaises gens. Les pillards venaient de Saulx-le-Duc, parce que le château ducal, occupé par les Ligueurs, attirait sous ses murs les troupes régulières du parti du roi, avec les bandes indisciplinées qui les suivaient.

Durant cette période, la maison paternelle de saint Bernard fut respectée. Le château n'était pas habité, et il n'y avait, ni dans la chapelle, ni ailleurs, aucun objet de prix, capable d'exciter la convoitise.

Les aumônes déposées au tronc de la chapelle Saint-Bernard, ou données d'autre façon au même sanctuaire, étaient perçues et gérées par « les procureurs de l'église Monsieur saint Ambrosinien et conducteurs de la chapelle Monsieur saint Bernard ». Ceux-ci rendaient leurs comptes avec une certaine solennité. Ainsi, le 1er décembre 1610, les comptes de l'année furent présentés

---

1. Ibid. 121.

devant Nicolas Rebourg, maire en la justice de Fontaines pour Messire Joachim de Damas, assisté de Joseph Brechillet commis du greffier en icelle justice.

Au compte mis en audition le 13 mai 1612 en la maison de la Confrérie, il est fait mention de corporaux donnés à la chapelle Saint-Bernard par Mme Legrand et Mme de la Sablonnière.

Fontaines était une pieuse étape pour les pèlerins de l'Auxois ou du Châtillonnais qui venaient en dévotion à la Sainte-Hostie, à N. D. de Bon Espoir, au tombeau de saint Bénigne. C'était le lieu où les habitants de Dijon allaient les recevoir pour les conduire à la ville. En 1603, dans un temps de grande sécheresse, mille à douze cents personnes de Flavigny et des environs, portant plusieurs reliquaires, notamment la châsse madame Sainte-Reine, arrivèrent à Fontaines, le dimanche soir 22 juin. Le lendemain matin, le clergé de Dijon, en chapes, précédé d'un grand nombre d'enfants, garçons et filles, vêtus de blanc et la plupart pieds nus ; le garde des évangiles et les autres échevins allèrent au devant de la procession jusqu'à Fontaines ; puis tous ensemble s'acheminant vers la ville, dont les rues étaient richement pavoisées, descendirent à la Sainte-Chapelle, où la messe fut célébrée, la Sainte-Hostie découverte et les reliques exposées sur les autels. Quelques jours après, la chambre du conseil, informée que le jeudi 3 juillet devaient avoir lieu des processions semblables à celles de Flavigny, notamment celle des habitants de Saint-Seine, décida qu'on irait au devant de ceux-ci à Fontaines, où ils devaient arriver le mercredi soir pour y coucher (1).

---

1. Archiv, municipales de Dijon, Registre des délibérations de la chambre du conseil, p. 21. — L'abbé Grignard, *Vie de sainte Reine d'Alise*, Paris et Dijon 1881, p. 374.
C'était un usage assez fréquent, lorsque cette organisation pouvait convenir, de choisir Fontaines comme étape des processions ou convois se rendant à la ville.
Laurent Bureau, religieux carme et évêque de Sisteron, né à Liernais, mort à Blois le 14 juin 1504, voulut que son cœur fût transporté

Parmi les gens de dévotion, ce n'était pas uniquement ceux du voisinage qui aimaient, comme sainte Jeanne de Chantal, à visiter l'oratoire érigé à saint Bernard en sa chambre natale ; ceux qui venaient de loin, les imitaient avec empressement. Nous avons cité l'exemple donné par saint François de Sales en 1604 (1). Dans les comptes de la Fabrique de Fontaines, année 1606, on relève ce détail : « Dix sols pour avoir fait un présent de deux pintes de vin et des fruits et des flancts à M⁽ʳ⁾ l'évêque d'Angleterre, étant arrivé audit Fontaines le jour de la dédicace dudit Fontaines — 2 septembre ». Un peu auparavant était venu « l'évêque de Craquovie » qui avait donné un ornement : chasuble, étole et manipule. Vingt ans plus tard, les Feuillants réclamaient cet ornement, disant que le don avait été fait à la chapelle Saint-Bernard, selon qu'ils l'établissaient par le certificat du sieur abbé de Cîteaux et la lettre du seigneur de Fontaines. A quoi les procureurs de l'église Monsieur saint Ambrosinien répliquaient que l'ornement avait été donné au curé, bien que l'on s'en fût servi, non seulement à l'église paroissiale, mais aussi à la desserte et service particulier qui se faisait selon les occurrences en la chapelle Saint-Bernard, avant l'établissement des vénérables.

Entre les personnages étrangers à la Bourgogne, les plus fidèles à visiter la chambre natale étaient les reli-

---

à Dijon. Le cœur, déposé dans une petite caisse ou cercueil de plomb, arriva le 20 juillet en l'église de Fontaines, où il passa la nuit. Le lendemain, à 4 heures après midi, toutes les processions furent assemblées à la porte Guillaume, où le cœur fut rendu par ceux de Fontaines. La levée faite, deux cordeliers et deux carmes, en aube, portèrent le cœur sur leurs épaules, ainsi qu'on le faisait pour la Sainte-Hostie, jusqu'en l'église des Carmes. La caisse était couverte d'un drap de satin noir avec croix blanche, sur lequel on avait disposé comme ornement une mitre d'or et une petite croix d'argent. Le cœur fut enterré devant le grand autel. C'est en ce couvent que Laurent Bureau avait fait son noviciat. — Archiv. de la Côte-d'Or, Ms. Boudot, n° 550, p. 228.

1. *S. B. et le château de Fontaines*, Tome I, p. 36-37.

gieux de l'ordre de Cîteaux, se rendant au chapitre général.

Les années 1605, 1609, 1613, le P. Jean Conrad Tachler, profès à Raittenhaslach, délégué au chapitre général pour la province de Bavière, accomplit deux fois la pieuse excursion. Il en a laissé le naïf récit dans ses notes de voyage. — En 1605, au mois de mai : « Nous sommes allés à cheval à Fontaines où saint Bernard est né, à un mille français de Dijon. Le château, bâti sur une montagne, est à moitié détruit, tout ouvert et inhabité. On pourrait cependant le restaurer à peu de frais. Il est de petite dimension. Sous le terre-plein s'étend une grande cave, dont une partie est intacte et l'autre éboulée (1). La chambre où saint Bernard est né, est à trois marches au dessous du sol. C'est maintenant une chapelle dédiée au culte, mais sans aucun ornement. Elle est ordinairement fermée : par bonheur, elle se trouva ouverte. » — En 1613 : « Le 15 mai, veille de l'Ascension, arrivés à Dijon vers midi, nous nous sommes réconfortés en mangeant et en buvant un peu, puis nous sommes montés à Fontaines, patrie de saint Bernard, par la pluie et la boue. En arrivant nous n'avons trouvé personne à qui nous puissions nous adresser pour nous faire ouvrir la chapelle. Pourtant nous rencontrâmes dans la rue trois enfants auxquels je dis : *Preste*, voulant signifier par là un prêtre, mais ce fut inutile. Lorsque nous fûmes parvenus à moitié chemin du château et de la chapelle, les enfants comprirent notre intention ; alors ils s'empressèrent de nous suivre. J'en saisis un par le bras, les autres s'enfuirent. J'arrivai ainsi à la porte de la chapelle, et je fis comprendre à l'enfant que je voulais la faire ouvrir. Aussitôt il court, apporte la clef, ouvre. J'en fus réjoui, et lui donnai neuf kreuzer. Dans la chapelle, qui maintenant est bien parée, nous avons récité les vêpres et complies de l'Ascension.

1. Ibid., p. 99, 132.

Nous avons examiné l'extérieur du château : il tombe en ruine. Nous sommes rentrés assez fatigués (1). »

Cependant la congrégation des Feuillants songeait à acquérir le château de Fontaines, afin d'y établir un monastère. Ces religieux avaient bien à espérer de Joachim de Damas, qui venait de fonder à Dijon le couvent des Capucins. Instruit de leur dessein et cédant à leur prière, Joachim leur vendit le château avec son pourpris ainsi que les droits de justice correspondant au terrain objet de la vente. Mais il se réserva la seigneurie et le reste des terres. Le contrat fut passé au château du Rousset, le 24 septembre 1613 (2).

L'article VI de ces *Notes historiques et archéologiques* traite du monastère des Feuillants à Fontaines.

Joachim de Damas ne s'était point hâté de fournir son dénombrement de Fontaines : il le donna le 24 mars 1616. Il fit faire le manuel ou terrier de la seigneurie en 1619 (3). Sa mort arriva au commencement de 1625.

Son petit-neveu et héritier testamentaire, Louis de Villers-la-Faye lui succéda à Fontaines : il reprit de fief le 22 avril 1625, et donna son dénombrement le 8 janvier 1631 (4). L'année suivante les habitants de Fontaines amodièrent pour vingt-neuf ans, de haut et puissant seigneur Messire Louis de Villers-la-Faye, les quatre pressoirs banaux, moyennant cinq queues et demie de vin. Un cinquième pressoir, situé cour du Petit-Temple, était exempt du seigneur (5).

---

1. *Drey Raisen nach Cistertz* (1605, 1609, 1613) par le P. Joan. Conrad Tachler, publié par le R. P. Bonaventure Stürzer, ord. cist,, Bregenz, 1892. Voir p. 13 et 74-75.
2. *S. B. et le château de Fontaines*. Tome I, p. 37.
3. Peincedé VII, 349. — Srie de Fontaines.
4. Peincedé VII, 391. — Srie de Fontaines.
5. L'établissement des Hospitaliers de Dijon vulgairement appelé le *Petit-Temple* possédait en effet à Fontaines une maison avec pressoir et autres dépendances, rue de la Confrérie. Cette curieuse maison existe encore dans la partie haute de la rue, au-delà du Perron. Le Dr Lépine en a donné un croquis dans son opuscule, *Vie de S. Bernard*. — Voir Arch. de la Côte-d'Or, H. 1170, Petit-Temple de Dijon, coté 82.— Voir aussi précédemment, p. 247.

Louis de Villers-la-Faye fut inquiété pour sa terre de Fontaines par les héritiers Rochefort. Françoise de Cravant s'était pourvue au parlement de Paris, après l'éviction qu'elle avait soufferte en 1602. Elle finit par obtenir contre l'héritier de Joachim de Damas, un arrêt cassant le décret de 1602, et ordonnant que la terre de Fontaines fût de nouveau mise en criée. Cet arrêt n'eut pas de résultat, mais l'affaire n'en fut pas pour autant terminée. Humbert de Rochefort et la dame de Cravant avaient eu trois filles, dont la plus jeune, Hélène — mariée à un gentilhomme de Touraine, Jean de Barville, seigneur de Boislandry — acheta de ses deux aînées tous leurs droits sur Fontaines, le 1er août 1635. Hélène de Rochefort mourut peu de temps après, laissant son mari tuteur de leurs deux enfants, Jean-François et Marie de Barville. Le père et tuteur des deux héritiers s'étant à son tour pourvu au parlement de Paris contre Louis de Villers-la-Faye, arrêt fut rendu le 4 juillet 1643, portant que la terre de Fontaines serait vendue selon le précédent arrêt du même parlement, si mieux n'aimait le sieur de Villers la retenir pour vingt mille livres, ou la délaisser au sieur de Boislandry. Ce nouvel arrêt demeura encore sans effet jusqu'au mois de février 1647. Alors, par une transaction passée à Paris, Louis de Villers-la-Faye remit à Jean de Barville la terre de Fontaines déchargée de toutes hypothèques (1).

Au moment de cette transaction, Louis de Villers-la-Faye était en procès avec la ville de Dijon à propos de la justice de Fontaines, et le 17 juillet 1647 sentence fut rendue contre lui au bailliage de cette ville.

Le 4 août 1648, Jean de Barville reprit de fief la seigneurie de Fontaines (2). Il était décédé le 30 janvier

---

1. Srie de Fontaines.
2. Peincedé, VII, 434.

1654. Quelques sommes se trouvèrent dues au Trésor, faute de foi et hommage ; mais le roi en fit la remise eu égard aux bons services de feu Jean de Barville et de Jean-François, son fils (1).

Jean-François de Barville « résidait habituellement à Noz, en Touraine, et il était seigneur dudit lieu, de Maraffin, Boislandry, etc. » Il reprit de fief la seigneurie de Fontaines, le 12 février 1654 ; cependant il la conserva peu de temps. Le 10 avril 1655, en son nom, au nom de son épouse, Charlotte de Dougault, au nom de sa sœur Françoise — *alias* Marie — de Barville, il la vendit, moyennant 14,000 livres tournois, à messire Rémond de Gand, conseiller au parlement de Bourgogne, demeurant en son hostel à Dijon, paroisse Saint-Médard. L'acte de ratification de cette vente par la femme et la sœur de Jean-François de Barville, fut dressé « au lieu seigneurial de Fromenteau, paroisse de Villiers-en-Bresme, pardevant Michel Mirepied, notaire à Châtillon-sur-Indre », le 28 juin suivant (2).

Le sieur de Gand, ayant fait sa reprise de fief pour la terre de Fontaines le 5 mai 1655, se déclara de suite haut justicier, molestant à la fois la ville de Dijon et les Feuillants. Nous parlerons du conflit avec les religieux à l'article VI. Quant à la ville, il entreprit de reconquérir ce qu'elle avait enlevé à ses prédécesseurs. Il fit rechercher tous les contrats, tous les actes, tous les jugements concernant la justice de Fontaines, et il reconnut que les principaux titres invoqués en leur faveur par les maire et échevins de Dijon, étaient l'arrêt de mars 1589 et la transaction de juillet 1498. Aussi bien il se hâta de se pourvoir à cet égard, le 7 décembre 1655. L'affaire traîna en longueur, malgré ses appels réitérés

---

1. Srie de Fontaines.
2. Ibid. — Sur la famille de Gand, voir *La noblesse aux États de Bourgogne*.

contre la tenue des jours à Fontaines par les sieurs de la ville. Il mourut sur ces entrefaites.

En 1672, Marguerite et Catherine de Gand, filles du conseiller, avaient succédé à leur père et étaient dames de Fontaines. Leur premier soin fut de poursuivre l'action intentée à la ville. Enfin, le 12 avril 1677, sentence fut rendue au parlement de Dijon. La cour maintint à la ville 1° les droits de haute justice sur tout le finage de Fontaines, « à la forme néanmoins et dans les limites et réserves de la transaction de janvier 1406 »; 2° le droit d'instituer les élus pour la garde des vignes, de recevoir leur serment, et de faire publier les bans de vendange, toujours aux termes de ladite transaction. Elle maintint pareillement aux demoiselles de Gand le droit de connaître des poids et mesures et autres cas de police, que les maire et échevins de Dijon ne devaient pas s'arroger. C'était donc toujours la division des droits de haute justice, et leur attribution en partie majeure à la ville, en partie moindre au seigneur de Fontaines (1).

Depuis lors jusqu'à la Révolution, il ne paraît pas que les querelles se soient renouvelées.

Le 7 janvier 1681, les demoiselles de Gand donnèrent leur dénombrement de Fontaines, où figure toujours une grande étendue de prés située en Lampone, vers Genlis.

L'an 1683, elles acquirent, à Fontaines, plusieurs pièces de terre « voisines de la maison d'école et de la maison du chapelain ».

Le 21 janvier 1689, elles se firent donation mutuelle de la terre de Fontaines. Dans l'acte de cette donation, mention est faite de « leur frère Charles de Gand, chevalier de l'ordre de Saint-Jean de Jérusalem ».

Les demoiselles de Gand demeuraient d'ordinaire à Dijon, « paroisse et grande rue Saint-Jean ». Elles

---

1. Srie de Fontaines.

avaient aussi à Fontaines, rue des Puits, près de la mare, une habitation appelée, de leur temps et à cause de leur titre, la maison seigneuriale. Elles donnaient à amodiation leur domaine de Fontaines, moyennant un revenu annuel de 600 ou 700 livres, — plus une feuillette de vin, un benaton de raisins 'et dix livres à leur femme de chambre ». Dans ce bail, elles se réservaient « la maison seigneuriale », le droit de chasse et la permission de danse.

Marguerite, héritière de sa sœur, vendit Fontaines, le 22 août 1718, à Messire Antoine de Sennevoy, abbé de Saint-Symphorien d'Autun.

Ce nouvel acquéreur revendit le jour même à un tiers pour qui sans doute il avait acheté : Henri-Bénigne Bouhier, colonnel d'infanterie, seigneur de Pouilly près Fontaines, demeurant à Dijon. Toutefois il fut stipulé que Messire Bénigne Bouhier ne prendrait possession que le lendemain de la mort de la demoiselle de Gand. En conséquence l'abbé de Sennevoy, seigneur titulaire de Fontaines, dut reprendre de fief, et il le fit le 5 juin 1719 (1).

L'acte, sous seing privé, du 22 août 1718 fut reçu le 23 mars 1721, par Cazotte, notaire à Dijon. Le 28 avril suivant, Bénigne Bouhier fit sa reprise de fief (2).

La famille Bouhier, qui portait : *D'azur au bœuf d'or*, est connue. Bénigne, seigneur de Fontaines, était frère du président Jean Bouhier, de l'Académie française — et de Claude Bouhier, deuxième évêque de Dijon 1743-1755. A son titre de colonnel d'infanterie, il ajouta ceux de brigadier des armées du roi, chevalier de l'ordre militaire de Saint-Louis.

---

1. Peincedé, VII, 680. — Sur la famille de Sennevoy, voir *La noblesse aux Etats de Bourgogne*.
2. Peincedé, VII, 680, 718.

Le 20 juillet 1727, Henri-Bénigne Bouhier donna son dénombrement de la seigneurie de Fontaines. Nous reproduisons cette pièce, presque dans toute sa teneur, car elle fait voir quels étaient encore au XVIIIe siècle, les droits du seigneur et ses revenus :

« Tient ledit seigneur Henri-Bénigne Bouhier, colonnel d'infanterie, chevalier de l'ordre militaire de Saint-Louis, la terre et seigneurie de Fontaines, en toute justice, haute, moyenne et basse, en fief de Sa Majesté, pour l'exercice de laquelle justice il a droit d'instituer et de destituer les officiers que bon lui semble, un juge, un procureur d'office, un greffier et un sergent.

« Lui appartiennent toutes les amendes, exploits de justice, épaves et confiscations, par toute la seigneurie.

« Il peut par ses officiers faire égandiller toute sorte de mesures.

« Il peut donner une marque à ses sujets de Fontaines, pour marquer le vin de ceux qui le vendent en gros.

« Lui appartiennent quatre pressoirs bannaux à Fontaines, sans qu'il soit loisible à personne d'en construire un autre en ce lieu, sans l'aveu dudit seigneur, ni à ses sujets d'aller faire leur vin ailleurs, à moins de payer les droits accoutumés, excepté ceux qui résident dans la cour du Temple.

« Lui est dû un cens emphytéotique de 18 livres par an sur le four banal.

« Lui appartient le droit de messerie, à raison d'une gerbe par journal de terre.

« Doivent chaque habitant de Fontaines par an, en carême prenant, 5 sols et une poule par feu ; — au jour de Saint-Remy, 5 sols par feu; — au mois de mars, une corvée.

« Lui sont dûs plusieurs menus cens, en argent et en cire, de la valeur d'environ 5 livres, payables à la Toussaint.

« Lui est dû par les R. P. Feuillants un muids et

onze pintes de vin, quatre mesures de froment, quatre mesures de conceau, — de cens emphytéotique.

« Lui sont dues, par plusieurs, environ quatre feuillettes de vin, — de cens emphytéotique.

« Lui appartiennent quatre journaux de vigne, trente quatre soitures de pré, en nature de sainfoin, vingt-trois journaux de terre labourable » (1).

Le même seigneur de Fontaines eut avec les Feuillants, à propos de la justice, un procès qui se termina au bout de huit ans, le 17 avril 1742, par l'entremise de son oncle, Benoît-Bernard Bouhier, seigneur de Lantenay.

Henri-Bénigne Bouhier laissa un héritier unique, son fils Bénigne, né de Anne-Augustine de la Cour.

Celui-ci était déjà marquis de Lantenay, en vertu du testament de son cousin, Antoine-Bernard Bouhier, doyen du parlement de Bourgogne, fils de Benoît-Bernard. Il fit sa reprise de fief pour Fontaines le 8 janvier 1767. Cette seigneurie lui appartenait encore quand arriva la Révolution. Il avait épousé, en 1748, Elisabeth-Charlotte Normant (2).

Sous ces derniers seigneurs la terre de Fontaines était généralement amodiée.

Le marquis de Bouhier-Lantenay et sa femme sont morts en émigration. Ils habitaient à Dijon l'hôtel dont on a fait la Préfecture.

---

1. Srie de Fontaines.
2. Peincedé, VII, 746, 785 ; XXIX, 366. — *Fatras* de Juigné, III, 92.

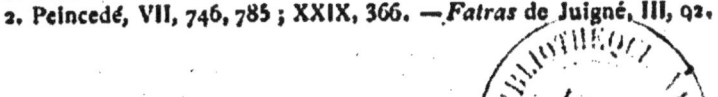

PARTAGES ET TRANSMISSIONS

L'an 1430 par partage entre héritiers 1/4 à Alexandre de Marey — 1/4 à Perrenote de Marey

1435 ..... par vente à Jean Rolin, év. de Chalon ... par vente au même Jean Rolin.

1/2

1439 .... par transaction au chancelier Nicolas Rolin, père du précédent.

1462 .... par succession à Guillaume Rolin, fils ainé du chancelier.

1463 ....

1474 .... par transaction à Antoine Rolin, frère de Guillaume.

1481 .... de retour à Guillaume Rolin................

1488 .... par succession aux héritiers Guillaume Rolin.

1490 ....

1495 ....

1503 .... par vente à Gui de Rochefort et Marie Chambellan, son épouse.

1505 ....

3/4

1511 .... par succession à Jean de Rochefort, fils de Gui.

1536 .... par succession à Claude de Rochefort, fils de Jean.

1540 ....

1541 ....

1546 ....

1548 ....

4/4

1557 ...... par succession aux héritiers Claude de Rochefort, Joachim, Humbert, etc.

1584 .... à Humbert de Rochefort seul.

1587 .... par vente à Guillaume de Damas.

1602 .... par décret à Joachim de Damas, frère du précédent.

1613 ....

1625 .... par succession à Louis de Villers-la-Faye, petit-neveu des précéd.

1647 par arrêt et transaction à Jean de Barville, époux d'Hélène de Rochefort fille d'Humbert.

1654 .... par succession à Jean-François et Marie de Barville, enf. des précéd.

1655 .... par vente à Rémond de Gand.

1672 .... par succession à Marguerite et Catherine de Gand, filles du précédent.

1718 .... par vente à Anne-Antoine de Sennevoy, abbé de S. Symphorien d'Autun.

1721 .... par vente à Henri-Bénigne Bouhier, seign. de Pouilly.

1765 ...... par succession à Bénigne Bouhier, marquis de Lantenay, fils du précédent.

DE LA TERRE DE FONTAINES, XVᵉ-XVIIIᵉ SIÈCLES.

— 1/4 à Odette de Marey, femme de J. de Champlitte. — 1,4 à Bernard de Marey.

...... par succession à Oudot, Jean, Huguette, enf. des précédents.

.... par legs testamentaire à Humbert, abbé de Citeaux.
.... par vente à Pierre de Seigny-Saffres.
..... par succession aux Choisey et autres héritiers Champlitte.

.... par vente à Laurent Blanchard.
.... par succession à Othenin de Cléron, gendre du préc.

...... par vente à Gui de Rochefort.

.... par succession à Gui de Cléron, fils d'Othenin.
.... par succession à Joachim et Bernarde, enf. de Gui de Cléron.
.... par vente à réméré à Nicolas Jachiet.
.... par vente à Claude de Rochefort.

.... Joachim de Damas vend aux Feuillants le château de Fontaines et son pourpris.

N. B. Les dates données dans ce tableau ne sont pas toujours les dates initiales des transmissions; mais à chacune d'elles correspondent les noms de ceux qui possédaient alors partie ou totalité de la terre de Fontaines.

www.ingramcontent.com/pod-product-compliance
Lightning Source LLC
Chambersburg PA
CBHW060405170426
43199CB00013B/2010